Workbook/Laboratory Manual

Part 1

to accompany

Workbook/Laboratory Manual
Part 1
to accompany

An Introduction to French

Second Edition

H. Jay Siskin
Cabrillo College

Ann Williams
Metropolitan State College, Denver

Nancy Virtue
Indiana University–Purdue University Fort Wayne

Elise C. Leahy, Jr.
Southern Utah University

Boston Burr Ridge, IL Dubuque, IA Madison, WI New York San Francisco St. Louis
Bangkok Bogotá Caracas Kuala Lumpur Lisbon London Madrid Mexico City
Milan Montreal New Delhi Santiago Seoul Singapore Sydney Taipei Toronto

McGraw-Hill Higher Education

This is an EBI book.

Published by McGraw-Hill, an imprint of The McGraw-Hill Companies, Inc., 1221 Avenue of the Americas, New York, NY 10020.

This book is printed on acid-free paper.

2 3 4 5 6 7 8 9 0 QPD/QPD 0 9 8 7

ISBN-13: 978-0-07-321912-7
ISBN-10: 0-07-321912-6

Vice president and Editor-in-chief: *Emily Barrosse*
Publisher: *William R. Glass*
Sponsoring editor: *William R. Glass*
Director of development: *Susan Blatty*
Development editors: *Jackie Rebisz, Connie Anderson*
Marketing manager: *Nick Agnew*
Production editor: *Anne Fuzellier*
Production supervisor: *Richard DeVitto*
Art editor: *Emma Ghiselli*
Photo researcher: *Nora Agbayani*
Supplements producer: *Louis Swaim*
Illustrator: *David Bohn*
Compositor: *TechBooks/GTS, York, PA*
Typeface: *10/12 Palatino*
Printer and binder: *Quebecor World*

Grateful acknowledgment is made for use of the following:
Page 12 Courtesy of Ann Williams; **31** Courtesy of Ann Williams; **129** © Ariel Skelley/Corbis; **155–156** Courtesy of Ann Williams; **186** Ligue Nationale Contre le Cancer, France

www.mhhe.com

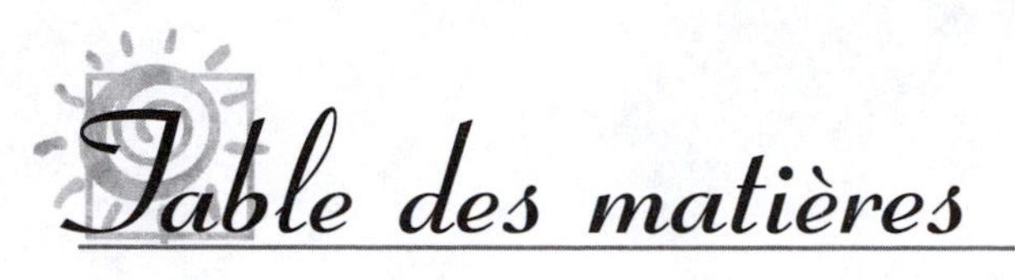

Table des matières

To the Student

Welcome to Part 1 of the *Workbook/Laboratory Manual* that accompanies **Débuts: An Introduction to French, Second Edition**. Each chapter of the *Workbook/Laboratory Manual* is based on the corresponding chapter of the textbook, so that you may practice and review on your own what you are learning in class.

To get the most out of the *Workbook/Laboratory Manual*, you should work on the exercises *after* your instructor covers the corresponding material in class.

INTEGRATED AUDIO AND WRITTEN ACTIVITIES

Because your different senses and skills (listening, speaking, reading, and writing) reinforce one another, the *Workbook/Laboratory Manual* includes exercises that strengthen and integrate all four skills. Audio activities are interspersed with those having only printed cues. Special sections focusing on pronunciation, written composition, and culture are also included.

Listening and pronunciation activities, which may have either written or oral responses, are coordinated with the Audio Program. You will need the *Workbook/Laboratory Manual* much of the time when you listen to the recordings, because many of the exercises are based on visuals and written cues.

Audio activities are marked with a headphone symbol . Take the time to listen to the Audio Program activities more than once: They will help you learn French more quickly.

You can use the Audio Program at home by accessing it at the *Débuts* website (www.mhhe.com/debuts2) in Premium Content or at your school's media center. If you wish, you can purchase your own copy of the Audio Program at your campus bookstore, or by calling 1-800-338-3987 and asking for item number 0-07-322868-0 (Student Audio CD Program Part 1).

Written activities include a variety of multiple choice, matching, fill-in, and open-ended questions that give you a chance to practice your vocabulary, grammar, and reading and writing skills. Many include drawings that will help you know how to respond. The composition activities, called *À écrire*, are marked with a pencil symbol .

ORGANIZATION

The structure of the preliminary chapter (**Chapitre préliminaire**) of the *Workbook/Laboratory Manual* parallels that of the textbook chapter, except that it also includes two sections called **Prononciation et orthographe** and **Dossier culturel** (see descriptions of these two sections within the bulleted list). **Chapitres 1–11** are organized as follows:

- **Vocabulaire en contexte** allows you to practice the thematic vocabulary of each chapter. This section, like the one in the textbook, is divided into subsections that focus on specific topics.
- **Visionnement 1** helps you to practice your reading and listening skills as you review the content of the video episode. Additional background stories on each of the main characters in the film are included, with accompanying comprehension exercises.
- **Prononciation et orthographe** presents the basic principles of French phonetics and spelling through concise rules, tips, and exercises. You will learn to distinguish specific sounds when you hear them and to pronounce them yourself.
- **Structure** sections practice each grammar point presented in the corresponding section of the main text. For relevant grammar points, pronunciation and its implications for meaning are both presented and practiced.

- **Regards sur la culture** offers you additional reading material and exercises that expand on the cultural readings in the main text.
- **Visionnement 2** offers you a chance to look in detail at cultural information that enriches the film episode.
- **À écrire** leads you through a systematic process for writing longer compositions, beginning with several planning steps and ending with self-editing.
- **Dossier culturel** helps you research and report on cultural topics introduced in the main text. By doing these activities, you will create a personal file of cultural information. Web links for the activities are provided on the **Débuts** website at **www.mhhe.com/debuts2**.

ANSWERS

Answers to most written exercises (including Audio Program exercises having written responses) appear in the **Appendice** section at the back of this manual. No answers are provided for written exercises requiring personalized responses, nor for oral Audio Program exercises (because those responses are confirmed on the recording itself).

ACKNOWLEDGMENTS

The authors wish to express their deepest thanks to the people who have contributed to the publication of this *Workbook/Laboratory Manual*, especially to:

- David Lang, the screenwriter for the film *Le Chemin du retour*, who wrote background stories about the characters in the film to be used as the basis of the **À propos des personnages** activity in each **Visionnement 1** section.
- Bill VanPatten, who provided the original idea for the **À propos des personnages** readings and exercises.
- Rachèle Lamontagne, who researched and wrote the **Dossier culturel** activities that appear at the end of each chapter.

Finally, many others contributed to the editing and production of this edition of the *Workbook/Laboratory Manual* and their dedication, creative ideas, and hard work are greatly appreciated. In editorial, we would like to thank Jackie Rebisz, Connie Anderson, Susan Blatty, Letizia Rossi, Nicole Dicop-Hineline, and our publisher, William R. Glass. We would like to extend our thanks to the production team including Anne Fuzellier, Rich DeVitto, Emma Ghiselli, Nora Agbayani, and Louis Swaim.

Nom ______________________ Date ______________ Cours ______________

Chapitre préliminaire

Ça tourne!

Vocabulaire en contexte

Les salutations

A. En français! You will hear two expressions. Repeat the one that matches the English meaning that you see. Then, listen to verify your answer.

MODÈLE: You see: my name is
You hear: je m'appelle / à bientôt
You say: je m'appelle
You hear: je m'appelle

1. Pleased to meet you.
2. Very well.
3. How's it going?
4. Hi! 'Bye!
5. Hello.
6. ma'am
7. See you soon.
8. Thank you.

B. Voisins. (***Neighbors.***) Listen to the following dialogue between new neighbors. You will hear the passage twice. The first time, simply listen. When you hear the dialogue the second time, fill in the blanks with the missing words.

MARIE: Bonjour, ______________.[1]

M. DENIS: Bonjour, ______________.[2] Vous êtes bien (*Are you*) Mademoiselle Simon?

MARIE: Oui, ______________[3] Marie Simon.

M. DENIS: ______________,[4] mademoiselle.
______________________________?[5]

MARIE: Très bien, merci. ______________,[6] monsieur?

M. DENIS: ______________,[7] mademoiselle.

C. Ça va? Complete the following short dialogues with an appropriate greeting or response. Use each expression only once.

Vocabulaire utile (*Useful vocabulary*):

À demain	Enchanté	monsieur
Ça va	Comment vous appelez-vous	Très bien, merci, et vous

1. A woman greets M. Hanrez, the neighborhood baker.

FEMME: Bonjour, ______________.

2. Chantal, a young girl, is speaking to her teacher, Mme Coste.

CHANTAL: Bonjour, madame.
MME COSTE: Bonjour, Chantal. ______________________?
CHANTAL: Ça va très bien, merci, madame.

3. Two neighbors have just met at a party.

ISABELLE: Bonjour. Je m'appelle Isabelle Mercier. Et vous? ______________________?

OLIVIER: Je m'appelle Olivier Delhemme. ______________________, mademoiselle.

4. Two close friends say good-bye.

HUGUES: Salut, Claire.
CLAIRE: Salut, Hugues. ______________________!

5. Didier is speaking to his professor.

PROFESSEUR: Comment allez-vous?

DIDIER: ______________________?

D. Un dialogue. Use at least five French phrases to write a short dialogue. Start by identifying (in English) the relationship between the two speakers. Are they old friends, a mother and daughter, professional colleagues, or something else?

Names of characters and their relationship

____

Dialogue

____

____

____

____

____

____

____

Les nombres de 0 à 59

A. Prononciation. Practice the following rules about the pronunciation of numbers.

1. In counting, most numbers have a pronounced final consonant. But **zéro**, **un**, **deux**, and **trois** do not. Listen and repeat.

zéro un deux trois quatre cinq six sept huit neuf dix

2. When **six**, **huit**, and **dix** precede a noun beginning with a consonant, their final consonants become silent. Listen and repeat.

six crayons huit chaises dix cahiers

3. When numbers precede a noun beginning with a vowel sound, their final consonants are sounded, sometimes slightly differently than when spoken in counting. The consonant sound is attached to the vowel at the beginning of the noun. Listen and repeat.

un /n/enfant	six /z/enfants
deux /z/enfants	sept /t/enfants
trois /z/enfants	huit /t/enfants
quatre /R/enfants	neuf /f/enfants
cinq /k/enfants	dix /z/enfants

4. When **neuf** precedes the words **ans** (*years*) and **heures** (*o'clock, hour*), the final consonant is pronounced /v/. Listen and repeat.

neuf /v/ans	*nine years*
neuf /v/heures	*nine o'clock; nine hours*

5. The final consonant of **vingt** is silent when it stands alone or before a noun beginning with a consonant. When **vingt** precedes a noun beginning with a vowel sound and when it is combined with another number, the "t" is pronounced. Listen and repeat.

vingt	vingt personnes				
vingt acteurs	vingt et un	vingt-huit	vingt-deux	vingt-cinq	vingt-neuf

B. Combien? (*How many?*) Listen carefully. The first time you hear the phrase, repeat it after the speaker. The second time you hear the phrase, write the number you hear in front of the item listed. Follow the model. *Note:* The **h** at the beginning of French words is always silent; only the vowel sound immediately following the **h** should be pronounced.

MODÈLE: You see: ____ histoires
You hear: cinq histoires
You say: cinq histoires
You hear: cinq histoires
You write: __5__ histoires

1. ____ dollars ______________
2. ____ euros ______________
3. ____ monuments ______________
4. ____ étudiants (*students*) ______________
5. ____ oranges ______________
6. ____ ans ______________
7. ____ acteurs ______________
8. ____ enfants (*children*) ______________
9. ____ homme ______________
10. ____ films français ______________
11. ____ livres (*books*) ______________
12. ____ professeurs ______________
13. ____ personnages ______________
14. ____ jours (*days*) ______________
15. ____ femmes ______________

Now turn off the recording and spell out the numbers you heard in each item.

MODÈLE: __5__ histoires → ______cinq______

C. Quel ordre? (*Which order?*) Rearrange the following numbers in order from smallest to largest. Write the number next to the word, as in **treize**, which has been done for you.

cinquante-neuf	douze	seize
cinquante-cinq	onze	treize
dix-huit	quarante et un	trente-deux
dix-neuf	quatorze	vingt
dix-sept	quinze	zéro

________________ ________________ ________________

________________ ________________ ________________

________________ ________________ ________________

treize (13) ________________ ________________

________________ ________________ ________________

D. Des numéros importants. Listen to the personal information that a student is giving to someone at his college. Write the numbers you hear. *Note:* In France, telephone numbers are given as a series of two-digit numbers.

MODÈLE: You see: J'ai _____ ans. (*I'm _____ years old.*)
You hear: J'ai dix-huit ans.
You write: J'ai _18_ ans.

1. Mon anniversaire est (*My birthday is*) le ________________________ septembre.
2. Mon numéro de téléphone est le ________________________.
3. Mon code postal est ________________________.

E. Les mathématiques. Read each math problem aloud and give the answer. Then, listen to verify your answer.

Vocabulaire utile: plus (*plus*), moins (*minus*), font (*equal*)

MODÈLE: You see: 45 − 5 = ?
You say: Quarante-cinq moins cinq font quarante.
You hear: Quarante-cinq moins cinq font quarante.

1. 4 + 11 = ?
2. 30 − 10 = ?
3. 23 − 22 = ?
4. 3 + 21 = ?
5. 2 + 26 = ?
6. 40 + 10 = ?

Dans la salle de classe

A. Qu'est-ce que c'est? (*What is this?*) Listen to the question and say what you see in the drawing. Then, listen to verify your answer.

MODÈLE: You see:

un stylo, un crayon, un bloc-notes
You hear: Qu'est-ce que c'est?
You say: un crayon
You hear: un crayon

1. un sac à dos, un livre, un bloc-notes, un stylo

2. un étudiant, une étudiante, une classe, une femme

3. une calculatrice, une table, un laboratoire, un dictionnaire

4. un studio, un laboratoire, une salle de classe, une table

5. un livre, un cahier, un sac à dos, un stylo

6. un livre, un dictionnaire, un cahier, un bloc-notes

7. un professeur, un laboratoire, une camarade de classe, un acteur

B. Dans la salle de classe. Choose the word from the vocabulary list that is closest in meaning to the following words. Remember to include the word **un** or **une** with each one. Use each word only once. *Note:* One word will not be used.

Vocabulaire: un cahier, un dictionnaire, un étudiant, une étudiante, un homme, un laboratoire, un stylo, une université

MODÈLE: un camarade de classe → un étudiant

1. un *Bic* ______________________
2. Harvard (aux USA) ou la Sorbonne (en France) ______________________
3. *Webster's* ou *Larousse* ______________________
4. une salle de classe pour des cours de sciences ______________________
5. un bloc-notes ______________________
6. une femme à l'université ______________________
7. un monsieur ______________________

Les mots apparentés et les faux amis

A. Quel mot? (*Which word?*) Listen to the following French cognates. From each list of three, choose the cognate you hear, repeat it aloud, and circle it.

MODÈLE: You see: poème poète poésie
You hear: poète
You say, then circle: poème (poète) poésie

1.	personne	personnalité	personnel	5.	professeur	professionnel	profession
2.	armes	armistice	armée	6.	signe	signal	signification
3.	art	artiste	artistique	7.	café	cafétéria	caféine
4.	forme	formel	formalité	8.	communication	communauté	commun

B. Mots apparentés. For each French word, write what you think the English equivalent probably is.

1. piano ______________________
2. discret ______________________
3. octobre ______________________
4. poème ______________________
5. autorité ______________________
6. hôtel ______________________
7. grammaire ______________________
8. bébé ______________________
9. omelette ______________________
10. sérieux ______________________

C. Le petit déjeuner idéal. Following is a French breakfast menu. Without consulting a dictionary, try to identify as many of the menu items as possible. Guess each category based on the foods listed.

CÉRÉALES OU PAIN	FRUITS	LAITAGES	BOISSONS CHAUDES
croissant Muesli pain au chocolat tartine	fraises jus d'orange pamplemousse	fromage lait yaourt	café chocolat chaud thé

INDIVIDUAL ITEMS	INDIVIDUAL ITEMS	CATEGORIES LISTED
______________	______________	______________
______________	______________	______________
______________	______________	______________
______________	______________	______________
______________	______________	
______________	______________	

Based on the words you have recognized, what would you order for breakfast?

____

Prononciation et orthographe

La syllabation et le rythme

You have already seen many French words that are similar in spelling and meaning to English words, such as **professeur** and *professor*. Although the written forms look similar, their pronunciation is somewhat distinct.

In addition to the new sounds of the French language, you may have noticed another difference. In English words, one syllable is pronounced more prominently than the others: It is louder, or more stressed. The remaining syllables are pronounced less distinctly.

In French words, however, each syllable is pronounced with the same intensity. No syllable is more prominent than any other. The equal articulation of each syllable creates a rhythmic pattern called **l'égalité rythmique**.

Listen carefully to the pronunciation of the following cognates. Then, pronounce each one, giving equal prominence to every syllable. The examples will be repeated.

appartement	géographie
calculatrice	microphone
camarade	professeur
cinéma	sciences
dictionnaire	téléphone

Quelle langue? (*Which language?*) Listen to the speaker and circle the word you hear. Is it English, or is it French?

	ENGLISH	FRENCH		ENGLISH	FRENCH
1.	zero	zéro	6.	laboratory	laboratoire
2.	professor	professeur	7.	university	université
3.	dictionary	dictionnaire	8.	calm	calme
4.	table	table	9.	address	adresse
5.	class	classe	10.	telephone	téléphone

Structure 1

Qui est-ce? C'est... , Ce sont...

Identifying people

A. **Qui est-ce?** Answer the speaker's questions about each picture with a sentence beginning with **C'est** or **Ce sont**. Then, listen to verify your answer.

MODÈLE: You see:

You hear: Qui est-ce?
You say: Ce sont Diane et Serge.
You hear: Ce sont Diane et Serge.

B. Qui est-ce? Serge is at a party where he doesn't know anyone. Complete his conversation with Noémi, using **c'est**, **ce sont**, **ce n'est pas**, or **ce ne sont pas**.

SERGE: Qui est-ce, là, à la table?

NOÉMI: ____________________[1] Laurent Laborde.

SERGE: Et là, c'est M. Martelli?

NOÉMI: Non, ____________________[2] M. Martelli. ____________________[3] M. Penault.

SERGE: Et l'enfant là?

NOÉMI: ____________________[4] Stéphanie Penault.

SERGE: Et, avec (*with*) Stéphanie, ____________________[5] M. et Mme Penault?

NOÉMI: Non, ____________________[6] M. et Mme Penault.

____________________[7] Léonie et Albin Dutour.

Structure 2

Qu'est-ce que c'est?, les articles indéfinis et définis et les substantifs

Identifying and specifying people and things

A. Prononciation. In order for listeners to know what gender you are using or whether you are talking about a singular or plural noun, you need to be able to pronounce the various articles clearly. Listen and repeat, trying to pronounce the French articles as much like the speaker as possible.

1. un / un
2. une / une
3. des / des
4. le / le
5. la / la
6. les / les

Now pronounce the differences in the pairs after the speaker.

7. un, une / un, une
8. le, les / le, les
9. le, la / le, la

B. Quel article? (*Which article?*) Listen carefully to the phrases and circle the article that you hear. You will hear each phrase twice.

1.	le	un	une
2.	la	le	une
3.	l'	un	une
4.	le	l'	les
5.	un	une	la
6.	la	les	des
7.	le	la	un
8.	l'	les	le
9.	le	l'	la
10.	les	des	l'

C. Masculin/Féminin. Write the following vocabulary words in the correct columns according to their gender (masculine or feminine). Provide the definite article (**le, la, l'**) for each word. Then fill in the plural forms.

Vocabulaire: actrice, ami, amie, bloc-notes, cahier, calculatrice, cinéma, classe, femme, film, laboratoire, livre, personnage, personne, sac à dos, salle de classe, table, université

MASCULIN	FÉMININ	PLURIELS
l'ami	*l'actrice*	*les amis, les actrices*

D. Défini ou indéfini? Complete the following sentences by choosing either the definite article (**le, la, les**) or the indefinite article (**un, une, des**), whichever is more logical.

1. ______________ (La, Une) maîtresse de Yasmine s'appelle (*is named*) Isabelle.
2. ______________ (La, Une) tour Eiffel est (*is*) à Paris.
3. Qu'est-ce que c'est? —C'est ______________ (le, un) dictionnaire.
4. Dans ______________ (le, un) sac à dos de Marie-Noëlle, il y a ______________ (les, des) livres et un stylo.
5. Qui est-ce? C'est ______________ (la, une) maman de Mouloud.
6. M. Vigo est ______________ (le, un) professeur intelligent.
7. C'est le président de la République française? Mais, non! C'est ______________ (le, un) premier ministre.

E. Question/Réponse. Complete the following dialogues with a logical question using **C'est… ?, Qui est-ce?**, or **Qu'est-ce que c'est?**

1. —____?

   —Non, ce n'est pas Mme Vautrin, c'est Mlle Cluny.

2. —____?

   —C'est un téléphone.

(*continued*)

3. —____?

   —C'est M. Napoléon.

4. —____?

   —Oui, c'est une carotte.

5. —____?

   —Je ne sais pas, un stylo peut-être (*perhaps*)?

Dossier culturel

The **Dossier culturel** activity allows you to demonstrate your comprehension of the cultural content of the chapter, as well as expand your knowledge of the subjects presented. You will be asked to consult various resources, including printed and electronic materials, in order to create written reports and other documents. Whenever possible, you should provide illustrations to enhance your work. Note that for research on the Internet, you will be directed to links at the ***Débuts*** website at **www.mhhe.com/debuts2**.

From the Preliminary Chapter through Chapter 6, questions may be answered in English if you can't do so in French. Beginning in Chapter 7, you should answer completely in French. Include all your documents in your **dossier** and submit them to your instructor for feedback and evaluation, according to his or her instructions.

A. La francophonie. Learn more about **la francophonie** using print resources or links at **www.mhhe.com/debuts2**. Choose two French-speaking countries or territories other than France* and create and complete a chart like the following for each country.

nom du pays[a]		
capitale		
autres villes importantes[b]		
nom des habitants[c]		
population		
autres langues		
unité monétaire[d]		
agriculture		
industrie(s)		

[a]nom… *name of country* [b]autres… *other important cities* [c]*inhabitants* [d]unité… *currency*

*Some suggestions: Belgique, Canada (Nouveau-Brunswick, Québec), Cote d'Ivoire, Madagascar, Maroc, Monaco, Sénégal, Suisse.

B. La culture du Québec. Using print resources and links at **www.mhhe.com/debuts2**, research information about Canada's province of Quebec and Quebec City that explains in some depth the two photographs on this page. What significance does the snowman have? What is his name? What are the French words for the two items of clothing he is wearing? When is he particularly in evidence in Quebec City and why? What is the significance of the nun with the children? What role has religion played in the history and culture of the province of Quebec? Can you identify this particular statue and tell where it is located?

Chapitre 1

Un grand jour

Vocabulaire en contexte

L'alphabet français

A. Prononciation. Listen to the pronunciation of each letter name and repeat it after the speaker. Each letter will be pronounced twice.

a	d	g	j	m	p	s	v	y
b	e	h	k	n	q	t	w	z
c	f	i	l	o	r	u	x	

B. Quel mot? (*Which word?*) Listen carefully to the following sentences. Then listen to the missing word(s) being spelled out. Write the word(s) that you hear in the blanks. You will hear each sentence and spelled-out word twice.

1. C'est un excellent ______________.
2. Il y a ______________ étudiants dans la classe.
3. ______________!
4. Comment-allez vous, ______________ Yvers?
5. Est-ce que ______________ va bien?
6. À ______________, monsieur!
7. ______________ est-ce?
8. C'est ______________.
9. Salut, ______________!
10. Salut, ______________!
11. Dans le sac à dos, il y a ______________ crayons et un ______________.

Now turn off the recording and write words from the preceding sentences that contain the following special marks.

12. accent aigu: ______________
13. accent grave: ______________
14. accent circonflexe: ______________
15. cédille: ______________

C. Trouvez la phrase. (*Find the sentence.*) For each number, write the letter you hear. The first one has been done for you. Then, fill in the blanks with the correct letter to form a sentence in French.

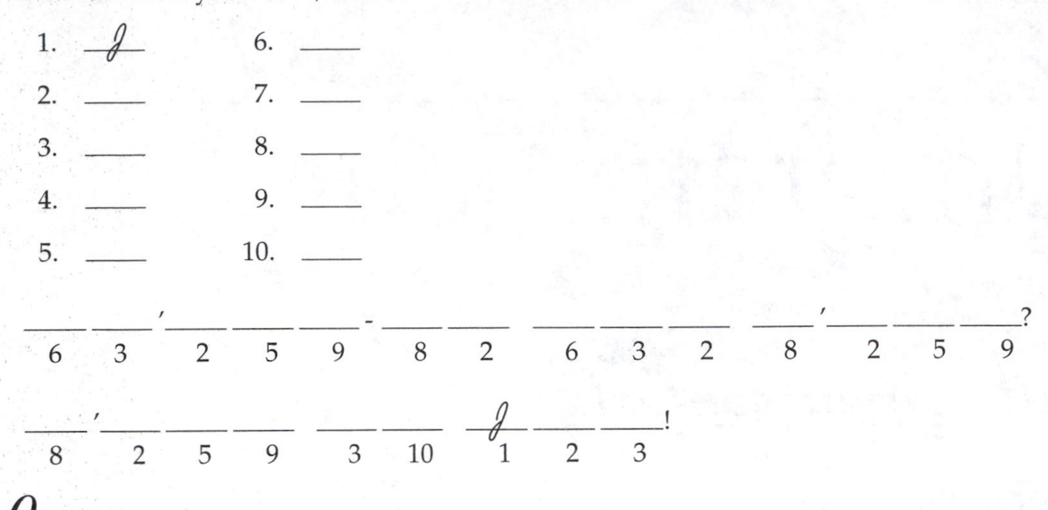

1. J 6. ____
2. ____ 7. ____
3. ____ 8. ____
4. ____ 9. ____
5. ____ 10. ____

___ ___' ___ ___ ___ - ___ ___ ___ ___ ___ ___' ___ ___ ___?
6 3 2 5 9 8 2 6 3 2 8 2 5 9

___' ___ ___ ___ ___ ___ J ___ ___!
8 2 5 9 3 10 1 2 3

La rentrée

A. Mots croisés. (*Crossword puzzle.*) Do the following crossword puzzle, then turn on the recording and listen to verify your answers. The words will be spelled out.

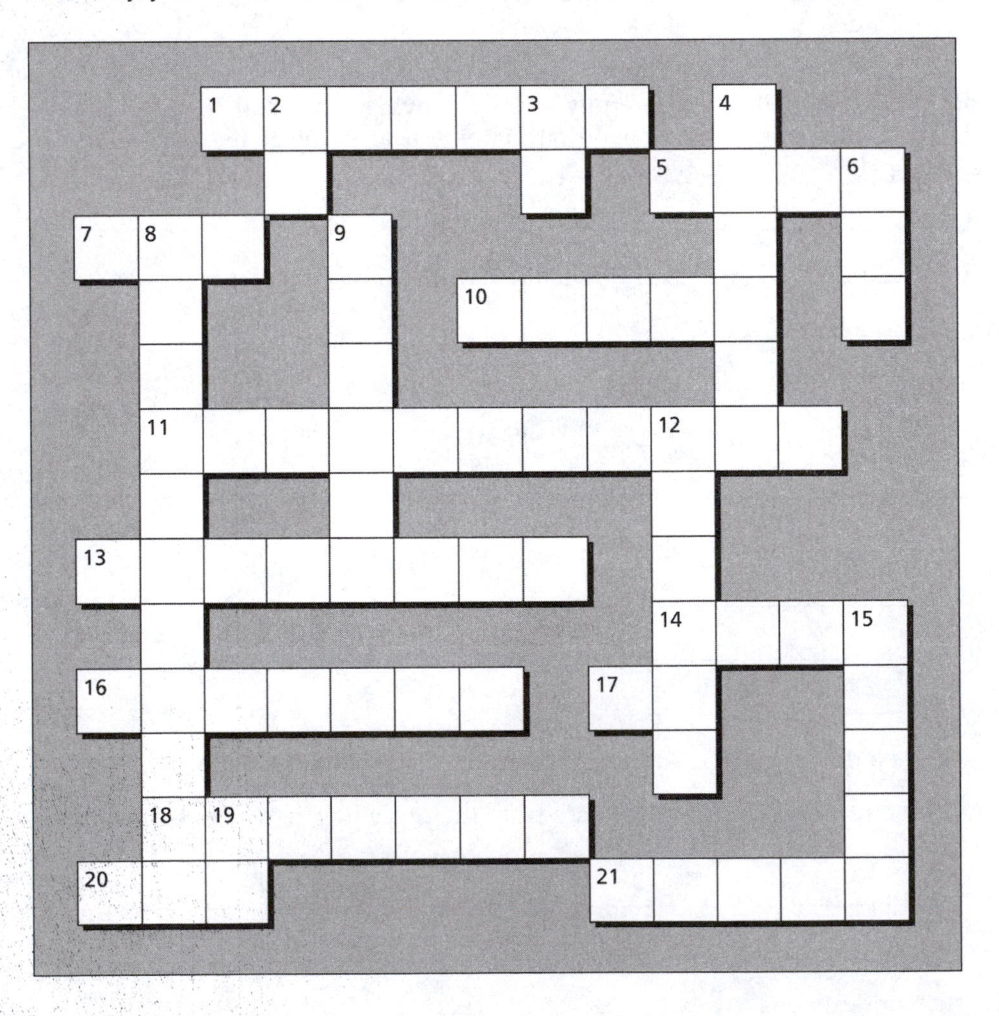

HORIZONTALEMENT

1. machine pour indiquer l'heure (*time*)
5. Dans une salle, il y a quatre ____.
7. oui ≠ ____
10. Les élèves sont à l'____ avec la maîtresse.
11. M. Chrétien? C'est un ____ à l'école Boniface.
13. Les maîtresses écrivent sur (*write on*) les ____ avec les craies.
14. Il y a six chaises ____ la table.
16. ouverture (*opening*) dans un mur
17. ____, deux, trois…
18. Les enfants commencent l'école le jour de la ____.
20. Qu'est-ce que c'____?
21. école; ____; université

VERTICALEMENT

2. conjonction de choix (*choice*)
3. prononciation de la lettre G
4. Ce n'est pas une table; c'est le ____ du professeur.
6. un ____ à dos
8. Macintosh, Dell, Compaq
9. instituteur / instructeur
12. ____ ≠ adulte
15. tableau; éponge; ____
19. conjonction d'inclusion

B. En classe. Use the vocabulary words to describe the following school scenes. Use each word only once; you may need to form plurals when necessary. *Note:* Not all the words will be used.

Vocabulaire utile: cahier, chaise, élève, éponge, fenêtre, horloge, instituteur, laboratoire, ordinateur, porte, salle, stylo, tableau

1. C'est une ____________ de classe.
2. Il y a un ____________ sur le mur.
3. Il y a des tables et des ____________.

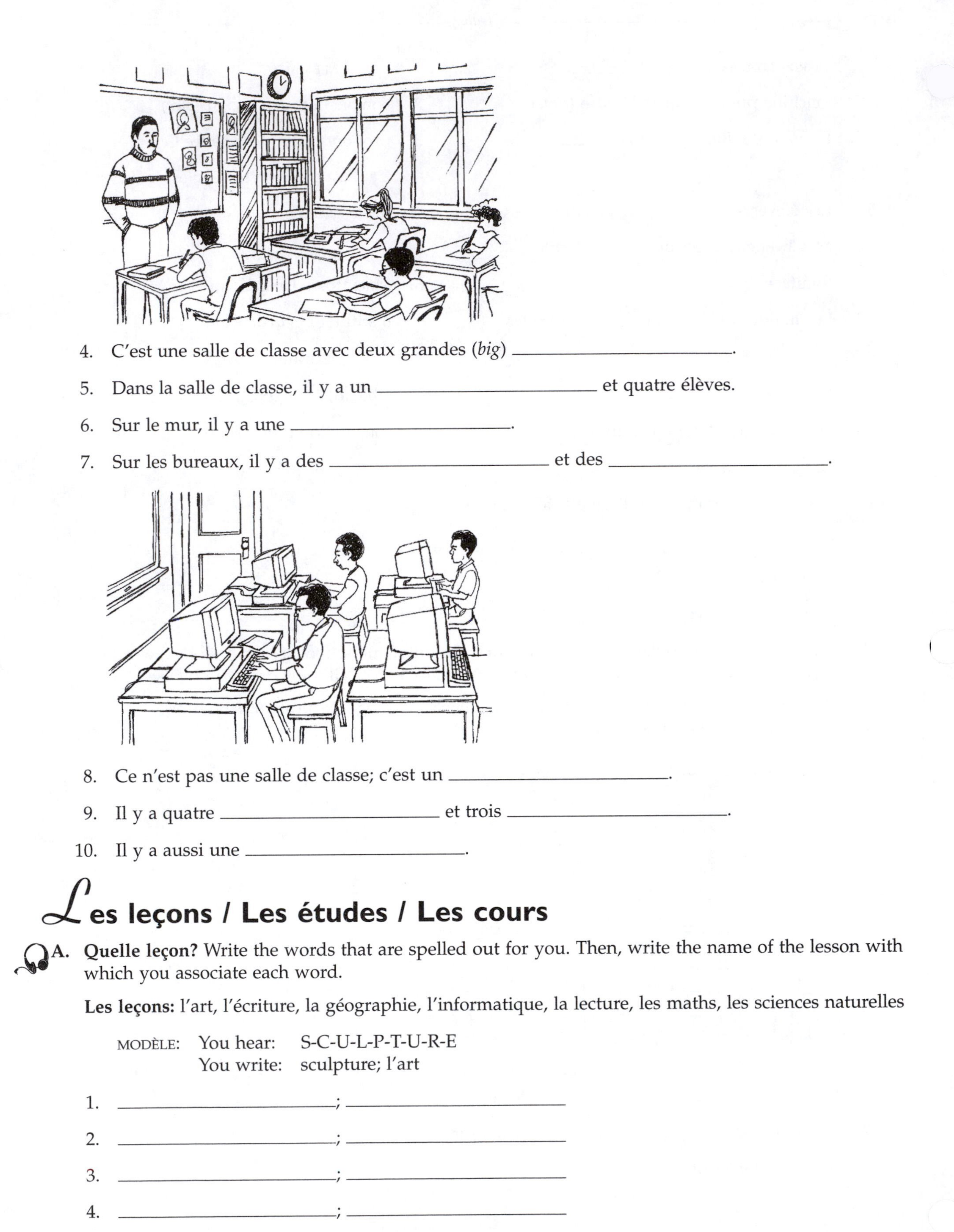

4. C'est une salle de classe avec deux grandes (*big*) ________________.
5. Dans la salle de classe, il y a un ________________ et quatre élèves.
6. Sur le mur, il y a une ________________.
7. Sur les bureaux, il y a des ________________ et des ________________.

8. Ce n'est pas une salle de classe; c'est un ________________.
9. Il y a quatre ________________ et trois ________________.
10. Il y a aussi une ________________.

Les leçons / Les études / Les cours

A. Quelle leçon? Write the words that are spelled out for you. Then, write the name of the lesson with which you associate each word.

Les leçons: l'art, l'écriture, la géographie, l'informatique, la lecture, les maths, les sciences naturelles

MODÈLE: You hear: S-C-U-L-P-T-U-R-E
You write: sculpture; l'art

1. ________________; ________________
2. ________________; ________________
3. ________________; ________________
4. ________________; ________________
5. ________________; ________________
6. ________________; ________________

B. Quel cours? What kind of class do the following images suggest? Listen to the questions and answer affirmatively or negatively with a complete sentence. If your answer is **non**, give the correct answer as well. Then, listen to verify your answer.

Vocabulaire utile: anglais, art, écriture, français, géographie, histoire, informatique, lecture, mathématiques, sciences, sciences politiques

MODÈLE: You see:

You hear: C'est un cours de maths?
You say: Non, ce n'est pas un cours de maths. C'est un cours d'art.
You hear: Non, ce n'est pas un cours de maths. C'est un cours d'art.

C. Qu'est-ce qu'on étudie? (*What do we study?*) In which course would you most likely study each of the following? Use the expression **On étudie** (*We study*). *Note:* You will use some courses more than once, and one course will not be used at all.

Les cours: l'anglais, l'écriture, le français, la géographie, l'histoire, l'informatique, les mathématiques, les sciences naturelles

MODÈLE: Virginia Woolf →
On étudie Virginia Woolf dans un cours d'anglais.

1. Jacques Cartier, l'homme qui a découvert (*discovered*) le Canada

____

2. Napoléon, l'empereur des Français (1804–1815)

____

(*continued*)

3. les séries trigonométriques de Joseph Fourier

____

4. la calligraphie

____

5. l'Afrique, l'Asie et l'Amérique

____

6. le livre *Le Petit Prince*

____

7. C++, JAVA et BASIC

____

8. la photosynthèse

____

9. la culture et la grammaire françaises

____

10. la Deuxième Guerre mondiale (*World War II*)

____

Visionnement 1

A. Le film: Êtes-vous d'accord? (*Do you agree?*) Based on what you've seen in the film, decide if you agree with the following statements. Write **oui** if you agree, **non** if you do not. If you don't know, write **Je ne sais pas.**

1. Yasmine arrive dans une nouvelle (*new*) école. ____________________
2. Rachid est instituteur. ____________________
3. Les enfants étudient (*are studying*) les sciences naturelles. ____________________
4. La maman de Yasmine est à l'école avec elle (*her*). ____________________
5. Pour Rachid, c'est un grand jour (*big day*). ____________________
6. L'institutrice adore la musique. ____________________

B. À propos des personnages

Step 1. Based on your sense of the characters shown or mentioned thus far in the film, complete the following sentences using the vocabulary words. You will have to guess for now, but in **Step 2** you'll find out the answers.

Vocabulaire utile: extraordinaire, intelligente, Marseille, Paris, reporter, sérieuse, triste (*sad*)

1. La maman de Yasmine est timide et ____________________.
2. Elle (*She*) est probablement ____________________ aussi.

3. Rachid désire travailler (*to work*) à _______________.
4. Il aime (*He likes*) la profession de _______________.
5. La maman de Yasmine aime _______________.
6. Le travail (*job*) à Paris est une opportunité _______________ pour Rachid.
7. La maman de Yasmine est _______________ à Paris.

Step 2. Now listen to a passage about Rachid, his wife Sonia, and their daughter Yasmine.

Quand[1] Rachid Bouhazid rencontre[2] Sonia, ils ont 20 ans.[3] Ils habitent[4] à Marseille. Rachid décide que Sonia est la femme parfaite.[5] Elle est timide et sérieuse mais[6] aussi très intelligente. Sonia aime Rachid aussi. Ils sont tous les deux d'origine maghrébine;[7] donc ils ont[8] une culture similaire. Rachid est dynamique, intelligent et loyal, mais il est aussi très ambitieux et il adore sa profession de reporter.

Rachid et Sonia se marient et ils ont une fille:[9] Yasmine. Yasmine a maintenant six ans[10] et la famille Bouhazid est très heureuse[11] à Marseille. Mais il y a un problème: Rachid désire aller à Paris pour travailler, et Sonia préfère Marseille. Un jour, Rachid a une opportunité extraordinaire. Il a une proposition de travail à Paris et il accepte. Sonia accepte aussi, mais quand ils arrivent à Paris, elle est triste.

[1]*When* [2]*meets* [3]ils… *they are 20 years old* [4]*live* [5]*perfect* [6]*but* [7]Ils… *They are both of North African origin* [8]donc… *so they have* [9]*daughter* [10]a… *is now six years old* [11]*happy*

Step 3. Now return to your answers in Step 1. Make any necessary changes based on what you learned in the passage.

C. Vous avez compris? (*Did you understand?*) Based on what you heard and read in Exercise B, answer each of the following questions with the name of the appropriate character(s): Sonia, Rachid, Yasmine, or a combination of them. Circle the appropriate response(s).

1. Qui rencontre Sonia à l'âge de 20 ans?	Sonia	Rachid	Yasmine
2. Qui est d'origine maghrébine?	Sonia	Rachid	Yasmine
3. Qui a six ans?	Sonia	Rachid	Yasmine
4. Qui accepte un travail à Paris?	Sonia	Rachid	Yasmine
5. Qui habite à Paris?	Sonia	Rachid	Yasmine
6. Qui est triste à Paris?	Sonia	Rachid	Yasmine

Prononciation et orthographe

Aperçu des voyelles

Most French vowel sounds have a variety of corresponding spellings. In order to learn to pronounce French correctly, you'll need to recognize the spellings that are used to represent those sounds.

The following chart lists common spellings of each specific vowel sound. Listed in the middle column are the International Phonetic Alphabet (IPA) symbols for each sound; these symbols are used in dictionaries to show word pronunciation. On the right are examples of common words containing those sounds.

The speaker will pronounce each sound (indicated by the symbol in the middle column) and then each example. Repeat each sound and example after the speaker. In later chapters, you will be given specific hints on how to produce these sounds using your mouth, lips, and tongue. Although acquiring a native-like French pronunciation requires practice, the exercises throughout *Débuts* will give you a solid foundation, and you will gradually refine your French pronunciation skills.

ORAL VOWELS		
COMMON SPELLINGS	IPA SYMBOL	EXAMPLES
a, à, â	/a/	madame, **à**, **â**me
final **ai**, **é**, final **-er**, final **-ez**	/e/	j'écrir**ai**, cin**é**ma, cahi**er**, all**ez**
ai, ay, è, ê, ei **e** + pronounced consonant final **-ès**, final **-et**, final **-êt**	/ɛ/	diction**nai**re, cr**ay**on, sc**è**ne, fen**ê**tre, tr**ei**ze mad**e**moiselle, m**e**rci tr**ès**, adm**et**, for**êt**
e	/ə/	d**e**main, l**e**
i, î, y	/i/	f**i**lm, d**î**ner, st**y**lo
au, eau, o, ô	/o/	**au**, bur**eau**, studi**o**, bient**ô**t
o	/ɔ/	bl**o**c-notes, h**o**mme, pers**o**nne, quat**o**rze
eu, eux	/ø/	f**eu**, d**eux**
eu, œu	/œ/	n**eu**f, c**œu**r
ou, où, oû	/u/	v**ou**s, **où**, c**oû**te
u, û	/y/	**u**ne, ét**u**diante, fl**û**te

NASAL VOWELS		
COMMON SPELLINGS	IPA SYMBOL	EXAMPLES
am, an, em, en	/ɑ̃/	l**am**pe, pl**an**, m**em**bre, **en**ch**an**té
aim, ain, im, in, um, un **en** preceded by **i, y, é**	/ɛ̃/	f**aim**, dem**ain**, **im**possible, c**in**q, parf**um**, **un** bi**en**, moy**en**, lycé**en**
om, on	/ɔ̃/	n**om**, cray**on**

Structure 3

Les pronoms sujets et le verbe être

Talking about ourselves and others

A. Prononciation. In most sentences, the plural subject pronouns **ils** and **elles** sound exactly like their singular counterparts **il** and **elle**. Other pronouns have distinct pronunciations. Listen and repeat. Try to pronounce both the consonant sounds and the vowel sounds as much like the speaker as possible.

1. il / ils
2. tu / vous
3. je / nous
4. elle / elles
5. on
6. tout le monde

Nom ________________________ Date ______________ Cours ________________

Now you will hear either a singular or a plural pronoun. If you hear a singular form, repeat it and then say the plural form. If you hear the plural, repeat it and then say the singular. Then, listen to verify your answer.

MODÈLE: You hear: je
You say: je, nous
You hear: je, nous

1. … 2. … 3. … 4. … 5. … 6. … 7. … 8. …

B. Qui ça? (*Who?*) Indicate whether the subject of the sentence you hear is one person or more than one person or whether it is impossible to say (**impossible à dire**). You will hear each sentence twice.

	1.	2.	3.	4.	5.	6.	7.
une personne	☐	☐	☐	☐	☐	☐	☐
2+ personnes	☐	☐	☐	☐	☐	☐	☐
impossible à dire	☐	☐	☐	☐	☐	☐	☐

C. *Tu* ou *vous*? Which subject pronoun—**tu** or **vous**—would you use if you were addressing the following people in French?

1. Mme Simon, your elderly next-door neighbor tu vous
2. Minou, your neighbor's cat tu vous
3. Carine, your best friend tu vous
4. group of friends tu vous
5. two young children whom you know tu vous
6. person your age to whom you have just been introduced tu vous
7. Papy, your grandfather tu vous
8. your math professor tu vous
9. Mme Poinson, your local grocer tu vous
10. small child whom you have just met tu vous

D. Prononciation. The forms of the verb **être** are all irregular, following no standard pattern. Listen and repeat, trying to pronounce each form as much like the speaker as possible.

je suis	nous sommes
tu es	vous êtes
il est	ils sont
elle est	elles sont
on est	

Notice that the second- and third-person singular forms (**tu**, **il**, **elle**, and **on**) all sound the same: /ɛ/. You must pay attention to the pronoun, since it clarifies which person the speaker is talking about.

Now listen to each sentence, repeat it aloud, and circle the form you hear. Pay attention to both the pronoun and the verb.

1. ils sont je suis
2. nous sommes vous êtes
3. elle est vous êtes
4. il est elle est
5. il est ils sont
6. tu es il est

E. Quelle phrase? Listen carefully and circle the sentence you hear. You will hear each sentence twice.

MODÈLE: You see: Tu es étudiant. Vous êtes étudiant.
You hear: Tu es étudiant. Tu es étudiant.
You say, then circle: (Tu es étudiant.) Vous êtes étudiant.

1. Il est en classe. Elle est en classe.
2. C'est une élève. Elle est élève.
3. On est dans la salle. On n'est pas dans la salle.
4. Elles sont avec Stéphanie. Je suis avec Stéphanie.
5. C'est une université. Vous êtes à l'université.
6. Elles sont avec M. Denis. Ils sont avec M. Denis.
7. Nous sommes profs. Ils sont profs.
8. Il est là. On est là.

F. La vie à l'université. Complete the following sentences, which you might hear at a university, by providing the correct form of the verb **être**.

MODÈLE: Anne et Pascale sont étudiantes.

1. Je ne ______________________ pas encore professeur!
2. Mme Antel ______________________ professeur.
3. Vous aussi, vous ______________________ étudiant?
4. Tu ______________________ une étudiante extraordinaire!
5. Nous ______________________ en cours de 9 heures (*9 o'clock*) à 11 heures.
6. Les livres ______________________ dans la salle de classe.
7. Tout le monde ______________________ en classe.

G. Où sont-ils? (*Where are they?*) Write complete sentences describing where the following people or things are. *Attention!* Replace any nouns listed with their appropriate subject pronouns.

MODÈLE: les enfants / dans le jardin →
Ils sont dans le jardin.

1. la table / dans la salle de classe

____

2. la maîtresse / devant (*in front of*) le bureau

____

3. maman et papa / dans l'appartement

____

4. tu / avec un ami

____

5. on / dans le studio

____

6. la tour Eiffel / à Paris

 ____

7. nous / en classe

 ____

8. les étudiants / à l'université

 ____

9. le stylo / dans le sac à dos

 ____

10. les femmes / là

 ____

11. je / dans le laboratoire

 ____

12. l'instituteur / à l'école

 ____

13. l'ordinateur / sur la table

 ____

14. tout le monde / à la fenêtre

 ____

Structure 4

Ne... *pas* et d'autres négations

Expressing negatives

A. Être ou ne pas être. Answer the following questions using the negation indicated by the speaker. Then, listen to verify your answer.

MODÈLE: You see: C'est un grand jour? (Non, ce...)
You hear: ne... pas
You say: Non, ce n'est pas un grand jour.
You hear: Non, ce n'est pas un grand jour.

1. La maman de Yasmine est là? (Non, elle...)
2. La calculatrice est dans le sac à dos? (Non, elle...)
3. Ils sont sympas? (Non, ils...)
4. Ce sont des amis? (Non, ce...)
5. Vous êtes en France? (Non, nous...)
6. Je suis calme? (Non, tu...)
7. Amine est le cousin de Malika? (Non, il...)
8. Tu es professeur? (Non, je...)

B. Oui ou non? Answer the question you hear using a negation. Then follow it with an affirmative statement using the other noun you see. Listen to verify your response.

MODÈLE: You see: une chaise / une horloge
You hear: Est-ce une chaise?
You say: Non, ce n'est pas une chaise. C'est une horloge.
You hear: Non, ce n'est pas une chaise. C'est une horloge.

1. un livre d'arabe / un livre de français
2. un tableau / une table
3. une calculatrice / un ordinateur
4. des étudiants / des élèves
5. le papa d'Amélie / la maman d'Amélie
6. M. Estrade / Mme Estrade
7. des craies / des crayons
8. une porte / une fenêtre

C. Complétez les phrases. Complete the following sentences by conjugating the verbs and making any necessary additions or changes. Be careful to place the negation correctly.

MODÈLE: Nous / être / ne... pas du tout / horribles →
Nous ne sommes pas du tout horribles.

1. Les enfants / être / ne... jamais / calmes

____

2. Je / m'appelle / ne... pas / Lucie

____

3. Vous / être / ne... plus / à Dakar / ?

____

4. Marc et Brigitte / être / ne... pas / contents

____

5. Ce / être / ne... pas / des étudiants

____

6. Tu / être / ne... jamais / très / sociable

____

7. Carine / être / ne... plus / avec Solange

____

8. La calculatrice / être / ne... pas / dans le bureau

____

9. Tout le monde / être / ne... pas encore / en classe

____

D. François Lejoyeux et Marie-Laure Malbouche. François is a positive and optimistic person. Marie-Laure is very negative. For each of François's statements or questions, give Marie-Laure's negative response. Vary your use of negations as much as possible, using **ne... pas, ne... pas du tout, ne... jamais**, and **ne... pas encore**.

MODÈLE: FRANÇOIS: Ça va bien! →
MARIE-LAURE: Mais non, ça ne va pas bien!

1. FRANÇOIS: Tout le monde est content!
   MARIE-LAURE: _______________
2. FRANÇOIS: Le professeur de français est fantastique!
   MARIE-LAURE: _______________
3. FRANÇOIS: Le cinéma est fascinant (*fascinating*)!
   MARIE-LAURE: _______________
4. FRANÇOIS: Les élèves sont déjà (*already*) en classe.
   MARIE-LAURE: _______________
5. FRANÇOIS: Nous sommes amis.
   MARIE-LAURE: _______________
6. FRANÇOIS: Est-ce que tu es très sociable?
   MARIE-LAURE: _______________

Regards sur la culture

Des livres scolaires

Un livre pour qui? Look at each book cover. Then, circle the words that best complete each sentence.

1. Ce livre est pour un lycée / une école.

2. Ce livre est pour une université / une école.

3. Une maîtresse / Un professeur utilise ce livre.

4. Une personne de 17 / de 6 ans utilise ce livre.

5. Ce livre est pour une personne de 8 ans / de 16 ans.

6. Ce livre est pour une université / une école.

Structure 5

L'intonation et est-ce que...

Asking yes/no questions

A. Prononciation. You have learned that a statement can be turned into a question simply by changing the intonation from a falling tone to a rising tone. Listen and repeat.

STATEMENT: Tu es content.
QUESTION: Tu es content?

A statement can also be turned into a question by adding **Est-ce que** at the beginning. The intonation again ends with a rising tone. Listen and repeat.

STATEMENT: Tu es content.
QUESTION: Est-ce que tu es content?

Listen to the following segments of dialogue from Episode 1 of *Le Chemin du retour* and indicate whether or not the segment you hear is a question by putting a check mark in the appropriate column. Pay attention to the use of intonation and **Est-ce que**. You will hear each sentence twice.

MODÈLE: You hear: C'est ma nouvelle (*my new*) école? C'est ma nouvelle école?
You check off: C'est une question.

	C'EST UNE QUESTION.	CE N'EST PAS UNE QUESTION.
1.	☐	☐
2.	☐	☐
3.	☐	☐
4.	☐	☐
5.	☐	☐
6.	☐	☐
7.	☐	☐
8.	☐	☐
9.	☐	☐

B. Une réponse logique. Circle the more logical response to each question you hear. You will hear each question twice.

1.	Oui, ça va bien, merci.	Oui, je suis prof.
2.	Non, je suis mexicain.	Non, c'est un cours d'anglais.
3.	Non, c'est un crayon.	Non, c'est un professeur.
4.	Je suis étudiant aussi.	Non, merci.
5.	Oui, c'est Charles.	Ce sont des chaises.

C. Question/Réponse. Write a question using **Est-ce que** that corresponds to each of the following responses. Be careful to use the logical subject pronoun.

MODÈLE: RÉPONSE: Non, nous ne sommes pas étudiants. →
QUESTION: Est-ce que vous êtes étudiants?

1. RÉPONSE: Oui, le cours d'anglais est à trois heures.
   QUESTION: ____________________
2. RÉPONSE: Non, je ne suis pas à l'université.
   QUESTION: ____________________
3. RÉPONSE: Non, le prof n'est jamais stupide.
   QUESTION: ____________________
4. RÉPONSE: Oui, il y a des chaises dans la salle de classe.
   QUESTION: ____________________
5. RÉPONSE: Non, ce n'est pas un ordinateur.
   QUESTION: ____________________
6. RÉPONSE: Oui, je suis Madame Valmour.
   QUESTION: ____________________

D. Dialogue. Now write a dialogue of 8–10 lines between two college students who are meeting for the first time. Use a variety of questions such as **Ça va?**, **C'est... ?**, **Qu'est-ce que c'est?**, **Qui est-ce?** and the intonation and **Est-ce que...** forms of yes/no questions.

____

____

____

____

____

____

____

____

____

____

Visionnement 2

A. Après le visionnement. Thinking about the cultural information in this chapter and looking at the photo, select the most appropriate word(s) to complete each sentence.

1. Les enfants sur la photo (*in the photo*) sont des ______________________. (élèves / étudiants)
2. Les enfants sur la photo sont ______________________. (disciplinés / indisciplinés)
3. L'endroit (*place*) sur la photo est ______________________. (un lycée / une école primaire)
4. Isabelle est ______________________. (un maître / une maîtresse)
5. Les enfants ont (*are having*) probablement une leçon de ______________________. (sciences naturelles / sciences politiques)
6. L'école semble (*seems*) ______________________. (moderne / traditionnelle)

B. Comptons. Count the following objects and people in the photo and write out the numbers.

MODÈLE: Combien de portes est-ce qu'il y a? →
Il y a une porte.

1. Combien d'élèves est-ce qu'il y a? ______________________
2. Combien de garçons (*boys*) est-ce qu'il y a? ______________________
3. Combien de filles (*girls*) est-ce qu'il y a? ______________________
4. Combien d'institutrices est-ce qu'il y a? ______________________
5. Combien de sacs à dos et de cartables (*bookbags*) est-ce qu'il y a? ______________________

____

Nom ______________________ Date ______________ Cours ______________

À écrire

Pour Yasmine à l'école

Rachid is ordering school supplies for Yasmine on the Internet.

Step 1. Take Rachid's role and choose supplies for Yasmine from the following online catalogue.

Article	Prix
Sac à dos Gibecière	12,18 €
Sac à dos <<Chic L'école>>	9,40 €
Stylo plume Stypen	3,27 €
Quatre feutres aiguille Rotring	3,53 €
Quarante crayons de couleur Picolo	1,62 €
Dix crayons graphite Noris	1,39 €
Quatre chemises	1,94 €
Une gomme	3,34 €
Boîte de compas	3,23 €
Feuillets mobiles 400 pages perforées Trocadero	1,82 €

Step 2. Now fill out the following form. Rachid's address is 22, rue Lacépède, 75005 Paris.

Merci de bien vouloir remplir le formulaire ci-dessous.

**Nom*		(*) *rubriques obligatoires*
**Prénom*		
**Adresse*		
**Code postal*		
**Ville*		
**Pays*	France continental	
Téléphone	01-42-16-39-75	
Mail	rachid@wanadoo.fr	
Mot de passe		
Confirmation du mot de passe		

Step 3. To complete Rachid's order, fill out the remainder of the form. Be sure to total your purchases.

CAISSE D'ÉPARGNE
Paiement sécurisé avec la Caisse d'épargne
Voici le contenu de votre panier:

PRODUIT	QUANTITÉ	PRIX UNITAIRE	PRIX TOTAL

Step 4. When you have finished filling in all the forms, go back and check your spelling, the details of the descriptions and prices, and your addition for the total amount. Make corrections as necessary.

Nom  ____________________ Date ____________ Cours ____________

Dossier culturel

A. L'enseignement. (*Education.*) Using the links at **www.mhhe.com/debuts2** or printed resources, compare the education or schooling system of a French-speaking country or territory* to that of your country (or state or province). List the ages of the students and the corresponding levels and/or schools. Create and complete a chart such as the following. List some advantages and disadvantages of each system.

	PAYS FRANCOPHONE		VOTRE PAYS	
ÂGES	CLASSES°	ÉCOLE	CLASSES	ÉCOLE

°*Grades*

*See **Dossier culturel**, Activity B, in the Preliminary Chapter.

B. La tour Eiffel. The Eiffel Tower is the best-known landmark of the French capital. Using the links at **www.mhhe.com/debuts2** or printed resources, write a report that provides statistics such as the total height (**hauteur**) of the tower; the total weight (**poids**); the dimensions at the base; the number of steps (**marches**) in the tower; the name of the contractor (**entrepreneur**) for the construction; how long the construction (**exécution** or **construction**) lasted. Explain when and in what circumstances the tower officially opened (**date de naissance** or **inauguration**) and give the name of the owner (**propriétaire**). Then name a major landmark in your hometown (or a city nearby) and provide similar information about it. Finally, tell why you think people build such constructions.

Chapitre 2

Bonjour!

Vocabulaire en contexte

Pour parler des personnes

A. Samuel Lacoste. Listen to the following paragraph and write the missing words in the blanks. You will hear the passage twice. The second time, the speaker will pause after every sentence to give you time to write.

Samuel Lacoste est un journaliste ______.[1] C'est un ______[2] journaliste et un homme ______.[3] Son[a] travail à la radio est ______[4] et généralement ______.[5] ______[6] est Samuel? Il n'est sûrement[b] pas ______[7] talent. ______[8] son public, il est ______[9]! ______[10] parfois le travail est un peu[c] ______[11] pour Samuel. Il adore l'aventure et voudrait[d] voyager pour son ______.[12]

[a]*His* [b]*certainly* [c]un... *a little* [d]*would like*

B. Portrait de Rachid. Fill in each blank by choosing the appropriate adjective.

C'est un (mais/grand) ______[1] jour pour Rachid. Est-ce qu'il est (prêt/sans) ______[2]? Oui. Est-ce qu'il est (heureux/vrai) ______[3]? Oui. Mais il est aussi ______[4] (inquiet/capable) pour sa famille.°

°sa... *his family*

C. Un cours à l'université. Create sentences about a university class by combining the words you see with the adverbs you hear. Then, listen to verify your answer.

MODÈLE: You see: l'étudiant typique / capable
You hear: toujours
You say: L'étudiant typique est toujours capable.
You hear: L'étudiant typique est toujours capable.

1. l'étudiant typique / inquiet
2. le professeur / amusant
3. le professeur / ennuyeux
4. le cours / ridicule
5. le cours / difficile
6. l'étudiant typique / dynamique

D. D'accord? Léo and Jacqueline have strong opinions and don't get along because they often disagree. Caroline likes Jacqueline and has only good things to say about her. Circle the expressions that complete the sense of the following dialogues.

1. JACQUELINE: Le président est formidable!

   LÉO: (C'est vrai! / Je ne suis pas d'accord.) Il est ridicule.

   JACQUELINE: (Bien sûr que non! / Sans doute!) Il est formidable et amusant.

   LÉO: (C'est faux. / C'est vrai.) Il est amusant, je suis d'accord avec toi, là!

2. CAROLINE: Jacqueline est intelligente.

   LÉO: (Je ne suis pas d'accord. / Bien sûr!) Elle est stupide.

   CAROLINE: Elle est sympathique.

   LÉO: (C'est vrai! / Pas vrai.) Elle est difficile.

   CAROLINE: Elle est dynamique.

   LÉO: (Je suis d'accord! / Bien sûr que non!) Elle est dynamique.

E. Selon Michel. Michel and Jeanne are talking about various things. When Jeanne makes a statement, Michel gives his own opinion. For each of his reactions, tell whether he agrees or disagrees with Jeanne.

MODÈLE: You hear: JEANNE: Tom Hanks est un acteur formidable.
MICHEL: Ah oui, c'est vrai!
You check off: Michel est d'accord.

	MICHEL EST D'ACCORD.	MICHEL N'EST PAS D'ACCORD.
1.	☐	☐
2.	☐	☐
3.	☐	☐
4.	☐	☐
5.	☐	☐

F. Comment est… ? Write two adjectives or phrases that you associate with each of the following people. You may use the same word for different people, but vary your responses as much as possible. *Note:* You will not use all the words.

Vocabulaire utile: capable, fatigué, formidable, fort, important, intelligent, intéressant, magnifique, super, sympathique, un bon ami, un vrai Français

1. un étudiant typique ________________ ________________
2. un journaliste à la télé ________________ ________________
3. votre musicien favori ________________ ________________
4. un athlète parisien ________________ ________________
5. un bon employé ________________ ________________

Les locaux et les employés de Canal 7

Au studio. (*At the studio.*) Label the people and locations in this television studio. Be sure to include the appropriate definite article. *Note:* You will not use all of the words.

Vocabulaire utile: bureau, écran, émission, plateau, producteur, régie, reporter

Visionnement 1

A. Dans le film. Based on what you have seen in the film, fill in the blanks with the best word from the following list. *Note:* You will not use all of the words.

Vocabulaire utile: béret, boulanger (*baker*), Canal 7, Marseille, médaillon, Montréal, pain artisanal (*handmade bread*)

1. M. Liégeois est un grand ______________________________ parisien.
2. Le travail de Bruno et Camille est à ______________________________.
3. Bruno aime (*likes*) le ______________________________.
4. Bruno n'aime pas le ______________________________.
5. Hélène arrive de ______________________________.
6. Camille ne trouve pas (*doesn't find*) son ______________________________.

B. À propos des personnages

Step 1. Based on your sense of the characters in the film, decide whether the following statements are likely to be true or not likely to be true. Use the following letter symbols: **probable (P), pas probable (PP).**

_____ 1. Camille et Bruno sont de bons amis.

_____ 2. L'émission de Camille et Bruno sur (*on*) Canal 7 est très populaire avec les téléspectateurs (*television audience*).

_____ 3. Bruno a parfois envie de retourner à (*wants to return to*) la radio.

_____ 4. Camille a beaucoup (*a lot*) d'ambition.

_____ 5. Bruno est beaucoup plus jeune que (*younger than*) Camille.

_____ 6. C'est par accident que Camille est devenue (*became*) journaliste.

Step 2. Now listen to a passage about Camille and Bruno.

Camille Leclair et Bruno Gall sont les animateurs de «Bonjour!», un magazine télévisé sur Canal 7. Ensemble[1] à la télévision depuis[2] 1998,* ils parlent de sujets de la vie quotidienne.[3] Ils sont sérieux mais ils ne se prennent pas trop au sérieux.[4] La presse adore ce couple d'animateurs. Bruno et Camille ont une large audience sur une chaîne cablée[5]...

Mais à présent, Camille rêve d'une vie différente.[6] Elle voudrait présenter[7] une grande émission d'actualités.[8] Mais elle hésite. Bruno est un ami sincère et généreux. Ils sont amis depuis 1993, quand[9] Camille était[10] étudiante en journalisme et Bruno animateur à la radio, déjà[11] une star. Bruno a aidé[12] Camille à trouver ce[13] travail à Canal 7. Ce n'est certainement pas une bonne chose[14] d'abandonner un ami pour satisfaire son ambition professionnelle.

[1]*Together* [2]*since* [3]la... *daily life* [4]mais... *but they don't take themselves too seriously* [5]*cable* [6]rêve... *dreams of a different life* [7]voudrait... *would like to be the host for* [8]émission... *news show* [9]*when* [10]*was* [11]*already* [12]a... *helped* [13]à... *to find this* [14]une... *a good thing*

*1998 = mil neuf cent quatre-vingt-dix-huit

Step 3. Now return to your answers in Step 1 and make any necessary changes based on what you learned in the passage.

C. **Vous avez compris? (*Did you understand?*)** Based on the passage about Camille and Bruno that you just listened to, decide which of the characters might make each of the statements—Bruno, Camille, or both. Check the appropriate column.

	BRUNO	CAMILLE	BOTH
1. Je suis journaliste à Canal 7.	☐	☐	☐
2. Je parle de la vie quotidienne.	☐	☐	☐
3. Je rêve d'une vie différente.	☐	☐	☐
4. Je désire présenter les actualités.	☐	☐	☐
5. J'hésite à changer de profession.	☐	☐	☐
6. Je suis un ami sincère et généreux.	☐	☐	☐

Prononciation et orthographe

Les consonnes finales prononcées et muettes

Final written consonants in French words may "behave" in one of three ways when spoken. Although there is no absolute rule to guide you, some generalizations can be made.

1. Most final consonants are never pronounced. Listen and repeat.

   et   toujours   malheureux

2. The final consonants **c**, **r**, **f**, and **l** are usually pronounced; these are the so-called CaReFuL consonants. Listen and repeat.

   ave**c**   reporte**r**   neu**f**   i**l**

   These consonants are always linked to a following vowel. This linking is called **enchaînement**. Listen and repeat.

   avec‿un stylo   pour‿Anne   actif‿et dynamique   il‿est

3. Some final consonants are usually silent, but are pronounced in certain environments. This type of link is called **liaison**. For example:

   - The final consonant of **c'est** is pronounced before a vowel. Listen and repeat.

     C'est /t/un mystère!

     In familiar conversation, however, this linking is sometimes not made.

   - The final **-s** of subject pronouns (**nous, vous, ils, elles**) and plural articles (**les, des**) is pronounced /z/ before a vowel. Listen and repeat.

     nous /z/adorons   elles /z/observent
     vous /z/êtes   les /z/acteurs
     ils /z/aiment   des /z/ennemies

In **enchaînement** and **liaison**, the final linked consonant is "pushed" to the next syllable, resulting in a new syllable pattern. Listen and repeat.

elle /ɛl/	*but:* elle est /ɛ·lɛ /
nous /nu/	*but:* nous aimons / nu·zɛmɔ̃/

Liaison et enchaînement. Now pronounce the following examples of **liaison** and **enchaînement** after the speaker. Be careful to "push" the final consonant of the linked word to the initial syllable of the following word. To help you visualize this, the expressions are divided into syllables. You will hear and repeat each sentence or phrase twice.

1. Comment allez-vous? /kɔ·mɑ̃·ta·le·vu/
2. Elle est avec Isabelle. /ɛ·lɛ·ta·vɛ·ki·za·bɛl/
3. dans un jardin /dɑ̃·zɛ̃·ʒaʀ·dɛ̃/
4. pour une leçon /pu·ʀyn·lə·sɔ̃/
5. C'est un grand jour. /sɛ·tɛ̃·gʀɑ̃·ʒuʀ/

Structure 6

Les adjectifs

Describing people and things

A. Prononciation. As you have read in your textbook, some adjectives distinguish gender in their spoken forms as well as in their written forms.

1. The most common distinction is when the masculine ends with a vowel sound and the feminine ends with a consonant sound. Listen to the differences between these masculine and feminine forms. Repeat each pair after you hear it.

amusant / amusante	heureux / heureuse	malheureux / malheureuse
content / contente	important / importante	mauvais / mauvaise
français / française	inquiet / inquiète	petit / petite
grand / grande	laid / laide	prêt / prête

2. Sometimes the last vowel sound in the masculine and feminine is different as well.* Notice that in the feminine in these examples, there is also a final consonant /n/ sound on the feminine form. Repeat each pair after you hear it.

américain / américaine	bon / bonne	canadien / canadienne

3. A few adjectives end with one consonant sound in the masculine and a different one in the feminine. Repeat each pair after you hear it.

actif / active	naïf / naïve	sportif / sportive

4. These pronunciation differences also appear in the plurals. Repeat each pair after you hear it.

petits / petites	bons / bonnes	sportifs / sportives

Now you will hear five statements. Circle the correct form of the word you hear in each statement.

1. grand grande
2. bon bonne
3. bonnes bons
4. grande grand
5. difficile difficiles

*Recall the distinction between oral and nasal vowels that you learned in Chapter 1.

B. Masculin ou féminin? As you listen to the pronunciation of each adjective, indicate whether it refers to a man or a woman by checking the box in the appropriate row. If it could be either, check the box in the third row.

	1.	2.	3.	4.	5.	6.	7.
un homme	☐	☐	☐	☐	☐	☐	☐
une femme	☐	☐	☐	☐	☐	☐	☐
un homme ou une femme	☐	☐	☐	☐	☐	☐	☐

C. Comment est… ? You will hear a sentence describing someone, followed by another person's name. Say that the second person is like the first person, making sure that the adjective agrees in gender. Listen to verify your response.

MODÈLE: You hear: Michel est intéressant. Élisabeth…
You say: Élisabeth est intéressante.
You hear: Élisabeth est intéressante.

1. … 2. … 3. … 4. … 5. …

D. La vie à l'école. Complete the sentences about school by choosing from the adjectives listed at the end (circle the correct form for each sentence).

1. Pour la maîtresse, la craie est…	important	importante
2. Ce sont des livres…	français	françaises
3. L'institutrice est…	sportif	sportive
4. Les étudiantes sont…	fatigués	fatiguées
5. Les chaises sont…	petits	petites
6. Les cours sont…	facile	faciles
7. L'étudiant est…	inquiet	inquiets
8. La calculatrice n'est pas…	chère	chers

E. La vie à Canal 7. Complete the second sentence in each item about Canal 7 with the correct form of the adjective used in the first sentence.

1. Le studio est super. Les émissions de «Bonjour!» sont ________________.
2. Le reporter n'est pas laid. La productrice n'est pas ________________.
3. Le pain de campagne est délicieux. Les baguettes sont ________________.
4. Camille est formidable. Les Français sont ________________.
5. Le reportage de Rachid est vrai. Les reportages d'Hélène sont ________________.
6. Hélène est canadienne. Bruno et Camille ne sont pas ________________.

F. Comment sont-ils? Describe the following people and places. Write one affirmative sentence and one negative sentence for each. You may use the suggested words or any others you know.

Vocabulaire utile: américain, calme, canadien, capable, discret, dynamique, fort, généreux, gentil, grand, heureux, intellectuel, intelligent, intéressant, joli, laid, magnifique, mince, nerveux, ridicule, sportif, sympathique, triste

MODÈLE: Mon (*My*) ami ________________ [nom]… →
Mon ami Charlie est sportif. Il n'est pas calme du tout.

1. Mon amie ________________ [nom] ________________________________

____

2. Mes amis, en général, ____

____

3. Mon professeur de ____________________ [sujet] ____________________

____

4. Le président des États-Unis ____

____

5. La musicienne ____________________ [nom] ____________________

____

6. La ville (*city*) de ____________________ [nom] ____________________

____

7. Les hommes, en général, ____

____

8. Les femmes, en général, ____

____

Regards sur la culture

*U*n boulanger à Montréal

Voici la publicité de la boulangerie *Traditions*, de Montréal.

BOULANGERIE

Traditions

pour

le pain artisanal

L'Art du Pain

Les boulangers de la boulangerie *Traditions* préparent des produits[a] de grande qualité. Qu'est-ce que vous pensez de[b] notre boulangerie? Vos commentaires sont importants!

	Excellent	Bon	À améliorer[c]
Qualité	☐	☐	☐
Fraîcheur[d]	☐	☐	☐
Service	☐	☐	☐
Rapidité	☐	☐	☐
Variété	☐	☐	☐
Courtoisie[e]	☐	☐	☐

Nom: ____________________

Numéro de téléphone: ____________________

E-mail: ____________________

[a]*products* [b]Qu'est-ce... *What do you think of* [c]À... *Needs improvement* [d]*Freshness* [e]*Courtesy*

Nom ______________________ Date ______________ Cours ______________

Qui aime quoi? (*Who likes what*?) Here are three responses to the bakery's questionnaire. Write the names of the respondents next to the sentences that express their opinions. For some sentences, you will write more than one name.

L'Art du Pain

Les boulangers de la boulangerie *Traditions* préparent des produits de grande qualité. Qu'est-ce que vous pensez de notre boulangerie? Vos commentaires sont importants!

	Excellent	Bon	À améliorer
Qualité	☑	☐	☐
Fraîcheur	☑	☐	☐
Service	☐	☐	☑
Rapidité	☐	☐	☑
Variété	☐	☑	☐
Courtoisie	☐	☐	☑

Nom: Jacques Baumier
Numéro de téléphone: (514) 875-4967
E-mail: JB17@netaxis.ca

L'Art du Pain

Les boulangers de la boulangerie *Traditions* préparent des produits de grande qualité. Qu'est-ce que vous pensez de notre boulangerie? Vos commentaires sont importants!

	Excellent	Bon	À améliorer
Qualité	☒	☐	☐
Fraîcheur	☒	☐	☐
Service	☒	☐	☐
Rapidité	☒	☐	☐
Variété	☐	☒	☐
Courtoisie	☒	☐	☐

Nom: Claire Roy
Numéro de téléphone: (514) 932-9114
E-mail: ClaireRoy@yahoo.com

L'Art du Pain

Les boulangers de la boulangerie *Traditions* préparent des produits de grande qualité. Qu'est-ce que vous pensez de notre boulangerie? Vos commentaires sont importants!

	Excellent	Bon	À améliorer
Qualité	☐	☑	☐
Fraîcheur	☐	☑	☐
Service	☑	☐	☐
Rapidité	☑	☐	☐
Variété	☐	☑	☐
Courtoisie	☑	☐	☐

Nom: Marie-Laure Tessier
Numéro de téléphone: (514) 844-9862
E-mail:

1. J'adore la boulangerie *Traditions*.

   ____

2. Le pain est excellent, mais le service est mauvais.

   ____

3. La variété est bonne.

   ____

4. Je suis contente du service.

   ____

5. La qualité et la fraîcheur sont excellentes.

   ____

Structure 7

Les verbes réguliers en -er et la construction *verbe + infinitif*

Talking about everyday actions

A. Prononciation. There are three important things to remember about the pronunciation of regular **-er** verbs.

1. The endings of **-er** verbs for **je, tu,** singular **il/elle/on,** and plural **ils/elles** are never pronounced, so all four verb forms sound exactly alike. The subject noun or pronoun helps to clarify meaning. Listen and repeat.

   je parle　　tu parles　　on parle

There is also no difference in the sound of the subject pronoun for **il** singular and **ils** plural or for **elle** singular and **elles** plural. Repeat each of the following examples after you hear it.

il parle / ils parlent   elle parle / elles parlent

Because the singular and plural sound exactly alike, it is the context of the rest of the conversation that will tell you whether the subject and verb are singular or plural.

2. Before a verb beginning with a vowel sound, the final consonant of **nous, vous, ils,** and **elles** is pronounced as /z/ at the beginning of the verb that follows it. As you saw in **Prononciation et orthographe**, this linking is called **liaison**. Listen to the difference between the verbs that start with a consonant and those that start with a vowel sound. Repeat each example after you hear it.

   nous dînons   *but:* nous /z/adorons
   vous parlez   *but:* vous /z/aimez
   ils travaillent   *but:* ils /z/habitent
   elles cherchent   *but:* elles /z/étudient

3. In a similar way, before a verb form beginning with a vowel sound, the final consonant of **on** is pronounced as /n/ and a **liaison** is made. Listen to the difference between a verb that starts with a consonant and one that starts with a vowel sound. Listen and repeat.

   on regarde   *but:* on /n/écoute

Now listen to each sentence and repeat it aloud. Then indicate whether the subject is one person or more than one person or whether it is impossible to say (**impossible à dire**). You will hear each sentence twice.

	1.	2.	3.	4.	5.	6.	7.
une personne	☐	☐	☐	☐	☐	☐	☐
2+ personnes	☐	☐	☐	☐	☐	☐	☐
impossible à dire	☐	☐	☐	☐	☐	☐	☐

B. À la radio. Read each sentence aloud after you hear it. Remember to use **liaison** when necessary. After you read it aloud, listen to the sentence again.

MODÈLE: You hear: Serge et Christine travaillent à la radio.
You say: Serge et Christine travaillent à la radio.
You hear: Serge et Christine travaillent à la radio.

1. Ils adorent le travail de journaliste.
2. On écoute l'émission tous les matins (*every morning*).
3. Ils interviewent souvent des personnes dynamiques.

C. Catherine cherche du travail. Listen to the text once, then listen again and fill in the blanks. The second time, the speaker will pause periodically to give you time to write.

Catherine, une étudiante américaine, ________________[1] du travail à Paris. Elle n'aime pas travailler dans un bureau. Elle ________________[2] mieux l'atmosphère des restaurants.

Catherine pense qu'il est très difficile de trouver un travail. Des amis français montrent un journal[a] à Catherine et lui[b] ________________[3] des conseils.[c]

JEANNE: Nous ________________[4] les annonces.[d]

CATHERINE: Est-ce que vous ________________[5] la radio?

[a]montrent... *show a newspaper* [b](*to*) *her* [c]des... *advice* [d]*ads*

DIDIER: Non, mais nous parlons avec des amis. Tu ______________[6] à Paris, non?

CATHERINE: Oui, j' ______________[7] la philosophie à l'université.

JEANNE: Très bien! Les étudiants ______________[8] toujours du travail dans la cafétéria à l'université. Le patron[e] ______________[9] travailler avec les étudiants. Les étudiants sont amusants mais ils ______________[10] bien, aussi.

[e]*boss*

D. La vie de tous les jours. Listen to these people from French-speaking places talk about their daily lives. Then, say that this is also true for the person(s) indicated. Finally, listen to verify your answer.

MODÈLE: You hear: Nous habitons à Paris.
You see: Jean-François...
You say: Jean-François habite à Paris aussi.
You hear: Jean-François habite à Paris aussi.

1. Marie-Claire...
2. Tu...
3. Gérard et Sophie...
4. Vous...
5. Nous...
6. Vous...

E. Préférences. Look at each drawing and tell whether the person adores doing the activity, likes doing the activity, or hates doing the activity. Use **adorer, aimer,** or **détester** plus one of the expressions in the list.

Vocabulaire utile: bien dîner, écouter le musicien de rock, gagner (*to win*) la course à trois pieds, porter un tee-shirt et un jean, regarder la télévision

MODÈLE: Il déteste regarder la télévision.

1. ______________________________

____

2. ______________________________

____

3. ______________________________

____

F. **Généralisations.** Use the following verbs and expressions to write about what people do and don't do. Use the expressions in the list or others you know. Write two sentences for each item.

Vocabulaire utile: dîner au restaurant, donner des cadeaux (*gifts*), écouter toujours la radio, étudier, habiter dans un appartement, parler souvent au téléphone, penser que… , porter un jean, préparer le dîner, regarder des films français, travailler dur (*hard*), visiter la ville de…

1. Je (J') ____

   ____
2. Mes amis et moi, ensemble, nous ____

   ____
3. Les hommes américains ____

   ____
4. Les femmes américaines ____

   ____

Structure 8

La place des adjectifs

Describing people and things

A. **La place de l'adjectif.** Listen to each sentence and put a check mark in the appropriate column to tell whether the adjective precedes or follows the noun.

	PRECEDES THE NOUN	FOLLOWS THE NOUN
1.	☐	☐
2.	☐	☐
3.	☐	☐
4.	☐	☐
5.	☐	☐
6.	☐	☐

B. **Descriptions.** Create new sentences by correctly placing the given adjectives in the sentences you hear, either before or after the noun, as necessary. Then, listen to verify your answer.

MODÈLE: You hear: C'est une productrice.
You see: mauvaise
You say: C'est une mauvaise productrice.
You hear: C'est une mauvaise productrice.

1. intelligent
2. amusant
3. nerveuse (*nervous*)
4. bonne, artisanale
5. petit, ridicule

C. L'amour pour toujours. A professional matchmaker needs to understand what her clients want in a partner, but she just can't get it right. Her clients have to correct her every time! Write what they say.

MODÈLE: ELLE: Vous aimez les hommes stupides? (intelligent) →
CLIENTE: Mais non, j'aime les hommes intelligents.

1. ELLE: Vous adorez les femmes parisiennes? (canadien)
   CLIENT: ______________________
2. ELLE: Vous désirez trouver un homme intelligent? (riche)
   CLIENTE: ______________________
3. ELLE: Vous adorez les femmes laides? (joli)
   CLIENT: ______________________
4. ELLE: Vous désirez trouver une personne amusante? (sérieux)
   CLIENTE: ______________________
5. ELLE: Vous aimez les mauvais athlètes? (bon, dynamique)
   CLIENTE: ______________________
6. ELLE: Vous aimez mieux les petites femmes intellectuelles? (grand, sportif)
   CLIENT: ______________________

D. Léonore à l'école. Léonore goes to school in Paris. Describe her school by putting the correct forms of the indicated adjectives in their proper places in each sentence. The nouns that the adjectives describe are shown in italic type.

1. C'est une *école.* (vieux, parisien)
   ____
2. Léonore est dans une *classe.* (bon, actif)
   ____
3. Les *enfants* aiment étudier. (joli, petit)
   ____
4. Ils regardent une *plante* (*f.*) au Jardin des Plantes. (grand, préhistorique)
   ____
5. Le directeur de l'école est un *homme.* (dynamique, intéressant)
   ____
6. La secrétaire est une *femme.* (beau, nerveux)
   ____
7. Héloïse est une *institutrice.* (nouveau, sympa)
   ____
8. C'est une *femme.* (gentil, intelligent)
   ____

E. Poème. Write a pyramid poem using the nouns, adjectives, and verbs you have learned. Use a format similar to the following.

nom
adjectif, adjectif, adjectif
verbe, verbe, verbe, verbe

Sujets possibles: un ami, Canal 7, la classe, les enfants, un étudiant, les femmes, le film, les hommes, l'ordinateur, la vie

MODÈLE: *le Jardin des Plantes*
grand, intéressant, joli
chercher, trouver, regarder, aimer

____

____

____

Visionnement 2

Après le visionnement. Look at this photo and think about the cultural information you read in this chapter. Then match elements from the two columns to make complete sentences.

_____ 1. Les vêtements (*clothes*) de M. Liégeois…	a.	est content de reconnaître (*recognize*) le pain artisanal.
_____ 2. M. Liégeois…	b.	est une tradition importante.
_____ 3. Le pain artisanal…	c.	sont importantes pour les Français.
_____ 4. Bruno…	d.	est un boulanger traditionnel.
_____ 5. Certaines traditions…	e.	révèlent (*reveal*) sa profession.

Nom ______________________ Date ______________ Cours ______________

À écrire

Portrait d'une vedette de télévision américaine

Create a portrait of an American television personality.

Step 1. Use the following questions to organize your paragraph. You can answer them in this order or a different order; you can also combine the answers to more than one question into one sentence or answer one question with more than one sentence.

1. Qui est cette (*Who is this*) personne? ______________________
2. Quel (*What*) est le nom de son (*his/her*) émission? ______________________
3. Quel est le genre (*type*) de cette émission: une comédie? un drame? une émission de sport? un magazine télévisé? les actualités (*news*)? ______________________
4. Comment est cette personne: compétente? sincère? amusante? laide? ______________________
5. Est-ce que vous admirez cette personne? Pourquoi (*Why*)? ______________________

Step 2. You will also need to decide what other words to use. Here are a few words and phrases to get you started. If you want to use some of your own, write them in the space provided.

Vocabulaire utile: acteur/actrice, admirer, animateur/animatrice (*host*), comme (*like, as*), drôle (*funny*), intelligent(e), intéressant(e), le monde (*world*), parce que (parce qu') (*because*)

____

Step 3. Now, write your composition. You can follow the model in Step 4 (next page), or put the information in a different order. Be sure to make your answers to questions 4 and 5 (in Step 1, above) more precise and specific by using some of the expressions you already know, such as **mais, toujours, souvent, parfois, rarement, ne... jamais,** and **ne... pas du tout.** When you are finished, go on to Step 4.

____

Step 4. Before turning in your composition, check for and correct errors.

MODÈLE:

Oprah Winfrey es l'animatrice de l'émission «The Oprah Winfrey Show» C'est un magazine télévisé très intéressant. J'admire Oprah parce qu'elle est toujours intelligent et sincere: Elle n'est jamais ridicule. Elle parle souvent avec des importantes personages dans le monde.

Check for correct verb forms.

Check for correct spelling.

Check for correct adjective forms and placement.

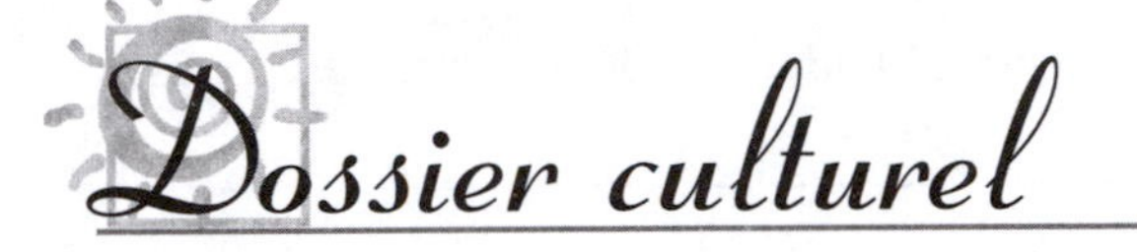

Dossier culturel

A. Astérix. Go to **www.mhhe.com/debuts2** for a link to information about **Astérix**. Choose two characters. Then create and complete a chart like the following example. Note that you may find information in English on this site, but you should provide the wording from the French site as much as possible.

nom[a] *(en français)*		
son rôle		
traits de caractère (2–3 adjectifs en français)		
traits physiques (2–3 adjectifs en français)		
sa devise[b] *ou ses mots préférés*		

[a]*name* [b]sa... *his/her motto*

B. La BnF. Go to **www.mhhe.com/debuts2** for a link to information about the **Bibliothèque nationale de France**. An English version may be available, but you should provide wording from the French site.

1. Among the cultural events presented at the **BnF**, which ones would you be interested in seeing? Choose one exhibit (**exposition**), one lecture (**conférence**), and one concert, giving the title and the date of each.
2. The **BnF** has an extremely rich history dating back to the 14th century. Based on what you learn from the website, write a short paragraph about the library's history and importance. Be sure to mention at least two key figures and at least four key dates.

Nom ______________________ Date ______________ Cours ______________

Chapitre 3

Le médaillon

Vocabulaire en contexte

Les environs de Canal 7

A. Le quartier de Stéphane. Listen to Stéphane describe his neighborhood and complete the following passage with the missing words. You will hear the passage twice. The second time, the speaker will pause after every sentence to give you time to write.

Je n'habite pas dans un grand ______________.[1] J'aime habiter ______________.[2] C'est ______________[3] de Toulouse. J'habite ______________[4] du Bon Pasteur. L'immeuble est ______________[5] un parc. Le café Chez Étienne est ______________[6] l'appartement. Il y a une petite bibliothèque ______________[7] café. Il n'y a pas de ______________[8] dans le quartier. Le cinéma ______________[9] en ville.[a] ______________[10] le café et la rue du Bon Pasteur, il y a quelques[b] petits ______________.[11] Et ______________[12] l'appartement, de l'autre côté du parc? ______________,[13] il y a ______________[14] Monoprix. ______________,[15] Le Coq Hardi, est à côté du supermarché. Il y a ______________[16] au-dessus du restaurant. ______________[17] se trouve dans la rue Aziz. Il y a ______________[18] simple mais confortable dans la rue Montaigne.

[a]en... *in the city* [b]*several*

B. Vrai ou faux? Decide whether the following statements are true or false, based on what you have learned about Stéphane's neighborhood. Circle **vrai** for true, **faux** for false.

1. Un cinéma se trouve dans la rue Montaigne. vrai faux
2. La librairie est à côté du restaurant. vrai faux
3. Il n'y a pas de poste dans le quartier de Stéphane. vrai faux
4. Le café s'appelle (*is called*) «Chez Étienne». vrai faux
5. Stéphane habite dans la rue du Bon Pasteur. vrai faux
6. Le supermarché est loin du restaurant. vrai faux
7. Le quartier de Stéphane est grand. vrai faux
8. Il y a une bibliothèque dans le quartier de Stéphane. vrai faux

C. Quel lieu? Using complete sentences, name the building or place that you associate with the following descriptions. Begin each sentence with **c'est** and remember to use the correct indefinite article.

Vocabulaire utile: banlieue, bâtiment, bibliothèque, bureau, centre sportif, cinéma, hôtel, parking, poste, restaurant, supermarché

MODÈLE: un lieu où (*a place where*) on trouve des lettres, des cartes postales et des paquets → C'est une poste.

1. un bâtiment universitaire où il y a des livres et des ordinateurs

   ____

2. une salle où on travaille

   ____

3. Ce n'est pas une ville. C'est plus (*more*) petit.

   ____

4. un grand bâtiment où on joue (*plays*) au basket-ball

   ____

5. par exemple: un hôtel, un restaurant, un cinéma, une bibliothèque

   ____

6. C'est un bâtiment où on dîne.

   ____

7. un lieu où on trouve des automobiles

   ____

8. On regarde des films ici.

   ____

9. un bâtiment où on trouve des fruits, des biscuits et d'autres provisions

   ____

D. Où sont les chats? (*Where are the cats?*) A number of cats have found their way into a classroom. Based on the following drawing, use complete sentences to indicate where each cat is located. *Note:* You should use all but one preposition and all but one of the classroom vocabulary words in your answers.

Prépositions: à côté de, dans, derrière, devant, en face de, entre, près de, sous, sur

Substantifs utiles: le bureau, la chaise, les élèves, la fenêtre, les livres, la maîtresse, le mur, l'ordinateur, le tableau

Nom ______________________ Date ______________ Cours ______________

MODÈLE: Un chat est à côté du tableau.

1. ____________________
2. ____________________
3. ____________________
4. ____________________
5. ____________________
6. ____________________
7. ____________________
8. ____________________

E. À vous! Write five sentences in French about your ideal neighborhood. What would it include? Where would the various buildings be located? Use a variety of nouns and prepositions from this section's presentation or any other words you know.

1. ____________________
2. ____________________
3. ____________________
4. ____________________
5. ____________________

Les nationalités, les origines régionales et les langues

A. Quel pays? Listen to the nationality of the following people and say which country or place they are from. Circle the country you choose. Then, listen to verify your answer.

MODÈLE: You see: la France le Japon le Québec
You hear: Bernard est français.
You say, then circle: (la France) le Japon le Québec
You hear: la France

1.	les États-Unis	le Maroc	le Mexique
2.	l'Allemagne	l'Amérique	l'Angleterre
3.	l'Algérie	l'Allemagne	l'Angleterre
4.	l'Espagne	l'Amérique	la Chine
5.	la Chine	le Japon	le Mexique
6.	les États-Unis	la France	le Viêtnam
7.	le Canada	les États-Unis	la France

B. Quelle langue? Which languages are spoken in the following places? You may use a language more than once.

Vocabulaire utile: allemand, anglais, arabe, chinois, espagnol, français, japonais, vietnamien

MODÈLE: Au Mexique, en Espagne et aux États-Unis, → on parle espagnol.

1. À Beijing et à Hong Kong, ______________________.
2. En Algérie, au Maroc, en Tunisie, ______________ et ______________.
3. À Boston, à Sydney et à Édimbourg, ______________________.
4. En Allemagne et en Suisse, ______________________.
5. Dans des pays francophones, ______________________.
6. À Tokyo et à Kyoto, ______________________.
7. À Hanoi, ______________________.

C. Quelle nationalité? List the nationality of the following persons, places, or things. Be careful to make any necessary agreements. Use each nationality only once.

Vocabulaire utile: algérien, allemand, américain, anglais, canadien, chinois, espagnol, français, japonais, marocain, mexicain

MODÈLE: La tour Eiffel et l'Arc de Triomphe sont des monuments (*m.*) → français.

1. Le sushi est un plat (*dish*)______________________.
2. Guadalajara est une ville ______________________.
3. Le Québec est une province ______________________.
4. Antonio Banderas et Penelope Cruz sont des acteurs ______________________.
5. La Volkswagen est une automobile ______________________.

6. Casablanca et Fez sont des villes (*f.*) ____________________.
7. Jackie Chan est un acteur ____________________.
8. Le Canada, les États-Unis et le Mexique sont des pays (*m.*) ____________________.

D. Le monde est petit. (*The world is small.*) Listen to where the following men and women live and/or what language(s) they speak. Indicate their nationality based on what you hear. Be sure to make gender agreement where necessary. Then, listen to verify your answer.

MODÈLE: You see: elle / chinois / vietnamien
You hear: Guo Guo parle mandarin et habite en Chine.
You say: Elle est chinoise.
You hear: Elle est chinoise.

1. il / français / québécois
2. il / marocain / mexicain
3. elle / mexicain / espagnol
4. elle / anglais / allemand
5. elle / japonais / vietnamien
6. elle / américain / espagnol

E. Une leçon de géographie. Complete the following general statements about various countries. Fill in the blanks with the appropriate country, nationality, or people. Remember to use capital letters and definite articles wherever necessary.

1. Certains ____________________ habitent au Québec et parlent français. Ce sont les Québécois.
2. La majorité des touristes ____________________ à New York habitent près de Tokyo.
3. La capitale des ____________________ est Washington, DC. Le président ____________________ habite là.
4. ____________________ et la Chine sont des pays asiatiques.
5. ____________________ et ____________________ sont deux langues importantes au Québec.
6. L'Algérie est un pays situé entre ____________________ et la Tunisie.
7. ____________________, ____________________, la France et l'Angleterre sont quatre pays de l'Union européenne.
8. ____________________ est un pays nord-américain dont (*whose*) la langue officielle est l'espagnol.
9. ____________________ est une province nord-américaine dont la langue officielle est le français.

Visionnement 1

A. Dans le film. Based on what you've seen in the film, determine the relationships between the different characters. Are they colleagues (**collègues**)? friends (**amis**)? family (**famille**)? *Note:* More than one answer may apply.

MODÈLE: Yasmine et Rachid → famille

	COLLÈGUES	AMIS	FAMILLE
1. Camille et Bruno	☐	☐	☐
2. Bruno et Rachid	☐	☐	☐
3. Martine et Rachid	☐	☐	☐
4. Sonia et Rachid	☐	☐	☐
5. Bruno et Hélène	☐	☐	☐

B. À propos des personnages

Step 1. Based on your sense of Bruno's character thus far, match the sentence fragments to make guesses about his life. *Note:* Sentences that include two blanks require two answers.

1. La mère (*mother*) de Bruno ____.
2. Le père (*father*) de Bruno ____ et ____.
3. La famille de Bruno ____.
4. Le petit Bruno ____.
5. Bruno adulte ____.
6. Les collègues de Bruno ____ et ____.

a. désire voyager autour du monde
b. est assez (*rather*) grande
c. respectent Bruno
d. est chorégraphe (*choreographer*)
e. est un grand reporter pour «Le Monde» (*"The World"*)
f. meurt (*dies*) en Chine
g. a une enfance heureuse
h. trouvent Bruno sympathique

Step 2. Now listen to a passage about Bruno's life.

Parisien d'origine, Bruno est d'une famille bourgeoise et artiste. Pendant son enfance,[1] son père est un grand reporter au journal[2] «Le Monde». C'est pour cela que Bruno aime le journalisme. Mais cet[3] homme brillant est souvent absent. Pour le travail, il voyage[4] dans le monde entier.

Bruno grandit[5] entre sa[6] mère et ses trois sœurs.[7] Sa mère est chorégraphe à l'Opéra de Paris. Bruno est fasciné par les lumières[8] et par les spectacles de l'Opéra.

Il a 12 ans quand son père meurt[9] dans un accident, lors d'un reportage[10] en Chine. Un événement horrible qui marque[11] Bruno…

À l'âge de 18 ans,[12] Bruno fait un stage[13] à la télévision. Puis, il devient animateur[14] sur NRJ—une radio musicale. Il a du succès. Canal 7 lui propose ensuite[15] un poste de reporter, et maintenant[16] il présente le magazine «Bonjour!» avec Camille Leclair. Ses collègues respectent Bruno et pensent qu'il est sympathique.

[1]Pendant… *During his childhood* [2]au… *at the newspaper* [3]*this* [4]*travels* [5]*grows up* [6]*his* [7]ses… *his three sisters* [8]*lights* [9]Il… *He is 12 years old when his father dies* [10]lors… *during a reporting assignment* [11]événement… *horrible event that marks* [12]*years* [13]fait… *does an internship* [14]Puis… *Then he becomes a host* [15]*then* [16]*now*

Mais Bruno n'est pas satisfait: il aime «Bonjour!» mais il rêve de faire[17] de grands reportages autour du monde.[18] Néanmoins,[19] il continue à présenter «Bonjour!» à Canal 7. Est-ce qu'il préfère le confort[20] à l'aventure? Bruno ne peut pas répondre.[21] Tout le monde n'est pas un héros. C'est la vie…[22]

[17]rêve… *dreams of doing* [18]autour… *around the world* [19]*Nevertheless* [20]*comfort* [21]ne… *can't answer* [22]C'est… *That's life*

Step 3. Now return to your answers in Step 1. Make any necessary changes based on what you learned in the passage.

C. Vous avez compris? (*Did you understand?*) Based on the passage, decide whether each of the following statements is true, false, or impossible to tell. Check off either **vrai, faux,** or **impossible à dire** to mark your answer.

MODÈLE: You hear: Bruno travaille à la radio avant de (*before*) travailler à Canal 7.
You choose: vrai

	VRAI	FAUX	IMPOSSIBLE À DIRE
1.	☐	☐	☐
2.	☐	☐	☐
3.	☐	☐	☐
4.	☐	☐	☐
5.	☐	☐	☐
6.	☐	☐	☐

D. Les pronoms accentués. Listen carefully to the following questions and use logic to answer with the correct stressed pronoun (**moi, toi, lui, elle, nous, vous, eux, elles**). Listen to verify your response.

MODÈLE: You hear: C'est moi?
You say: Oui, c'est toi.
You hear: Oui, c'est toi.

1. … 2. … 3. … 4. … 5. … 6. … 7. …

E. Toi aussi? Fill in the blanks with the correct stressed pronoun.

1. Tu es un très bon étudiant. J'aime travailler avec ____________.
2. Nous cherchons Marguerite et Thérèse. Est-ce qu'elles sont chez ____________ (*at home*)?
3. ____________, je suis une personne heureuse. ____________, il est souvent triste.
4. Claire parle souvent à Lucie et à Charles. Elle habite à côté de (d') ____________.
5. —C'est la fille anglaise? —Oui, c'est ____________.
6. Nous sommes très intellectuels, ____________ et moi, n'est-ce pas, M. Beauclair?
7. Tout le monde aime être chez ____________ (*at home*).

Prononciation et orthographe

Les voyelles /a/, /i/, /u/

La voyelle /a/

The sound /a/ is between the vowel sound in the English word *hat* and the vowel sound in the English word *hot*.* Listen and repeat.

avec **à** château **moi**

Notice the various spellings that can produce this vowel sound. It can be represented as **a**, **à**, **â**. In the case of **moi**, the letter combination **oi** produces a /wa/ sound.†

La voyelle /i/

The sound /i/ is similar to the vowel sound in the English word *fee*. In English, a slight /j/ sound accompanies this vowel.

fee /fi^j/ beat /bi^{j}t/

This /j/ sound in the English words occurs as a result of the movement of the tongue and lips in an off-glide from the vowel. The French vowel is tenser and has no /j/ sound, so keep your muscles tense and do not move your tongue or lips. Listen and repeat.

Yasmine dîner stylo

Notice the various spellings that can produce this vowel sound. It can be represented as **i**, **î**, or **y**.

La voyelle /u/

The sound /u/ is similar to the vowel sound in the English word *boot*. In English, a slight /w/ sound accompanies this vowel.

boot /bu^{w}t/ do /do^w/

No such sound is found with the French vowel. The French vowel is tenser, with no off-glide /w/ sound, so keep your muscles tense and do not move your tongue or jaw. Listen and repeat.

Bouhazid **où** **coûte**

Notice the various spellings that can produce this vowel sound. It can be represented as **ou**, **où**, or **oû**.

A. Contrastes. You will hear pairs of English and French words. Circle the word you hear.

	ENGLISH	FRENCH		ENGLISH	FRENCH		ENGLISH	FRENCH
1.	back	bac	4.	seat	site	7.	ooh	où
2.	ax	axe	5.	ream	rime	8.	goo	goût
3.	pat	pâte	6.	clue	clou			

*Some people still make a distinction between /a/ in **avec** (/avek/) and **à** (/a/) and the sound /ɑ/ in **château** (/ʃɑto/) and **moi** (/mwɑ/), but the difference is disappearing in everyday speech.
†Also notice that the word **femme** contains an irregular spelling of this vowel—/fam/.

B. La famille Bouhazid. You will hear sentences that talk about Rachid's family. Listen to each sentence, then repeat it as carefully as you can, paying special attention to the highlighted vowels, which represent the vowel sounds presented in this section. You will hear each sentence twice. Repeat it each time you hear it.

1. La famille de Rachid vient du Maroc.
2. Sonia est la femme de Rachid.
3. Elle n'aime pas Paris parce qu'elle n'a pas d'amis.
4. Isabelle est l'institutrice de Yasmine.
5. Yasmine va au Jardin des Plantes avec la classe.
6. Là, les élèves regardent un coucou, un mouton (*sheep*), un hibou (*owl*) et un groupe de touristes!

Structure 9

Le verbe *aller* et le futur proche

Expressing movement and intention

A. Prononciation. The forms of the verb **aller** are irregular. Listen and repeat, trying to pronounce each form as much like the speaker as possible.

je vais	nous allons
tu vas	vous allez
il va	ils vont
elle va	elles vont
on va	

Notice that the second- and third-person singular forms all sound the same: /va/. You must pay attention to the pronoun, since it clarifies which person the speaker is talking about.

Now listen to each sentence once, and repeat it aloud. Then listen again and indicate whether the subject is one person or more than one person or whether it is impossible to say (**impossible à dire**).

	1.	2.	3.	4.	5.	6.
une personne	☐	☐	☐	☐	☐	☐
2+ personnes	☐	☐	☐	☐	☐	☐
impossible à dire	☐	☐	☐	☐	☐	☐

B. Où est-ce qu'on va? Create a new sentence from the one that you hear by replacing the subject with the one that you see. Be careful to change the conjugation of the verb as necessary. Listen to verify your response.

MODÈLE: You hear: Tu vas au cinéma.
You see: Philippe
You say: Philippe va au cinéma.
You hear: Philippe va au cinéma.

1. les élèves
2. maman
3. je
4. nous
5. l'instituteur
6. les touristes
7. le président
8. vous

C. Des activités amusantes. Where do the following people go to do the activities indicated? There may be more than one possible answer.

Vocabulaire utile: à la bibliothèque, à la librairie, à l'école, à Paris, au bureau, au cinéma, au Maroc, au restaurant, chez lui, en Chine

MODÈLE: Pour trouver des livres, les étudiants vont à la librairie.

1. Pour étudier, Marie-Claire et Suzanne ______________________.
2. Pour voir des films, nous ______________________.
3. Pour regarder des monuments chinois, les touristes ______________________.
4. Pour parler arabe, je ______________________.
5. Pour dîner, vous ______________________.
6. Pour travailler, le secrétaire ______________________.
7. Pour écouter la maîtresse, les élèves ______________________.
8. Pour regarder la télé calmement (*calmly*), Hugues ______________________.
9. Pour voir (*To see*) la tour Eiffel, on ______________________.

D. Le week-end de Fatima. Look at the various places Fatima goes on weekends. Based on what you see, write a sentence stating whether she does or does not go there.

MODÈLE: l'université
Elle ne va pas à l'université.

1. la librairie ______________________
2. la poste ______________________
3. le cinéma ______________________
4. le jardin (*garden*) ______________________
5. le bureau ______________________
6. le centre sportif ______________________
7. la tour Eiffel ______________________
8. le Japon ______________________
9. le restaurant ______________________

E. **Demain.** (*Tomorrow.*) Respond to the following questions by using **aller** + infinitive (the near future) to indicate that all of the actions will take place tomorrow (**demain**) instead of now (**maintenant**).

MODÈLE: Est-ce que Francine et Claude travaillent maintenant? →
Non, ils vont travailler demain.

1. Est-ce qu'on dîne au restaurant maintenant?

____

2. Tu parles au prof maintenant?

____

3. Est-ce que maman et papa vont à la poste maintenant?

____

4. Est-ce que nous sommes prêts maintenant?

____

5. Mme de Sèze donne un cours maintenant?

____

6. Est-ce que les étudiants sont en classe maintenant?

____

7. Vous étudiez les maths maintenant?

____

F. **De bonnes résolutions.** The following people want to change their lives for the better. Write a complete sentence stating their resolutions using **aller** + infinitive. Use each resolution only once.

Vocabulaire utile: aller souvent au centre sportif, étudier la géographie, étudier souvent, habiter près du parc, ne pas regarder la télé, ne pas toujours travailler, toujours parler français en classe, visiter le Canada et d'autres pays francophones

MODÈLE: Catherine n'est pas du tout sportive. →
Elle va aller souvent au centre sportif.

1. Les étudiants parlent anglais en cours de français.

____

2. Nous aimons parler français.

____

3. Tu regardes toujours la télé.

____

4. Maman est souvent fatiguée.

____

(*continued*)

5. J'adore les plantes.

6. Paul est un mauvais étudiant.

7. Vous détestez les mathémathiques.

G. Interview. You are interviewing a student from Quebec about her life. Write the things you will ask and tell her, using a form of **aller** in each sentence.

1. Ask her how she is feeling.

2. Tell her you will speak with her in French.

3. Ask her if she often goes to the movies.

4. Ask her if students often go to the library.

5. Ask her if she is going to study geography.

6. Ask her if everything's fine in her math class.

Structure 10

Les questions avec *n'est-ce pas? non? c'est ça? je suppose, d'accord? OK?*

Asking questions with tag phrases

A. Prononciation. You have already learned that a statement can be turned into a question by changing the intonation to a rising tone at the end of the sentence. Even when you form a question using **Est-ce que...** , the question ends with a rising tone. When a tag is added to the end of a statement, however, the statement portion of the sentence does not rise in tone. The tone rises only on the tag.

The tag **je suppose** presents a special case. With **je suppose,** the tone may descend rather than rise.

Listen to the following pairs of questions, and repeat each one after the speaker, using the correct intonation.

1. Vous êtes journaliste? / Vous êtes journaliste, non?
2. Est-ce que tu es inquiet? / Tu es inquiet, n'est-ce pas?
3. Nous allons au restaurant? / Nous allons au restaurant, d'accord?
4. Tu es Michel Robidoux? / Tu es Michel Robidoux, c'est ça?
5. Tu parles au directeur? / Tu parles au directeur, OK?
6. Vous êtes canadien? / Vous êtes canadien, je suppose.

B. Une autre question. Restate the following **Est-ce que...** and intonation questions using the tag word indicated. Make the necessary changes in intonation to form the new question. Then, listen to verify your answer.

MODÈLE: You see: non?
You hear: Est-ce que vous êtes journaliste?
You say: Vous êtes journaliste, non?
You hear: Vous êtes journaliste, non?

1. c'est ça?
2. je suppose.
3. non?
4. OK?
5. d'accord?
6. n'est-ce pas?
7. non?

C. *D'accord* et *OK*. The tag phrases **d'accord?** and **OK?** are used to ask for agreement to do something. For each of the following responses, choose the most appropriate tag phrase in parentheses to create the question that corresponds to the answer given.

MODÈLE: RÉPONSE: Non, je ne suis pas d'accord. Je déteste les films français! (n'est-ce pas? / OK?) →
QUESTION: On va regarder un film français, OK?

1. RÉPONSE: Non, papa n'est pas prêt. (d'accord? / n'est-ce pas?)

   QUESTION: ____

2. RÉPONSE: Oui. Nous sommes espagnols! (c'est ça? / OK?)

   QUESTION: ____

3. RÉPONSE: Oui, c'est ça. Solange étudie à l'université. (d'accord? / je suppose.)

   QUESTION: ____

4. RÉPONSE: Pas du tout! C'est un très mauvais acteur! (non? / OK?)

   QUESTION: ____

5. RÉPONSE: Non, n'écoutons pas (*let's not listen to*) de la musique classique. J'aime mieux le rock. (c'est ça? / d'accord?)

   QUESTION: ____

D. La ville de Toulouse. You are visiting the city of Toulouse (in the southwest region of France) with a tour guide. Look at the map and its key, then ask the following questions in French, using tag words.

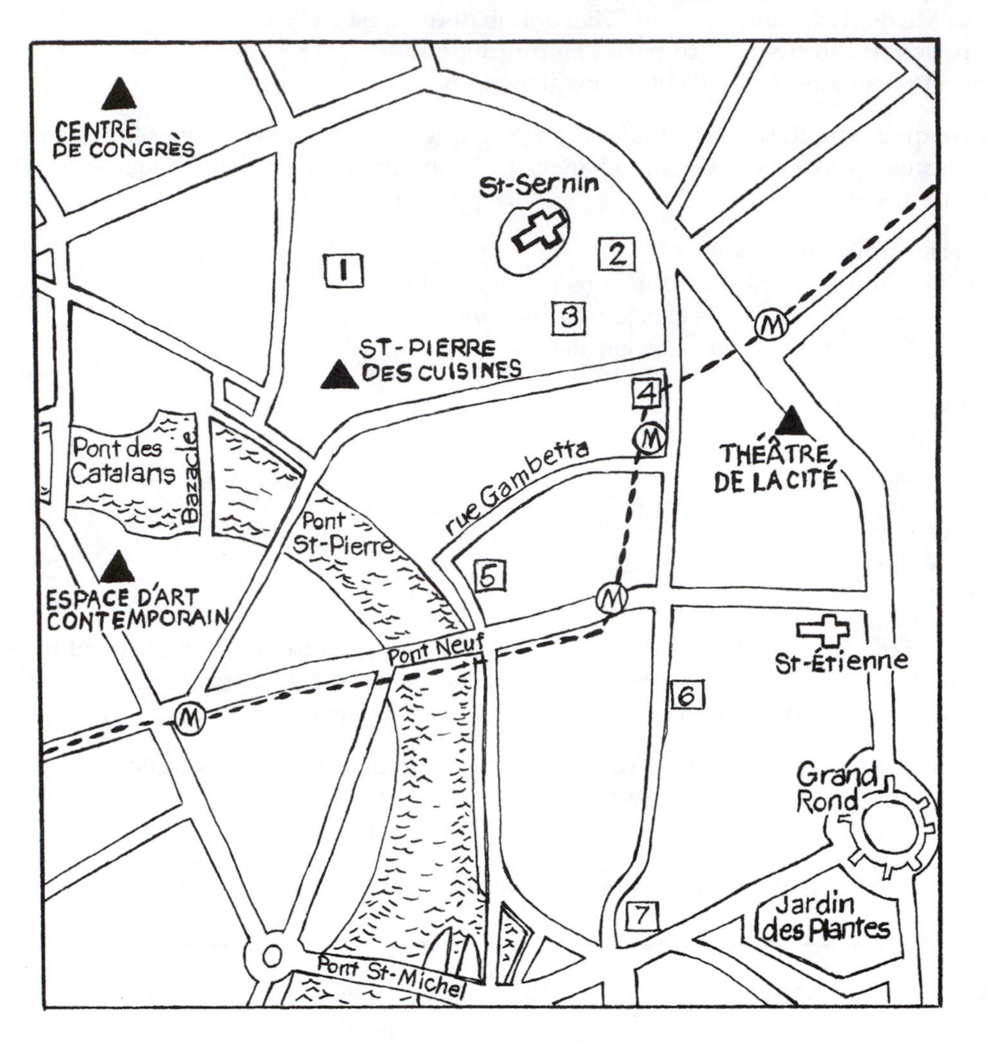

Légende: 1—Univ. Sciences Sociales, 2—Bibliothèque Municipale, 3—Pharmacie de nuit (*night*), 4—Office de Tourisme, 5—École des Beaux-Arts, 6—Chambre de Commerce, 7—Palais de Justice

1. Ask if the modern art museum is near the Pont des Catalans.

____

2. Ask if there is an all-night pharmacy in Toulouse.

____

3. Ask if the Jardin des Plantes is next to the roundabout

____

4. Ask if the theater is near the subway.

____

5. Ask if the public library is near Saint-Sernin Cathedral (**la cathédrale**).

____

E. La vie universitaire. (*University life.*) You are interviewing a friend for an article about university life. Form questions with the elements provided, making the necessary changes in agreement and/or word order. Then write a logical answer to each question.

MODÈLE: On / aller / parler / de / la vie universitaire / d'accord / ? →
QUESTION: On va parler de la vie universitaire, d'accord?
RÉPONSE: Oui, bien sûr!

1. Tu / être / étudiant / n'est-ce pas / ?

   QUESTION: ______________________

   RÉPONSE: ______________________

2. C'est / une université / bon / non / ?

   QUESTION: ______________________

   RÉPONSE: ______________________

3. Est-ce que / les cours / être / difficile / ici / ?

   QUESTION: ______________________

   RÉPONSE: ______________________

4. Tu / étudier / la biologie / c'est ça / ?

   QUESTION: ______________________

   RÉPONSE: ______________________

5. Tu / aller / devenir (*to become*) / professeur de biologie / je suppose / .

   QUESTION: ______________________

   RÉPONSE: ______________________

Regards sur la culture

Les souriards: expressions non-verbales pour Internet!

La communication non-verbale est très importante! Les souriards existent pour montrer des émotions dans des méls (*e-mail messages*).

LES SOURIARDS: SYMBOLES POUR INTERNET	
:-)	= je suis content(e)
:- D	= je suis très content(e)
: -I	= je suis indifférent(e)
: - (	= je ne suis pas du tout content(e)
:,- (	= je suis triste
:*D	= je suis un clown
:- >	= je suis sarcastique
:- x	= je ne parle pas

La communication non-verbale. Imagine that each of the following dialogues from *Le Chemin du retour* is taking place through e-mail. Draw the "smiley" that best fits with each sentence.

1. MARTINE: (*montre*[a] *un médaillon à Camille*) C'est à toi[b]? Le médaillon est ravissant.[c] (*désigne*[d] *la photo*) Qui est-ce? ____

   CAMILLE: (*referme*[e] *le médaillon*)… Merci, Martine. ____

   [a]*shows* [b]à… *yours* [c]*beautiful* [d]*points to* [e]*shuts*

2. RACHID: «Bonjour!» est une émission très sympa. Vous êtes forts,[o] Bruno et vous. ____

   CAMILLE: Merci. ____

   [o]Vous… *You're a strong team*

3. BRUNO: Hélène?… On se marie,[a] toi et moi? ____

   HÉLÈNE: D'abord,[b] je divorce avec Tom Cruise, OK? ____

   [a]On… *Let's get married* [b]*First*

4. BRUNO: (*désigne la photo de Sonia*) Eh! C'est ta femme[a]? Elle est jolie! ____

   Un peu mal à l'aise,[b] *Rachid ne dit rien*[c] *et prend*[d] *la photo de Bruno.* ____

   [a]ta… *your wife* [b]Un… *A little uncomfortable* [c]ne… *says nothing* [d]*takes*

Structure 11

Le verbe *venir*

Expressing movement

A. Prononciation. The forms of the verb **venir** are irregular. Listen and repeat, trying to pronounce each form as much like the speaker as possible.

je viens	nous venons
tu viens	vous venez
il vient	ils viennent
elle vient	elles viennent
on vient	

Notice that all the singular forms sound the same: / vjɛ̃ /. You must pay attention to the pronoun, since it clarifies which person the speaker is talking about.

Now listen to each sentence once, and repeat it aloud. Then listen again and indicate whether the subject is one person or more than one person or whether it is impossible to say (**impossible à dire**).

	1.	2.	3.	4.	5.	6.
une personne	☐	☐	☐	☐	☐	☐
2+ personnes	☐	☐	☐	☐	☐	☐
impossible à dire	☐	☐	☐	☐	☐	☐

B. **D'où viens-tu?** Create a new sentence from the one you hear by replacing the subject with the one that you see. Be careful to change the conjugation of the verb as necessary. Then, listen to verify your answer.

MODÈLE: You hear: Marie vient du Portugal.
You see: tu
You say: Tu viens du Portugal.
You hear: Tu viens du Portugal.

1. les Hu
2. vous
3. on
4. maman et papa
5. je
6. nous
7. tu
8. Esteban
9. tout le monde

C. ***Venir, devenir* ou *revenir*?** You will hear several sentences using the verbs **venir**, **devenir**, and **revenir**. Say which verb you hear in each sentence. Then, listen to verify your answer.

MODÈLE: You hear: D'où venez-vous?
You say: venir
You hear: venir

1. … 2. … 3. … 4. … 5. … 6. … 7. …

D. **Qu'est-ce qu'on devient?** The following people are in the process of *becoming* something. Complete each sentence, using the correct form of **devenir** and a logical phrase from the list.

Vocabulaire utile: allergique, difficile, fascinés par la culture d'Espagne, instituteur, professeur d'anglais, riche et célèbre (*famous*), très inquiets, très sportif

1. Laurent est un jeune acteur. Il veut ______________________

____
2. Vous voulez travailler avec les petits enfants, alors vous ______________________

____
3. Quand on joue (*plays*) souvent au football, on ______________________

____
4. Janine étudie la littérature parce qu'elle (*because she*) ______________________

____
5. Quand les enfants regardent un film d'horreur, ils ______________________

____
6. Nous étudions l'espagnol et nous ______________________

____
7. Quand vous êtes pauvres (*poor*) et malheureux, la vie (*life*) ______________________

____

E. Quel verbe? Complete the following sentences with the correct form of **venir**, **devenir**, or **revenir**.

1. D'où ________________________-tu? D'Oran ou d'Alger?
2. —La maîtresse n'est pas en classe? —Non, elle va ________________________ dans dix minutes.
3. Hélène ________________________ très sportive. Elle va souvent au centre sportif.
4. Les enfants de Mme Michel ________________________ souvent en classe en retard (*late*).
5. Tu ________________________ folle (*crazy*), Claire! Calme-toi! (*Calm down!*)
6. Vous avez un petit accent anglais. D'où ________________________-vous, monsieur?
7. Je ________________________ de Liverpool, en Angleterre.
8. Samedi, Julie ________________________ la femme (*wife*) de Jean-Michel.
9. Nous ________________________ de Tokyo mais nous habitons maintenant (*now*) au Québec.
10. Tout le monde ________________________ parfois anxieux (*anxious*).

F. Passé récent. Using the following elements, write complete sentences in the immediate past, using **venir de**.

MODÈLE: Stéphanie / trouver / un travail →
Stéphanie vient de trouver un travail.

1. l'acteur / regarder / le texte

____

2. la maîtresse / donner / des crayons / aux élèves

____

3. tu / revenir / du supermarché

____

4. nous / aller / à la poste

____

5. les touristes américains / visiter / le Jardin des Plantes

____

6. les élèves / étudier / l'histoire

____

7. vous / parler / espagnol / avec le prof

____

8. je / dîner / avec mes (*my*) grands-parents

____

G. Passé, présent ou futur? Listen to each sentence, and check off whether it indicates a past, present, or future action. You will hear each sentence twice.

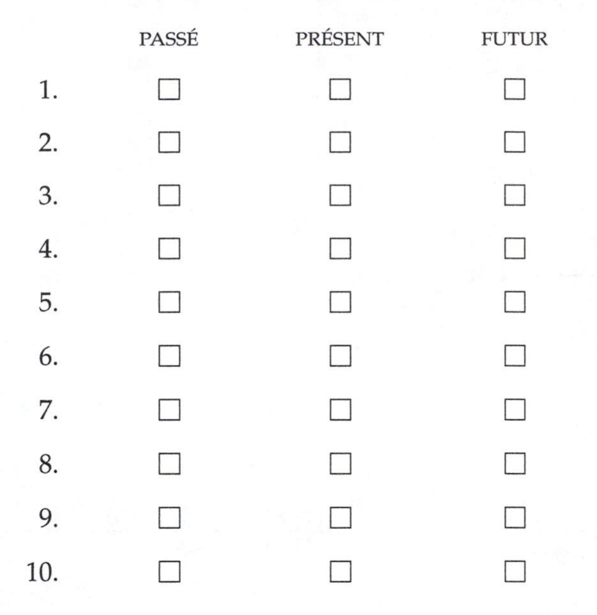

	PASSÉ	PRÉSENT	FUTUR
1.	☐	☐	☐
2.	☐	☐	☐
3.	☐	☐	☐
4.	☐	☐	☐
5.	☐	☐	☐
6.	☐	☐	☐
7.	☐	☐	☐
8.	☐	☐	☐
9.	☐	☐	☐
10.	☐	☐	☐

Visionnement 2

Après le visionnement. Thinking about the cultural information in this chapter and looking at the photo, decide whether the following pairs of people would shake hands in greeting or if they would kiss each other on the cheek. Check off the appropriate response.

	HANDSHAKE	KISS ON THE CHEEK
1. Rachid et Camille	☐	☐
2. Hélène et Bruno	☐	☐

(continued)

	HANDSHAKE	KISS ON THE CHEEK
3. Hélène et Rachid	☐	☐
4. l'institutrice et Yasmine	☐	☐
5. Rachid et Yasmine	☐	☐
6. Rachid et l'institutrice	☐	☐
7. Bruno et Camille	☐	☐
8. Bruno et Rachid	☐	☐
9. Camille et le président de Canal 7	☐	☐

À écrire

Mon quartier

You are going to sublet your house or apartment to a French visitor. In a recent letter, he/she has asked you to describe your neighborhood and locate important businesses in it.

Step 1. Draw a map indicating the location of as many of the following places as possible: **un café, le centre sportif, le cinéma, un hôtel, une librairie, la poste, un restaurant, le supermarché**. If there are other kinds of places in your neighborhood, show them as well.

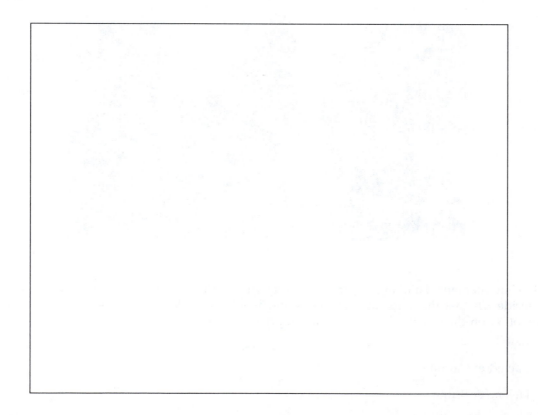

Step 2. Now decide how you might describe your neighborhood. The following list includes some suggestions: **agréable, bruyant** (*noisy*), **calme, dangereux, industriel, paisible** (*peaceful*), **sûr** (*safe*), **tranquille, verdoyant** (*green*). Write other adjectives on the lines provided.

____

____

____

Step 3. Write your letter by supplying a short description of your neighborhood, describing locations and the quality of the various stores, restaurants, and so on. You may structure your letter based on the model, or you may organize it in your own way.

MODÈLE: Monsieur,

Le quartier où j'habite est très agréable et très calme. Le supermarché Albertson's est dans la rue Grant. Il n'est pas très grand mais on trouve là les provisions nécessaires. Le supermarché n'est pas loin du cinéma, qui est situé dans la rue Homestead. À côté du cinéma, il y a un bon restaurant. Il s'appelle…

Bon voyage et à bientôt!

Jacques Carter

____

____

____

____

____

____

____

____

____

____

____

____

Step 4. When you have finished your letter, read over your work and look for errors in spelling, punctuation, grammar (for example, agreement of subject and verb, agreement of noun and adjective), and vocabulary. If you find any errors, correct them.

Dossier culturel

Les gestes en France. Use print resources or go to **www.mhhe.com/debuts2** for links to information about gestures in France. Find three typical French gestures that are not mentioned in Chapter 3. For each of them, give the meaning and an equivalent gesture in your culture, if any. If available, provide an illustration of each gesture.

Nom ______________________ Date ______________ Cours ______________________

Chapitre 4

Une nouvelle vie à Paris

Vocabulaire en contexte

La famille de Bruno Gall (le côté paternel)

A. La famille de Leïla. Listen and circle the word you hear in each printed statement. Then repeat each statement aloud. Consult the family tree on page 72 if you need help. Then, listen to verify your answer.

MODÈLE: You see: Leïla Farès est la cousine / la femme de Maurice Plasse.
You hear: Leïla Farès est la cousine de Maurice Plasse.
You circle: Leïla Farès est (la cousine) / la femme de Maurice Plasse.
You say: Leïla Farès est la cousine de Maurice Plasse.
You hear: Leïla Farès est la cousine de Maurice Plasse.

1. Leïla Farès est mariée / célibataire.
2. Badra Farès est la fille / petite-fille de Fatima et Mohammed.
3. Malek Farès / Roger Plasse est marié avec Christine Plasse.
4. Les grands-parents maternels / paternels de Leïla sont Jean-Marie et Danielle Plasse.
5. Habib Farès est le frère / beau-frère de Cherifa et Badra.
6. Leïla est la fille / la petite-fille de Mohammed et Fatima Farès.
7. Fatima Farès était (*was*) la belle-mère / la grand-mère de Sophie Farès.
8. Mohammed Farès est veuf / divorcé.
9. Christine Plasse est la belle-mère / la tante de Leïla.
10. Maurice Plasse et Rosa Fernandes sont divorcés / vivent en union libre.

Now verify your answers on Leïla's family tree.

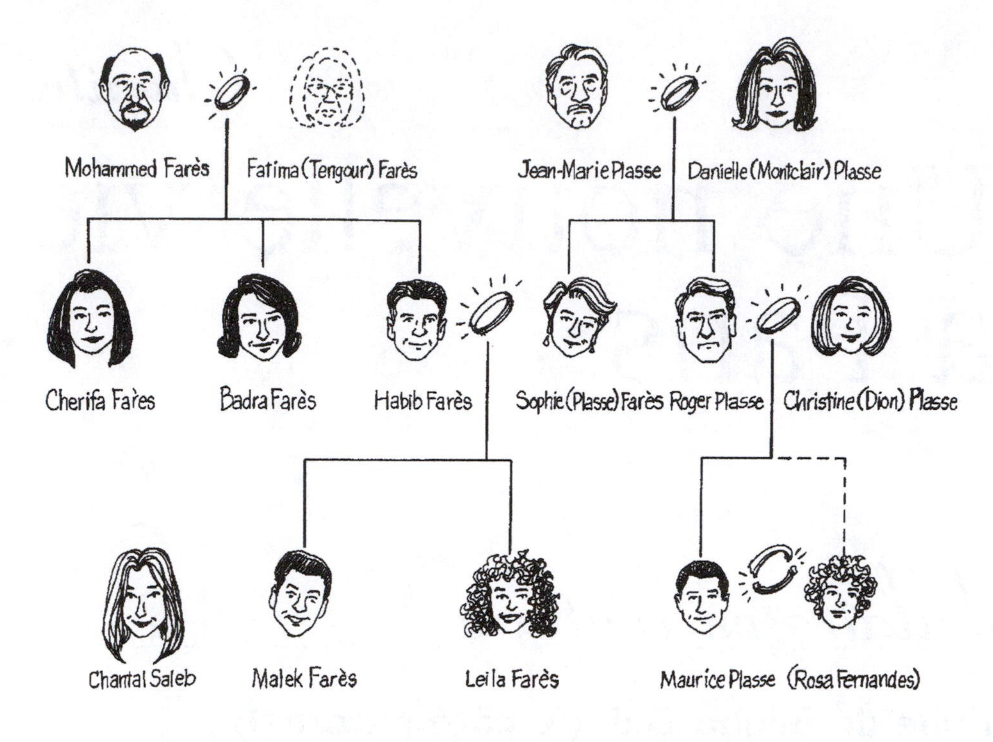

B. Leïla et sa famille. Leïla's father is Algerian. Her mother is French. Study her family tree from Exercise A and in the following passage fill in the missing vocabulary for family and marital status.

Le ______________________[1] de Leïla s'appelle[a] Mohammed. La ______________________[2] de Mohammed s'appelle Fatima. Fatima est décédée[b] et Mohammed habite à Oran en Algérie. Les autres ______________________[3] de Leïla sont Jean-Marie et Danielle Plasse. Ils sont français et ils habitent à Béziers.

Mohammed et Fatima ont[c] trois ______________________:[4] deux ______________________[5] et un ______________________[6] qui[d] s'appelle Habib. Habib est ______________________[7] avec Sophie. Cherifa et Badra, les ______________________[8] de Habib, ne sont pas mariées. Elles préfèrent être ______________________.[9] Roger, le ______________________[10] de Sophie, est marié avec Christine. Roger et Christine ont un ______________________.[11] Maurice est le ______________________[12] de Leïla. Il habite à Béziers près de ses[e] grands-parents. Maurice n'est plus marié. Il est ______________________[13] et son[f] ex-femme s'appelle Rosa.

Sophie et Habib ont deux ______________________:[14] un ______________________[15] et une fille. Malek n'est pas marié, mais il vit[g] en union ______________________[16] avec Chantal Saleb, sa copine.[h]

[a]*is called* [b]*deceased* [c]*have* [d]*who* [e]*his* [f]*his* [g]*lives* [h]sa... *his (girl)friend*

C. Identifier les personnes. Use the family tree and the information from Exercise B to identify the following people in Leïla's extended family.

1. une personne divorcée: ________________
2. les cousins de Maurice: ________________
3. le beau-père de Habib: ________________
4. un veuf: ________________
5. la belle-sœur de Christine: ________________
6. un couple marié: ________________
7. une personne avec un beau-frère: ________________

D. Quel lien de parenté? (*Which relationship?*) Look again at the family tree and explain how the following people are related. There may be more than one way to explain the relationship.

MODÈLE: Habib Farès / Sophie Farès →
Habib est le mari de Sophie. (*ou* Sophie est la femme de Habib. Habib et Sophie sont mariés.)

1. Badra Farès / Leïla Farès

   ____
2. Sophie Farès / Danielle Plasse

   ____
3. Roger Plasse / Sophie Farès

   ____
4. Jean-Marie Plasse / Malek Farès

   ____
5. Habib Farès / Malek Farès

   ____
6. Leïla Farès / Maurice Plasse

   ____
7. Fatima Farès / Habib Farès

   ____

E. Votre famille. (*Your family.*) Now draw your own family tree, labeling your relationship to the various family members.

Les nombres à partir de 60

A. Quelle ville? (*Which city?*) Listen to the population numbers for several cities in France. Write each number down as you hear it and indicate the city to which it corresponds, based on the following chart. You will hear each number twice.

POPULATION DES VILLES FRANÇAISES

Bordeaux	210.336 habitants
Brest	147.956 habitants
Clermont-Ferrand	136.181 habitants
Dijon	146.703 habitants
Lyon	172.142 habitants
Marseille	800.550 habitants
Nancy	99.351 habitants
Paris	2.152.423 habitants
Rennes	197.536 habitants
Strasbourg	252.338 habitants

MODÈLE: You see: Il y a ______ habitants à ______.
You hear: quatre-vingt-dix-neuf mille trois cent cinquante et un habitants
You write: Il y a *99.351* habitants à *Nancy*.

1. Il y a ______________ habitants à ______________.
2. Il y a ______________ habitants à ______________.
3. Il y a ______________ habitants à ______________.
4. Il y a ______________ habitants à ______________.
5. Il y a ______________ habitants à ______________.
6. Il y a ______________ habitants à ______________.
7. Il y a ______________ habitants à ______________.
8. Il y a ______________ habitants à ______________.

B. Le juste prix. (*The price is right.*) Using the verb **coûte** (*costs*) and the information in each cue, say the cost of each object. Then, listen to verify your answer.

MODÈLE: You see: un bloc-notes / 1,67 €
You say: Un bloc-notes coûte un euro soixante-sept.
You hear: Un bloc-notes coûte un euro soixante-sept.

MODÈLE: You see: un ordinateur / 2.482,00 €
You say: Un ordinateur coûte deux mille quatre cent quatre-vingt-deux euros.
You hear: Un ordinateur coûte deux mille quatre cent quatre-vingt-deux euros.

1. une BMW / 60.490,00 €
2. une Toyota / 20.999,00 €
3. un dictionnaire anglais-français / 61,98 €
4. un dîner pour dix personnes dans un restaurant cher / 770,00 €
5. un café (*coffee*) express / 2,79 €
6. un billet (*ticket*) de cinéma / 7,75 €

C. Quel ordre? (*Which order?*) List all of the following numbers in increasing numerical order. Write the number next to the word. The first one is done for you.

84	97	201	80
1.001	71	2.000	96
91	1.000.000	102	200
101	81	70	4.000.076

soixante-dix (70) ______________ ______________

______________ ______________

______________ ______________

______________ ______________

______________ ______________

______________ ______________

______________ ______________

______________ ______________

D. Point? Virgule? Use digits to write the numbers you hear. Be careful to use commas and periods correctly when necessary. Then, read the number aloud.

MODÈLE: You hear: cinq cent dix-huit mille vingt et un virgule cinquante
You write: 518.021,50
You say: cinq cent dix-huit mille vingt et un virgule cinquante
You hear: cinq cent dix-huit mille vingt et un virgule cinquante

1. ______________ 6. ______________
2. ______________ 7. ______________
3. ______________ 8. ______________
4. ______________ 9. ______________
5. ______________ 10. ______________

Les jours de la semaine, les mois de l'année et les dates

A. Prononciation. Practice the pronunciation of the days of the week after the speaker.

lundi mardi mercredi jeudi vendredi samedi dimanche

Now practice the pronunciation of each month in the same way. Notice in particular how the French pronunciations differ from those of their English cognates.

janvier	avril	juillet	octobre
février	mai	août	novembre
mars	juin	septembre	décembre

Finally, practice the pronunciation of the following dates. Remember that the first of the month is **le premier**, but the other dates are expressed simply by **le** followed by the number of the day. In the case of numbers that begin with a vowel sound (**onze**) or a semi-vowel sound (**huit**),* you should not contract **le** with the number.

le premier janvier	le huit septembre
le vingt-trois mars	le onze juin

Now listen to each sentence. Then repeat it aloud, and circle the day or month named.

1. août octobre
2. décembre dimanche
3. février mercredi
4. juin juillet
5. lundi jeudi
6. octobre août

B. Des séries. You will hear a series of days or months. Repeat the sequence and add the next word in the series. Then write the word you added.

MODÈLE: You hear: juin, juillet
You say: juin, juillet, août
You hear: juin, juillet, août
You write: août

1. ______________________
2. ______________________
3. ______________________
4. ______________________
5. ______________________

6. ______________________
7. ______________________
8. ______________________
9. ______________________
10. ______________________

*You will learn about semi-vowels in Chapter 10.

C. Quelle est la date? (*What is the date?*) Say each of the following dates. Remember that French dates are written and spoken with the day first and then the month and year. Then, listen to verify your answer.

MODÈLE: You see: 12.07.1999
You say: C'est le douze juillet mil neuf cent quatre-vingt-dix-neuf.
You hear: C'est le douze juillet mil neuf cent quatre-vingt-dix-neuf.

1. 1.1.1976
2. 30.4.1822
3. 6.11.1960
4. 4.5.2002
5. 29.12.1901
6. 15.2.2005
7. 28.8.1980

D. Jours, semaines, mois, ans. Fill in the blanks with the appropriate vocabulary words. Use each word only once. One word will not be used.

Vocabulaire utile: année, ans, aujourd'hui, date, jour, lundi, mois, premier, week-end

1. Le frère de Daoud a dix-huit ______________ aujourd'hui. C'est son anniversaire.
2. Le ______________ a deux jours—samedi et dimanche.
3. —Quelle est la ______________ de votre anniversaire?
   —C'est le trente mai.
4. Je vais passer (*spend*) une ______________ en Chine.
5. —Nous sommes le combien ______________?
   —C'est le 2 novembre.
6. ______________ est le premier jour de la semaine française.
7. Il y a douze ______________ dans une année.
8. Le jour du poisson d'avril (*April Fools' Day*) est le ______________ avril.

E. Une interview. You are interviewing a classmate about his life. Write the following questions in French.

1. Ask what is the date of his birthday.
   ____
2. Ask if he likes to travel in July or in August.
   ____
3. Ask if he works on Fridays.
   ____
4. Ask if he goes to the library on weekends.
   ____
5. Ask if he has a class on Monday.
   ____
6. Ask if he is going to study today.
   ____

Visionnement 1

A. Ce que nous savons. (*What we know.*) Check off whether each sentence is true or false, based on your knowledge of the story so far.

	VRAI	FAUX
1. Bruno désire le plat du jour (*daily special*).	☐	☐
2. Rachid désire un hamburger et un coca-cola.	☐	☐
3. Rachid parle de (*about*) son père et de sa mère.	☐	☐
4. Bruno parle de sa famille.	☐	☐
5. Rachid téléphone à Sonia.	☐	☐
6. Sonia répond (*answers*) au téléphone.	☐	☐
7. Rachid et Camille vont au Jardin des Plantes (*Botanical Garden*).	☐	☐

B. À propos des personnages

Step 1. Based on what you know about Sonia, Rachid's wife, try to answer the following questions.

1. Est-ce que Sonia travaille avec des adultes autistes (*autistic*) à Marseille?

____

2. Est-ce que les parents de Sonia habitent à Alger?

____

3. Est-ce que Sonia déteste Marseille?

____

4. Est-ce que Sonia a froid (*is cold*) à Paris?

____

5. Est-ce que Rachid et Sonia vont à l'université à Paris?

____

6. Pour le couple Bouhazid, est-ce que la vie (*life*) est facile?

____

Step 2. Now listen to a passage about Sonia.

À Marseille, avant de[1] venir à Paris, Sonia est heureuse. Elle est psychologue et elle travaille avec des enfants autistes. Elle adore son[2] travail. En plus, ses[3] parents, d'origine algérienne, habitent à Marseille. Toute[4] la famille aime Marseille: le soleil,[5] les gens,[6] la vie dans le sud[7] de la France. C'est une ville[8] très dynamique, mais pour Rachid, son mari, les opportunités de carrière[9] sont limitées. Quand[10] il accepte de travailler à Paris, à Canal 7, Sonia sait que le déménagement[11] va être difficile. Elle va être loin de ses parents, des enfants qu'elle aide et du beau[12] soleil marseillais. Mais elle décide que l'opportunité pour Rachid est très importante, et la

[1]avant... *before* [2]*her* [3]*her* [4]*All of* [5]*sun* [6]*people* [7]*south* [8]*city* [9]*career* [10]*When* [11]sait... *knows that the move* [12]*beautiful*

famille Bouhazid déménage. Maintenant,[13] elle est à Paris. Elle a froid,[14] elle a peur[15] et, pour le moment, elle n'a pas de travail. Elle désire retourner à Marseille mais Rachid n'est pas d'accord. Sonia quitte[16] l'appartement et erre[17] dans les rues de Paris. Elle aime Rachid et Yasmine. Elle pense à eux tout le temps.[18] Qu'est-ce qu'elle va faire[19]?

[13]*Now* [14]a… *is cold* [15]a… *is afraid* [16]*leaves* [17]*wanders* [18]tout… *all the time* [19]Qu'est-ce… *What will she do?*

Step 3. Now return to your answers in Step 1 and make any necessary changes based on what you learned in the passage.

C. Vous avez compris? (*Did you understand?*) Listen to the following statements. Based on what you heard and read in Exercise B, decide whether they apply to Paris or Marseille. Circle your choice.

1.	Sonia est heureuse.	à Paris	à Marseille
2.	Sonia n'a pas de travail.	à Paris	à Marseille
3.	Les parents de Sonia habitent dans cette (*this*) ville.	à Paris	à Marseille
4.	Sonia a froid.	à Paris	à Marseille
5.	Sonia travaille avec des enfants.	à Paris	à Marseille
6.	Sonia a peur.	à Paris	à Marseille

Prononciation et orthographe

Les voyelles /o/ et /ɔ/

La voyelle /o/

The sound /o/ is similar to the vowel sound in the English word *boat*. In English, this vowel is followed by a slight /w/ sound.

boat /boʷt/

This /w/ sound occurs as a result of the movement of the tongue and jaw. To produce the French sound /o/, avoid any movement of the tongue and jaw. You should notice increased muscular tension as well. Listen and repeat.

aujourd'hui bur**eau** sac à d**o**s styl**o** h**ô**tel

Notice the various spellings that can produce this vowel sound. It can be spelled as **au, eau,** or **o** in an open syllable, or as **ô** in an open or closed syllable.* The spelling **o** represents /o/ in a closed syllable before the /z/ sound. Listen and repeat.

je supp**o**se

La voyelle /ɔ/

The sound /ɔ/ is somewhat similar to the vowel in the English word *cut*. It is spelled as **o** in a closed syllable and as **au** before the sound /ʀ/ in an open syllable.

h**o**rloge **o**ct**o**bre éc**o**le p**o**ste rest**au**rant

* An open syllable ends in a vowel sound (as in **hôtel** = **hô**-tel) and a closed syllable ends in a consonant sound (as in **poste** and **horloge**: **hor**-loge).

A. Anglais ou français? Listen to the speaker, then circle the word you hear. Is it English or French?

	ENGLISH	FRENCH
1.	aura	aura
2.	cause	cause
3.	dome	dôme
4.	don	donne
5.	OK	OK
6.	plateau	plateau
7.	port	porte
8.	so	sot

B. Répétez. Listen and repeat the following pairs of words after the speaker. The first word contains the /o/ sound, the second the /ɔ/ sound.

1. beau / bonne
2. faux / folle
3. pôle / police
4. idiot / idiote
5. hôtel / hostile

Structure 12

Les adjectifs possessifs; la possession avec de

Expressing possession

A. Mon, ma, mes? Listen carefully to the following sentences, then circle the possessive adjectives that you hear. You will hear each sentence twice.

MODÈLE: You see: ta tes
You hear: Ta sœur n'habite pas loin de la banque.
You circle: (ta) tes

1.	votre	notre
2.	mon	ma
3.	leur	leurs
4.	son	sa
5.	ton	tes
6.	leur	leurs
7.	nos	vos
8.	ses	tes
9.	ma	ta
10.	ton	son

B. Est-ce que c'est... ? Answer each question affirmatively, using a possessive adjective. Then, listen to verify your answer.

MODÈLE: You hear: Est-ce que ce sont les amies de Philippe?
You say: Oui, ce sont ses amies.
You hear: Oui, ce sont ses amies.

1. ...
2. ...
3. ...
4. ...
5. ...
6. ...
7. ...
8. ...
9. ...
10. ...

C. Une interview. A Canadian journalist is interviewing a French woman about French families. Fill in each blank with the correct form of the possessive adjective.

CANADIEN: Alors, Nathalie, est-ce que la famille française est très unie[a]? Est-ce que les Français passent beaucoup de temps[b] avec ______________[1] famille?

FRANÇAISE: Impossible de généraliser. Moi, par exemple, je dîne souvent avec ______________[2] mère et ______________[3] grand-mère. Mais ______________[4] parents sont divorcés et ______________[5] père habite à Madrid. Pour nous, les Français, ______________[6] conception de la famille change. La famille contemporaine est bien[c] différente de la famille de ______________[7] grands-parents.

CANADIEN: Est-ce que les personnes âgées de la génération de ______________[8] grands-parents acceptent ces changements[d]?

FRANÇAISE: Je pense que les vieux souffrent beaucoup.[e] Par exemple, Mme Arène, ______________[9] voisine, aimerait voir[f] plus souvent ______________[10] petits-enfants. Mais ______________[11] petite-fille habite au Japon et ______________[12] petit-fils habite en Espagne avec ______________[13] femme.

[a]*close-knit* [b]passent… *spend a lot of time* [c]*quite* [d]*changes* [e]souffrent… *suffer a lot* [f]voisine,… *neighbor, would like to see*

D. À qui? (*Whose?*) To whom do the following things belong? Using the models as examples, write complete sentences using the correct possessive adjectives.

MODÈLES: le sac à dos / moi →
C'est mon sac à dos.

les crayons / Philippe →
Ce sont ses crayons.

1. le pays / les Marocains ______________________________
2. le café / Mme Turin ______________________________
3. les bâtiments / l'université ______________________________
4. les émissions / toi ______________________________
5. l'école / les enfants ______________________________
6. la table / vous ______________________________
7. les cours / moi ______________________________
8. le studio / Jojo ______________________________
9. les livres / vous ______________________________
10. le sandwich / Sandrine et Marie-Claire ______________________________
11. le sac à dos / nous ______________________________
12. l'école / toi ______________________________

E. Les amis de mes amis. Using the model as a guide, write where the following people live.

MODÈLE: Élise a des amis à New York. →
Les amis d'Élise habitent à New York.

1. Mes parents ont des amis en Espagne.

____

2. Les Stockdale ont un fils au Canada.

____

3. Marie-Hélène a un ami en Angleterre.

____

4. Winston a une fille à Maui.

____

Now do the same thing, but use possessive adjectives.

MODÈLE: Les Bekhechi ont une fille à Oran. →
Leur fille habite à Oran.

5. M. Sanchez a une tante à Madrid.

____

6. J'ai un frère au Maroc.

____

7. Madeleine et Paul ont des parents en Allemagne.

____

8. Nous avons des amis à Rome.

____

9. Vous avez un oncle à Abidjan.

____

10. Les Vautrin ont un enfant au Mexique.

____

11. Mme Vautrin a un frère à Londres.

____

12. Jean-Luc a une belle-mère à Taiwan.

____

13. Ils ont un cousin à Beyrouth.

____

14. Tu as une élève à Aix-en-Provence.

____

Nom ____________________ Date ______________ Cours ____________________

Structure 13

Le verbe *avoir*; *il y a* et *il n'y a pas de*; expressions avec *avoir*

Expressing possession and physical conditions

A. Prononciation. The forms of the verb **avoir** are irregular. Listen and repeat, trying to pronounce each form as much like the speaker as possible.

j'ai	nous avons
tu as	vous avez
il a	ils ont
elle a	elles ont
on a	

Notice that the second- and third-person singular forms all sound the same: /a/. You must pay attention to the pronoun, since it clarifies which person the speaker is talking about.

In addition, the final **-s** on **ils** and **elles** is linked to the vowel at the beginning of **ont** and sounds like /z/. Listen and repeat.

ils /z/ont   elles /z/ont

Now listen to each sentence, and repeat it aloud. Then indicate whether the subject is one person or more than one person or whether it is impossible to say (**impossible à dire**). You will hear each sentence twice.

	1.	2.	3.	4.	5.	6.
une personne	☐	☐	☐	☐	☐	☐
2+ personnes	☐	☐	☐	☐	☐	☐
impossible à dire	☐	☐	☐	☐	☐	☐

B. Moi aussi. Listen to each sentence, then replace the subject with the one you see to create a new sentence. Be sure to use the correct form of **avoir**. Then, listen to verify your answer.

MODÈLE: You hear: J'ai cinq cours.
You see: tu
You say: Tu as cinq cours aussi.
You hear: Tu as cinq cours aussi.

1. les autres étudiants
2. vous
3. nous
4. sa tante
5. je
6. nous
7. mes amis
8. Jeanne
9. tu

C. Au négatif. Make the following sentences negative. Then, listen to verify your answer.

MODÈLE: You hear: Elles ont des cousins.
You say: Elles n'ont pas de cousins.
You hear: Elles n'ont pas de cousins.

1. …
2. …
3. …
4. …
5. …
6. …
7. …
8. …
9. …
10. …

D. Résumé. Retell details of Episode 4 in the film by completing these sentences, using the logical expression in the parentheses.

1. Rachid ______________________ (avoir froid / avoir honte) d'admettre (*to admit*) sa séparation de Sonia.
2. Bruno dit (*says*): «Tu ______________________ (avoir faim / avoir soif)?» Il invite Rachid à aller à la cafétéria de Canal 7.
3. Bruno pense: «Avec un béret, j' ______________________ (avoir l'air / avoir besoin de) ridicule!»
4. Sonia n'aime pas Paris. Elle ______________________ (avoir froid / avoir chaud); à Marseille, le climat est plus (*more*) modéré.
5. Yasmine ______________________ (avoir peur de / avoir besoin de) ses parents.

E. Expressions avec *avoir*. Complete the following sentences, using the correct form of **avoir** and an idiomatic expression. Use each expression only once.

Vocabulaire utile: avoir… ans, avoir l'air, avoir besoin, avoir chaud, avoir les cheveux / les yeux avoir envie, avoir faim, avoir froid, avoir peur, avoir soif

MODÈLE: Jérôme est un mauvais étudiant. Il a besoin d'étudier.

1. C'est mon anniversaire aujourd'hui. J' ______________________ vingt et un ______________________ maintenant (*now*).
2. Nous ______________________, alors nous portons un pull-over.
3. Les enfants ______________________. Ils vont dîner chez MacDo.
4. Vous ______________________ tristes. Ça ne va pas?
5. J'adore la culture japonaise et j'______________________ d'aller au Japon en juin.
6. Souvent, quand on a chaud, on ______________________ aussi.
7. Notre maîtresse n'est pas du tout sympa. Tout le monde ______________________ d'elle.
8. Il y a vingt-huit personnes dans notre petite salle de classe et il n'y a pas de fenêtres. Nous ______________________!
9. Lucienne est grande et blonde, et elle ______________________ bleus.

F. Est-ce qu'il y a... ? Is it typical to find the following people or things in the locations suggested? Use **il y a** or **il n'y a pas de** to answer each question.

MODÈLE: Est-ce qu'il y a généralement des cahiers dans une salle de classe? →
Oui, il y a des cahiers dans une salle de classe.

1. Est-ce qu'il y a généralement des enfants dans une discothèque?

____

2. Est-ce qu'il y a généralement une chaise dans un sac à dos?

____

3. Est-ce qu'il y a généralement des voitures dans un cinéma?

____

4. Est-ce qu'il y a généralement des ordinateurs dans un jardin?

____

5. Est-ce qu'il y a généralement des acteurs dans un film?

____

6. Est-ce qu'il y a généralement des livres dans un centre sportif?

____

G. Et vous? Now give the following information about yourself and your life. Write a complete sentence for each answer.

Écrivez (*Write*):

1. votre âge.

____

2. combien de (*how many*) personnes il y a dans votre famille.

____

3. l'âge des membres de votre famille.

____

4. si (*whether*) vous avez peur des films d'horreur.

____

5. combien d'étudiants il y a dans votre cours de français.

____

6. où vous allez quand vous avez soif.

____

7. où vous allez quand vous avez besoin d'exercice.

____

8. si vous avez souvent honte.

____

H. Interview. You are talking to a friend. Whenever possible, use an idiomatic expression with **avoir** to find out or say the following things.

1. Ask if she feels like studying Spanish.

____

2. Ask if she needs to go to the library.

____

(*continued*)

3. Ask if she needs a dictionary.

____

4. Ask if she's ashamed to speak Spanish with you.

____

5. Ask if she's afraid of her Spanish professor.

____

6. Ask how old she is.

____

7. Tell her she looks tired.

____

8. Ask if she and her roommate just went to the movies.

____

Regards sur la culture

Les «Maisons régionales» de France à Paris

Une «Région» est une division administrative de la France, un peu comme un état[a] ou une province en Amérique du Nord. Une «Maison régionale»[b] présente la culture, la cuisine et le caractère d'une certaine partie de la France.

[a]un peu… *a little like a state* [b]Maison… *Regional Center*

Nom _______________ Date _______________ Cours _______________

Pour découvrir la France. (***Discovering France.***) Answer the following questions based on the information provided in the image. Remember that telephone numbers are expressed in pairs of digits. Then, listen to verify your answer.

MODÈLE: You hear: Quel est le numéro de téléphone de la Maison de la Bretagne?
You say: C'est le zéro un, cinquante-trois, soixante-trois, onze, cinquante.
You hear: C'est le zéro un, cinquante-trois, soixante-trois, onze, cinquante.

MODÈLE: You hear: Quelle est l'adresse de la Maison de l'Alsace?
You say: C'est le trente-neuf avenue des Champs-Élysées, soixante-quinze, zéro, zéro, huit, Paris.
You hear: C'est le trente-neuf avenue des Champs-Élysées, soixante-quinze, zéro, zéro, huit, Paris.

4
adresses
avec vue
imprenable
sur les
régions

MAISON DE L'ALSACE
39, avenue des Champs-Élysées
75008 PARIS
Tél. 01.53.83.10.10
M° Franklin Roosevelt

MAISON DE LA BRETAGNE
203, boulevard Saint-Germain
75007 PARIS
Tél. 01.53.63.11.50
M° rue du Bac

MAISON DES PYRÉNÉES
15, rue Saint-Augustin
75002 PARIS
Tél. 01.42.61.74.73
M° Opéra, Quatre Septembre

MAISON DE SAVOIE
31, avenue de l'Opéra
75001 PARIS
Tél. 01.42.61.74.73
www.maisondesavoie.com
M° Pyramides, Opéra

1. ... 2. ... 3. ... 4. ... 5. ... 6. ...

Structure 14

Questions avec inversion et avec *où, quand, pourquoi, comment, combien de*

Asking for specific information

A. Quelle question? Listen to each question, then circle the question word(s) you hear. You will hear each question twice.

MODÈLE: You see: Qui? Où?
You hear: Où est-ce que tu vas habiter?
You circle: Qui? (Où?)

1. n'est-ce pas? c'est ça?
2. Comment? Combien?
3. Pourquoi? Quand?
4. Quand? Comment?
5. Où? Quand?
6. OK? D'accord?
7. Combien? Quand?

B. Pardon? You are talking to a woman in a crowded room and can't quite hear what she says. Ask the speaker to repeat what she has said using the appropriate question word: **où, quand, pourquoi, comment, combien de**. Then, listen to verify your answer.

MODÈLE: You hear: Nous allons au cinéma jeudi.
You see: _____ est-ce que vous allez jeudi?
You say: Où est-ce que vous allez jeudi?
You hear: Où est-ce que vous allez jeudi?

1. _____ allez-vous?
2. _____ est-ce que vous habitez?
3. _____ enfants avez-vous?
4. _____ votre fils étudie-t-il l'informatique?
5. _____ est-ce qu'il va à l'université?
6. _____ étudiants y a-t-il dans sa classe?
7. _____ est-ce que vous allez?
8. _____ est-ce que vous allez en Algérie?
9. _____ allez-vous en Algérie?
10. _____ est-ce que vous allez revenir?

C. L'inversion. Restate the following questions using inversion.

MODÈLE: Pourquoi est-ce que les parents de Marissa sont fâchés? →
Pourquoi les parents de Marissa sont-ils fâchés?

1. Est-ce que nous avons besoin de trouver un hôtel?

____

2. Combien d'enfants est-ce qu'il y a dans la famille Laguerre?

____

3. Pourquoi est-ce que M. Mauve déteste les autres profs?

____

4. Est-ce que mes amis viennent dîner ici?

____

5. Quand est-ce que tu vas avoir 21 ans?

____

6. Comment est-ce que vous allez à l'université?

____

7. Où est-ce qu'elle habite, ta sœur?

____

D. Une amie curieuse. Chantal always asks a lot of questions. Fill in the missing question words in the following conversation.

Vocabulaire utile: combien de, comment, est-ce que, où, pourquoi, quand

CHANTAL: Anne, ______________[1] est-ce que tu as l'air triste?

ANNE: C'est parce que j'ai besoin d'étudier pour un examen de français et que je n'ai pas envie de le faire.

CHANTAL: ______________[2] est-ce que tu as l'examen?

ANNE: L'examen est mardi, mais je vais travailler lundi. Je travaille toujours le lundi.

CHANTAL: ______________[3] travailles-tu?

ANNE: À la bibliothèque.

CHANTAL: Et ______________[4] jours par[a] semaine est-ce que tu travailles?

ANNE: Deux jours par semaine et j'ai trois cours à l'université.

CHANTAL: Oh, c'est beaucoup[b]! ______________[5] tu vas venir au cinéma avec moi vendredi?

ANNE: Oui, oui, je vais venir avec toi au cinéma. Mais ______________[6] est-ce qu'on va y aller[c]?

CHANTAL: En bus, bien sûr.

[a]*per* [b]*a lot* [c]*y… go there*

E. Quelle question? (*Which question?*) Write a question that would prompt the italicized part of each given answer. Use **Est-ce que… ?** in the first five answers and inversion in the second five. Remember to use appropriate pronouns to make each question and answer a dialogue.

Questions avec *Est-ce que… ?*

1. ______________________________

   Non, je ne suis pas mariée. Je suis célibataire.

2. ______________________________

   Les acteurs vont travailler *au studio.*

3. ______________________________

   Nous dînons *parce que nous avons très faim.*

4. ______________________________

   Il y a *soixante-sept élèves* dans notre école.

5. ______________________________

   Oui, tu as l'air fatigué aujourd'hui.

(*continued*)

Questions avec inversion

6. ____

   Nous allons *au cinéma* jeudi.

7. ____

   Je vais au centre sportif *parce que je suis très sportive.*

8. ____

   Élise parle *trois* langues (*languages*).

9. ____

   Ils parlent à leurs petits-enfants *le week-end.*

10. ____

    Non, ma mère n'habite pas loin de chez moi.

F. Interview. You are going to interview Madeleine, a student, for an article about university life. Ask questions using the following elements and form the type of question indicated by the speaker. Then, listen to verify your answer.

MODÈLE: You see: tu / avoir / dix minutes / pour une petite interview?
You hear: inversion
You say: As-tu dix minutes pour une petite interview?
You hear: As-tu dix minutes pour une petite interview?

1. tu / habiter / près du campus?
2. tu / aller / souvent / à la bibliothèque?
3. cours / tu / avoir / ce semestre?
4. tu / aimer / tes professeurs?
5. tu / étudier?
6. tu / dîner?

G. Le Chemin du retour. What questions would you ask David Lang, the screenwriter for *Le Chemin du retour,* about the story and/or making of the film? Use inversion, intonation, and the **est-ce-que** question forms.

Vocabulaire utile: combien de, comment, où, pourquoi, quand

1. ____
2. ____
3. ____
4. ____
5. ____
6. ____

Visionnement 2

Après le visionnement. Thinking about what has happened in the film so far and looking at the photos and the list of captions, write at least two appropriate captions next to each photo.

Captions:
Vous avez envie d'un hamburger?
Nous sommes heureuses.
J'ai froid.
Vous avez faim?
Nous sommes dans un parc.
Nous avons de très bonnes salades.
Il y a du choix (*choice*).
J'ai envie de voir (*to see*) ma fille.

1. ______

2. ______

3. ______

4. ______

À écrire

Une famille

Think about your family and the family member who most resembles you, either in personality or in physical appearance.

Step 1. If you haven't already drawn a family tree (on page 74), draw one now. Make it go back three generations, to the generation of your grandparents. Label each person's name. If you already drew a family tree on page 74, make sure now that it shows all of this information.

Step 2. Provide a general orientation to the members of your immediate family (brothers, sisters, parents) by filling in the following grid.

RAPPORT FAMILIAL	ÂGE	COULEUR DES CHEVEUX	COULEUR DES YEUX	QUELQUES ADJECTIFS POUR DÉCRIRE SA PERSONNALITÉ

Step 3. Using the information you have compiled, write two paragraphs. Begin by describing your family in general terms. Then, focus on the family member who most resembles you and explain why. You may also wish to point out in what ways you are different, using the expression **à la différence de**, for example: **À la différence de mon père, je ne suis pas cynique.**

MODÈLE: J'ai une petite famille. Mon père s'appelle David. Il a quarante-huit ans. Ma mère, Françoise…

Je ressemble beaucoup à ma tante. Comme elle, je…

______

______

______

______

______

______

______

______

______

______

Step 4. When you have finished your paragraphs, read over your work and look for errors in spelling, punctuation, grammar (for example, agreement of subject and verb, agreement of noun and adjective), and vocabulary. If you find any errors, correct them.

Dossier culturel

A. Les provinces françaises. Using links at **www.mhhe.com/debuts2** or printed resources, find a map of the French provinces and print or copy it. Then select three provinces and report about each one, naming its largest cities and telling some interesting facts for which it is known (for example, geographical points of interest, products, and types of cuisine). Make a chart such as the following to aid in your note taking.

PROVINCE	VILLE(S) IMPORTANTE(S)	CONNUE(S)° POUR

°*Known*

B. Les média francophones. Using links at **www.mhhe.com/debuts2** or printed resources, research newspapers and magazines in French. Select one newspaper and one magazine. If the printed version is not available to you, visit the online version. For each newspaper/magazine, give the name, tell what kinds of topics it covers, and give your impressions of it. Also name an English-language publication that seems similar and explain the similarities to and differences from the French one.

C. Le PACS. Using links at **www.mhhe.com/debuts2** or printed resources, locate a brief definition of PACS (**pacte civil de solidarité**) in French. Explain the term in your own words and tell when it was enacted. Why do you think it is a controversial law?

Nom ____________ Date ____________ Cours ____________

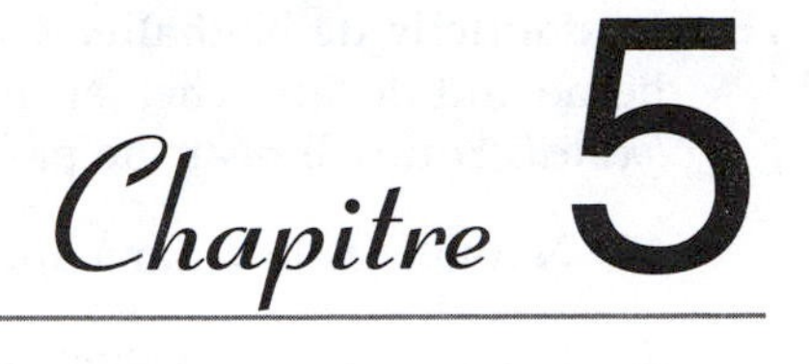

Secrets

Vocabulaire en contexte

La maison: les pièces et les meubles

A. L'appartement de Mélusine. Answer each question by describing where in the apartment the object or room is located. Then, listen to verify your answer.

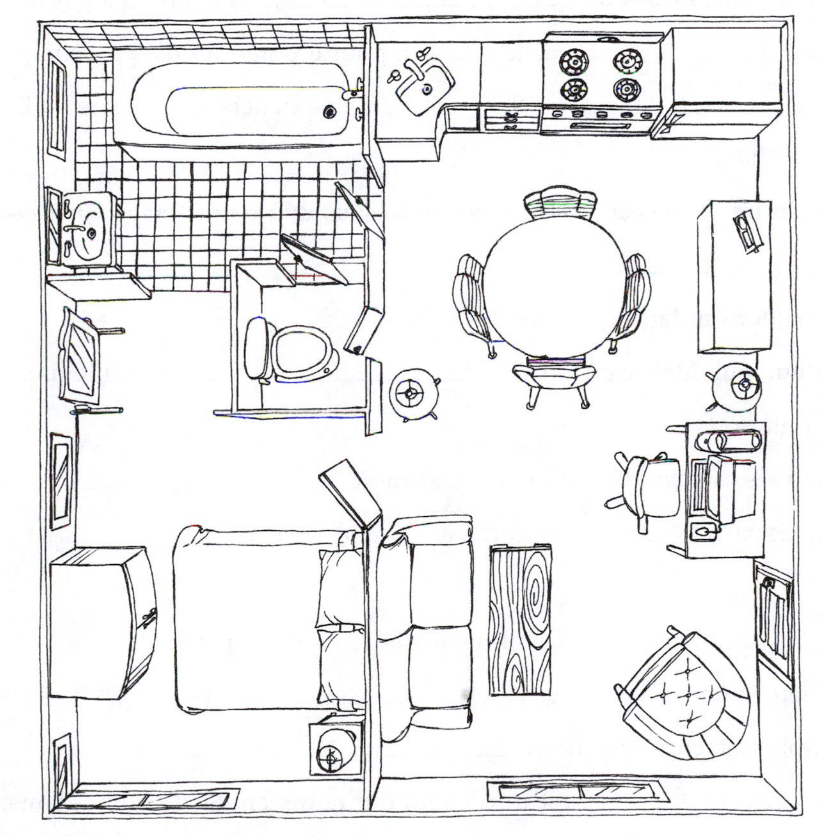

MODÈLE:	You look at:	the drawing of the apartment
	You hear:	Où se trouve la radio?
	You see:	sur
	You say:	La radio est sur le buffet.
	You hear:	La radio est sur le buffet.

1. à côté de
2. en face de
3. dans
4. près de
5. à côté de
6. entre l'évier (*sink*) et
7. en face de
8. à côté de
9. dans
10. sur

B. Le domicile de Nathalie. Read the following statements. Then listen to the description of Nathalie's home and decide whether the statements are true or false. Remember that **se trouve** means *is located*. You will hear the passage twice.

1. Nathalie habite dans une grande maison. V F
2. Elle habite au rez-de-chaussée. V F
3. Nathalie regarde la télé dans sa salle de séjour. V F
4. Il y a une table dans sa cuisine. V F
5. Sa salle de séjour est en face de la cuisine. V F
6. Elle n'a pas d'ordinateur chez elle. V F

C. Dans la maison. Complete the following sentences with the appropriate vocabulary word from the list. Use words only once.

Vocabulaire utile: appartement, armoire, canapé, chaîne stéréo, chambre, cuisinière, four à micro-ondes, frigo, immeuble, maison, portable, rez-de-chaussée, salle à manger, salle de bains

1. En général, on dîne dans sa ________________ ou dans sa cuisine.
2. On prépare son dîner dans un ________________ si (*if*) on n'a pas de cuisinière.
3. On a besoin d'une ________________ pour écouter des disques compacts.
4. Ma ________________ est très petite; j'ai une douche (*shower*), mais je n'ai pas de baignoire (*bathtub*).
5. L'appartement de M. Délécray se trouve au-dessous du premier étage (*first floor*), au ________________.
6. —Ton ordinateur est dans la cuisine?!

   —Aujourd'hui, oui. Mais c'est un ________________. Je travaille dans toutes (*all*) les pièces de la maison.
7. J'ai froid. Je vais chercher un pull-over dans mon ________________.
8. Quand Paul est très fatigué, il s'endort (*falls asleep*) sur son ________________ devant la télé.
9. Dans la ________________ des enfants, il y a deux petits lits.
10. Monique cherche un coca dans le ________________ parce qu'elle a soif.
11. Il y a huit appartements dans notre ________________.
12. Un ________________ est trop petit pour notre famille de huit enfants. Alors, nous habitons dans une grande ________________ avec deux étages (*floors*) et un garage.

Le studio de Chloé Gall

A. Quel objet? (*Which object?*) Listen to the following sentences and say which object is involved in the activities being described. Then, listen to verify your answer.

MODÈLE: You see: un téléphone / un vélo
You hear: Leïla parle à sa grand-mère.
You say: C'est un téléphone.
You hear: C'est un téléphone.

1. un vélo / un piano
2. une affiche / un portable
3. un magnétoscope / un lecteur de CD
4. une affiche / une guitare
5. un appareil photo / un vélo
6. un magnétoscope / un appareil photo
7. une guitare / un piano
8. un deux-pièces / un studio
9. un immeuble / un meuble
10. un vélo / une voiture

B. Où se trouve... ? Select from the vocabulary list which objects are most likely to be found in the following places or situations. Provide the correct indefinite article (**un, une, des**) with your answer and make the plural agreement when necessary.

Vocabulaire utile: affiche, appareil photo, guitare, lecteur de CD, magnétoscope, meuble, piano, répondeur, téléphone, vélo

MODÈLE: Souvent, à côté ou au-dessous d'un téléviseur (*television set*), on trouve un magnétoscope.

1. Sur le mur d'une chambre d'étudiant, on trouve ________________.
2. Un adolescent adore communiquer avec ses amis. Dans sa chambre, on trouve ________________.
3. Dans un studio de musiciens de jazz, on trouve (par exemple) ________________ ou ________________.
4. Un touriste visite un monument historique. Dans son sac à dos, on trouve ________________.
5. Quand j'ai besoin d'exercice physique, je vais chercher mon ________________ dans mon garage.
6. Une personne n'est jamais chez elle. Près de son téléphone, on trouve ________________.
7. Un homme aime la musique mais n'aime pas écouter la radio. Dans sa voiture, on trouve ________________.
8. Dans la chambre de mes parents, on trouve les ________________ suivants: un lit, un fauteuil, deux petites tables et une grande armoire.

Quelle heure est-il?

A. Quelle heure est-il? Answer the following questions by stating the time shown on each clock. Use the expressions **du matin, de l'après-midi,** or **du soir** as necessary. Then, listen to verify your answer.

MODÈLE: You see:

You hear: Quelle heure est-il?
You say: Il est six heures du matin.
You hear: Il est six heures du matin.

B. Par écrit. Write the time you hear.

MODÈLE: You hear: Il est deux heures et demie.
You write: 2 h 30

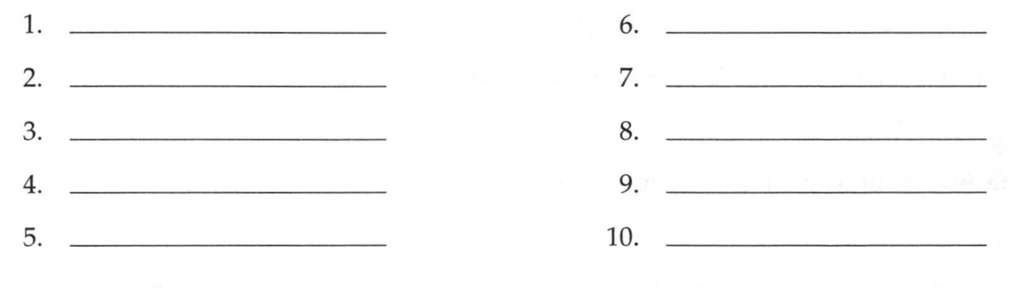

1. ______________________ 6. ______________________
2. ______________________ 7. ______________________
3. ______________________ 8. ______________________
4. ______________________ 9. ______________________
5. ______________________ 10. ______________________

C. Oralement. (*Orally.*) Using complete sentences, say each time two ways: first as a 24-hour clock time and then as a 12-hour clock time. Then, listen to verify your answer.

MODÈLE: You see: 12 h 15
You say: Il est douze heures quinze. Il est midi et quart.
You hear: Il est douze heures quinze. Il est midi et quart.

1. 17 h
2. 7 h 30
3. 8 h 15
4. 11 h 50
5. 23 h 45
6. 13 h 40
7. 2 h 35

D. Matin, après-midi, ou soir? Again using complete sentences, write out the correct time using the 12-hour clock and the expressions **du matin, de l'après-midi,** and **du soir**. *Note:* You will need to convert the times from the 24-hour clock notation.

MODÈLE: 22 h 55 →
Il est onze heures moins cinq du soir.

1. 14 h 05 ______________________
2. 3 h 35 ______________________
3. 16 h 15 ______________________
4. 21 h 30 ______________________
5. 6 h 30 ______________________
6. 4 h 45 ______________________
7. 20 h 15 ______________________
8. 13 h ______________________
9. 12 h 30 ______________________

E. La ponctualité. Look over Lucie's list of appointments, and listen to the times when she actually arrives at those appointments. Then say whether she is late (**en retard**), early (**en avance**), or on time (**à l'heure**). Finally, listen to verify your answer.

9 h	*Aller au café avec Jérôme*
10 h	*Aller au bureau des étudiants*
12 h	*Aller au restaurant avec Aimée*
15 h	*Cours de sciences, à l'université*
16 h 15	*Donner une leçon de piano, chez moi*
17 h 30	*Dîner chez maman*
19 h	*Aller à la bibliothèque*

MODÈLE: You hear: Lucie va au café à neuf heures du matin.
You see: 9 h Aller au café avec Jérôme
You say: Elle est à l'heure.
You hear: Elle est à l'heure.

1. … 2. … 3. … 4. … 5. … 6. …

F. Temps, fois, heure. Fill in the blanks with the words **temps, fois,** or **heure**, according to the context. Include a definite article if necessary

1. Le week-end, j'ai ______________ d'écouter mes CD et de regarder la télé.
2. Combien de ______________ allez-vous au cinéma chaque (*each*) mois?
3. À quelle ______________ travaillent-ils lundi?
4. Laurence n'est jamais en retard. Elle est toujours à ______________.
5. Pour la première (*first*) ______________, Mathieu parle français avec un Québécois.
6. Quelle ______________ est-il?
7. Annick travaille toujours. Parfois, elle n'a pas ______________ de dîner!

G. Mon emploi du temps. (*My schedule.*) Describe your typical daily routine by explaining what you do at what times. Use the expressions **à... heure(s)** and **de... heure(s) à... heure(s).**

MODÈLE: À sept heures du matin, je vais au centre sportif avec mes amis. De neuf heures à dix heures vingt, j'ai mon cours de biologie...

____

____

____

____

____

____

Visionnement 1

A. Êtes-vous d'accord? (*Do you agree?*) Based on what you've seen in the film, decide whether you agree with the following statements. Check **oui** if you agree, **non** if you do not agree, and **Je ne sais pas** if you don't know.

	OUI	NON	JE NE SAIS PAS.
1. Sonia vient à l'école pour voir (*see*) Rachid.	☐	☐	☐
2. Rachid et Sonia sont tristes.	☐	☐	☐
3. Rachid aime les parents de Sonia.	☐	☐	☐
4. Mado habite le même immeuble que Camille.	☐	☐	☐
5. Mado est une femme très calme.	☐	☐	☐
6. Rachid aime le livre sur les Cévennes.	☐	☐	☐
7. Le livre sur les Cévennes parle des légendes traditionnelles des Cévennes.	☐	☐	☐
8. Mado aime parler de sa famille.	☐	☐	☐

B. À propos des personnages

Step 1. Based on your sense of Mado's character, use numerals (1–6) to place the following sentences in chronological order. You will be guessing for now, but you will learn more about her in Step 2.

_____ Camille naît (*is born*).

_____ Le père de Mado disparaît (*disappears*).

_____ Mado naît.

_____ Mado refuse de parler du secret avec sa fille.

_____ Mado rencontre (*meets*) Jacques.

_____ Mado reprend le nom (*retakes the name*) Leclair.

Step 2. Now listen to a passage about Mado's life.

Madeleine Leclair préfère qu'on l'appelle Mado. Elle est intelligente et dynamique, mais elle a honte d'un secret dans son passé. Et elle a peur. Elle ne parle jamais de ce[1] secret avec sa fille, alors il y a une sorte de barrière entre les deux femmes. Mais la mère et la fille s'aiment beaucoup.[2]

Mado naît en 1939. Elle ne connaît pas[3] son père, qui quitte[4] Paris pendant la Deuxième Guerre mondiale[5] et qui disparaît[6] en 1943. Quand elle est enfant, tout le monde refuse de parler de cet[7] homme, et la petite Mado est traumatisée. Mais c'est une bonne étudiante, et après[8] ses études, elle travaille dans une librairie. Elle y[9] rencontre Jacques, un professeur d'université; ils tombent amoureux[10] et ils se marient. Camille naît et Mado en[11] est très contente. Mais Jacques s'intéresse peu[12] à la petite Camille et il reproche à Mado de passer son temps à s'occuper d'elle. Il veut avoir Mado pour lui seul.[13] Par conséquent, Camille n'a pas de véritable[14] père, parce qu'il commence à travailler beaucoup et n'a plus de temps pour sa petite famille. Longtemps Mado est patiente avec Jacques, mais finalement, c'est trop difficile, et, après 17 ans de mariage, Mado demande le divorce. Elle reprend son nom de jeune fille,[15] Leclair, et sa fille Camille décide d'utiliser le nom Leclair aussi, pour sa profession. Aujourd'hui, Mado continue à travailler dans une librairie. La vie… et le secret… continuent.

[1]*this* [2]s'aiment… *love each other very much* [3]ne… *doesn't know* [4]qui… *who leaves* [5]pendant… *during the Second World War* [6]*disappears* [7]*this* [8]*after* [9]*there* [10]tombent… *fall in love* [11]*about it* [12]s'intéresse… *is hardly interested* [13]*alone* [14]*real* [15]nom… *maiden name*

Step 3. Now return to your answers in Step 1, and make any necessary changes based on what you learned in the passage.

C. Vous avez compris? Based on what you heard and read in Exercise B, answer the following questions by circling the correct response.

1. Jacques	Mado	5. le père de Camille	le père de Mado
2. Jacques	Camille	6. Mado	le père de Mado
3. le mari de Mado	le père de Mado	7. Jacques	Mado
4. Mado	Camille		

Prononciation et orthographe

Les voyelles /e/ et /ɛ/

La voyelle /e/

The sound /e/ is similar to the vowel sound in the English word *say*. In English, this vowel is accompanied by a slight /j/ sound.

say /seʲ/
may /meʲ/

This /j/ sound in the English words occurs as a result of movement of the tongue and jaw in an off-glide from the vowel. The French vowel is more tense and has no /j/ sound. To produce the French sound, keep your muscles tense and do not move your jaw and tongue once you say the vowel. Listen and repeat.

tél**é**vision gard**er** finiss**ez** m**es** je ser**ai** **et**

Notice the various spellings that can produce this vowel sound. It can be spelled as **é**, **-er** (infinitive ending), **-ez** (verbal ending), **-es** (in one-syllable words), **-ai** (verbal ending), and **et** (meaning *and*).

La voyelle /ɛ/

The sound /ɛ/ is similar to the vowel sound in the English word *get*. Listen and repeat.

p**è**re b**ê**te c**e**tte je gard**ais** il pens**ait** ch**aî**ne

Notice the various spellings that can produce this vowel sound. It can be spelled as **è**, **ê**, **e** in a closed syllable (where the syllable ends with a consonant sound), as well as **-ais** (including the verbal ending), **-ait** (including the verbal ending), or **aî**.

A. Quelle voyelle? Listen to each word and circle the sound you hear for the highlighted letters. Is it /e/ or /ɛ/?

1.	m**ai**son	/e/	/ɛ/	10.	l**e**cteur	/e/	/ɛ/
2.	r**ez**-de-chauss**ée**	/e/	/ɛ/	11.	buff**et**	/e/	/ɛ/
3.	pi**è**ce	/e/	/ɛ/	12.	ch**ai**se	/e/	/ɛ/
4.	mang**er**	/e/	/ɛ/	13.	c**e**tte	/e/	/ɛ/
5.	s**é**jour	/e/	/ɛ/	14.	m**ê**me	/e/	/ɛ/
6.	ch**aî**ne	/e/	/ɛ/	15.	qu**e**l	/e/	/ɛ/
7.	st**é**r**é**o	/e/	/ɛ/	16.	il **e**st	/e/	/ɛ/
8.	cuisini**è**re	/e/	/ɛ/	17.	l**es**	/e/	/ɛ/
9.	r**é**frig**é**rateur	/e/	/ɛ/	18.	donn**ez**	/e/	/ɛ/

B. La maison des Palier. You will hear several sentences about the home of the Palier family. Listen to each sentence, then repeat it carefully. Pay special attention to the highlighted letters, which represent the sounds /e/ and /ɛ/. You will hear and repeat each sentence twice.

1. L**es** Pali**er** habitent dans une m**ai**son à R**e**nnes.
2. Il y a s**e**pt pi**è**ces dans la m**ai**son: une cuisine, une salle de s**é**jour, une salle à mang**er** **et** quatre chambres.
3. Le b**é**b**é** a une chambre av**e**c qu**e**lques fen**ê**tres. Je ne s**ais** pas combien.
4. Au premi**er** **é**tage, Mme Pali**er** a s**es** possessions pr**é**f**é**r**ée**s. C'**est** une collection de poup**ée**s (*dolls*).

Structure 15

Le verbe *faire*; des expressions avec *faire*

Talking about everyday activities

A. Prononciation. The forms of the verb **faire** are all irregular. Listen and repeat, trying to pronounce each form as much like the speaker as possible.

je fais	nous faisons
tu fais	vous faites
il fait	ils font
elle fait	elles font
on fait	

Notice that the singular forms all sound the same: /fɛ/. You must pay attention to the pronoun, since it clarifies which person the speaker is talking about.

Notice also that the **ai** in **nous faisons** is pronounced a little like the *u* in the English word *burn*. This pronunciation is irregular for the **ai** spelling and, although not difficult to pronounce, must be memorized. Practice the following contrast with the speaker.

je f**ai**s   tu f**ai**s   il f**ai**t   vous f**ai**tes
but: nous f**ai**sons

Now listen to each sentence, and repeat it aloud. Then circle the verb form you hear. Pay attention to both the pronoun and the verb. You will hear each sentence twice.

1. fais   fait
2. fais   fait
3. faisons   font
4. faisons   font
5. fait   faites
6. fais   fait

B. Qu'est-ce qu'on fait? Listen to the following sentences with the verb **faire**. Then, restate each one using the given subject or subject pronoun. Finally, listen to verify your answer.

MODÈLE: You hear: Mes cousins font une promenade.
You see: je
You say: Je fais une promenade.
You hear: Je fais une promenade.

1. on
2. tu
3. mes parents
4. nous
5. tout le monde
6. Luc et Colette
7. vous
8. je
9. Ronan

C. Faire. Create complete sentences using the following elements. Be careful to conjugate the verb **faire** correctly, making any necessary changes in agreement. Add any necessary articles, possessive adjectives, and so on, in order to form logical and grammatically correct sentences.

MODÈLE: Carine / ne… jamais / faire / lit →
Carine ne fait jamais son lit.

1. on / faire / joli / promenade / près / notre quartier

____

2. vous / faire / sport / à / le centre sportif

____

3. mon oncle et ma tante / faire / voyage / en Algérie

____

4. je / faire / fête / avec / amis

____

5. pourquoi / tu / faire / devoirs / à / minuit / ?

____

6. nous / ne… plus / faire / attention / à / les autres étudiants

____

D. Mots croisés. Complete the following crossword puzzle with the correct forms of the verb **faire** and with expressions using the verb **faire**.

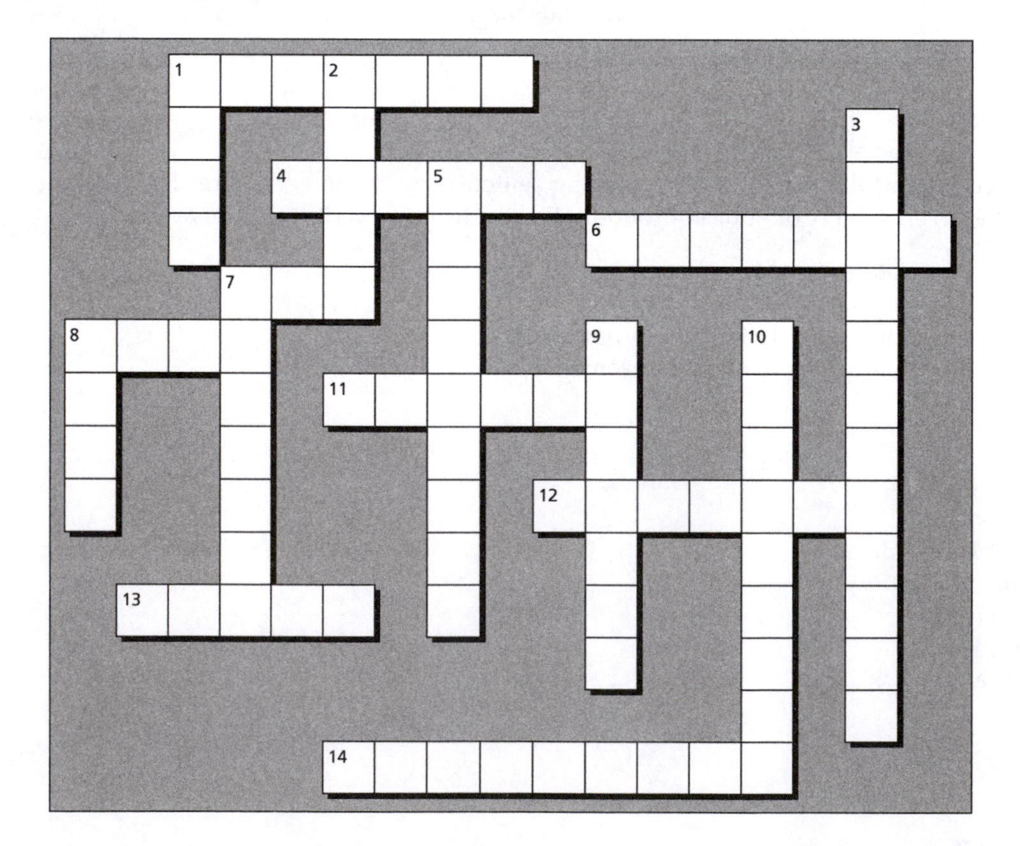

HORIZONTALEMENT

1. Nous _____ la cuisine quand nous avons le temps.
4. J'ai envie de faire un _____ en Afrique un jour.
6. On va dîner chez Xavier. Il fait la _____ dans son nouvel (*new*) appartement.
7. La chambre de Michel va être propre (*neat*); il fait son _____.
8. C'est l'anniversaire de mon mari jeudi. On va faire la _____ ce (*this*) week-end.
11. Ton appartement est très sale (*dirty*)! Pourquoi ne fais-tu jamais le _____?
12. Pour la fête vendredi, Charles va faire le ménage et toi, tu vas faire les _____ au supermarché.
13. Je déteste faire la _____ à la banque ou au cinéma!
14. Mes amis ont envie de faire une petite _____ au parc.

VERTICALEMENT

1. Mes grands-parents ne _____ plus de promenades.
2. Pour faire du _____, nous allons au centre sportif.
3. Tu vas faire la _____ de Marie-Hélène. Elle est super sympa.
5. Les élèves ne font pas toujours _____ à leur instituteur.
7. Dans notre appartement, nous avons un four à micro-ondes dans la cuisine et une machine à laver (*washing machine*) pour faire la _____.
8. Pourquoi ne _____-tu pas attention?
9. Mes étudiants font leurs _____ chez eux ou à la bibliothèque.
10. Je déteste faire la cuisine. Mon mari prépare notre dîner et moi, je fais la _____ après le repas (*after the meal*).

E. Qu'est-ce qu'on fait? Create complete sentences about what the following people are doing, based on the information given. Choose the correct expression to use with the verb **faire**.

MODÈLE: Tu vas au centre sportif. (sport, vaisselle) →
Tu fais du sport.

1. Nous cherchons des livres et des CD à la librairie. (lit, shopping)

____

2. Je n'ai plus de vêtements propres (*clean clothes*) à porter! (vaisselle, lessive)

____

3. On est au supermarché. (courses, ménage)

____

4. C'est l'anniversaire de Thierry. (voyage, fête)

____

5. Vous n'êtes plus au lit. (queue, lit)

____

(*continued*)

6. Les élèves sont devant l'école et ils attendent (*wait for*) la maîtresse. (queue, promenade)

   ____

7. Marc est à la bibliothèque. (sport, devoirs)

   ____

F. **La belle vie!** Imagine that you have a weekend with plenty of free time and money to do whatever you want. Which activities do you choose to do? Which activities do you not do? Who does your housework? What about your homework? Write several sentences and use at least five expressions with the verb **faire**.

____
____
____
____
____
____

Structure 16

L'adjectif interrogatif *quel* et l'adjectif démonstratif ce

Asking and identifying which person or thing

A. **Quelle personne? Quelle chose?** (***Which person? Which thing?***) You are in a crowded room at a party and cannot hear very well. Which interrogative adjective (**quel, quelle, quels, quelles**) should you use to ask for clarification? Write down your questions based on the statements you hear.

MODÈLE: You hear: Cet appartement est magnifique!
You write: Quel appartement?

1. ______________________________
2. ______________________________
3. ______________________________
4. ______________________________
5. ______________________________
6. ______________________________
7. ______________________________
8. ______________________________
9. ______________________________
10. ______________________________

11. ____

12. ____

B. Un ami difficile. Marc, who is critical of everyone and everything, has come to see your new apartment. Use the following elements to form complete sentences, which report what he says. Pay particular attention to the use and form of demonstrative adjectives (**ce, cet, cette, ces**).

MODÈLE: ce / chambre / être / grand / mais / laid! →
Cette chambre est grande mais laide!

1. tu / ne pas avoir honte de / ce / salle de bain?

____

2. pourquoi / ce / CD / être / sur / ce / armoire?

____

3. pourquoi / habiter / tu / dans / ce / quartier?

____

4. je / ne pas aimer / ce / canapé

____

5. est-ce que / tu / aimer / ce / petit / cuisine?

____

6. ce / appartement / avoir besoin de / fenêtres / non?

____

7. quand / est-ce que / tu / aller / faire / ce / lit?

____

8. je / ne pas aller / regarder / ce / émissions / stupide

____

C. Notre première fois à Paris. The Felbers are visiting Paris for the first time. They have many questions about what to do and where to go. Complete their questions and the answers they receive with the correct forms of **quel** or **ce**.

MODÈLE: —Quel est le nom d'un bon restaurant près de notre hôtel?
—Ce restaurant marocain est très bon. Il s'appelle Le Casablanca.

1. —Dans ____________ quartier se trouve la Sorbonne?

—Dans le Quartier latin. ____________ quartier est très dynamique.

2. —On vient de regarder ____________ bâtiment?

—____________ beau bâtiment historique. Il s'appelle l'Orangerie.

3. —____________ heure est-il? Pourquoi est-ce que ____________ librairie est fermée (*closed*)?

—À ____________ heure, les Français ne travaillent pas. Ils se reposent (*they are resting*) en

____________ moment.

(*continued*)

4. —__________ sont les monuments préférés des Français?

   —Les Français admirent __________ monuments historiques.

5. —Dans __________ maison habite le président français?

   —Il habite dans __________ grande maison élégante.

6. —__________ homme parle anglais ici?

   —__________ homme élégant, à côté de la porte, parle anglais.

D. Questions sur l'université. Imagine yourself in conversation with someone from another university. What questions with **quel** would you ask to find out the italicized information about student life on the other campus? Use a preposition before **quel** when necessary.

MODÈLE: Nous avons besoin de parler *au prof de géologie.* →
À quel prof avez-vous besoin de parler?

1. Tu vas aimer *le cours d'histoire chinoise.*

   ____

2. Nous visitons la faculté (*department*) des sciences *à midi.*

   ____

3. Les étudiants écoutent *des émissions de radio.*

   ____

4. La bibliothèque se trouve *dans la rue Fantine.*

   ____

5. Les cours favoris de Georges sont *les cours d'informatique et de géographie.*

   ____

6. *Le portable Macintosh* est sur le bureau.

   ____

E. L'appartement parfait? (*The perfect apartment?*) A landlord is trying to convince you to rent a furnished apartment in his apartment building. You are skeptical. Ask the following questions about the apartment in French. Use an interrogative pronoun and/or a demonstrative pronoun in each question.

Ask the landlord…

1. whether this apartment is in a good neighborhood.

   ____

2. what that neighborhood is called.

   ____

3. which rooms need a rug.

   ____

4. on which floor one does the laundry.

   ____

5. which other students live in the building.

   ____

Nom ______________________ Date ____________ Cours ______________

Regards sur la culture

Un appartement en région parisienne

Les invités (*Guests*) ne vont pas généralement dans certaines pièces d'un appartement français.

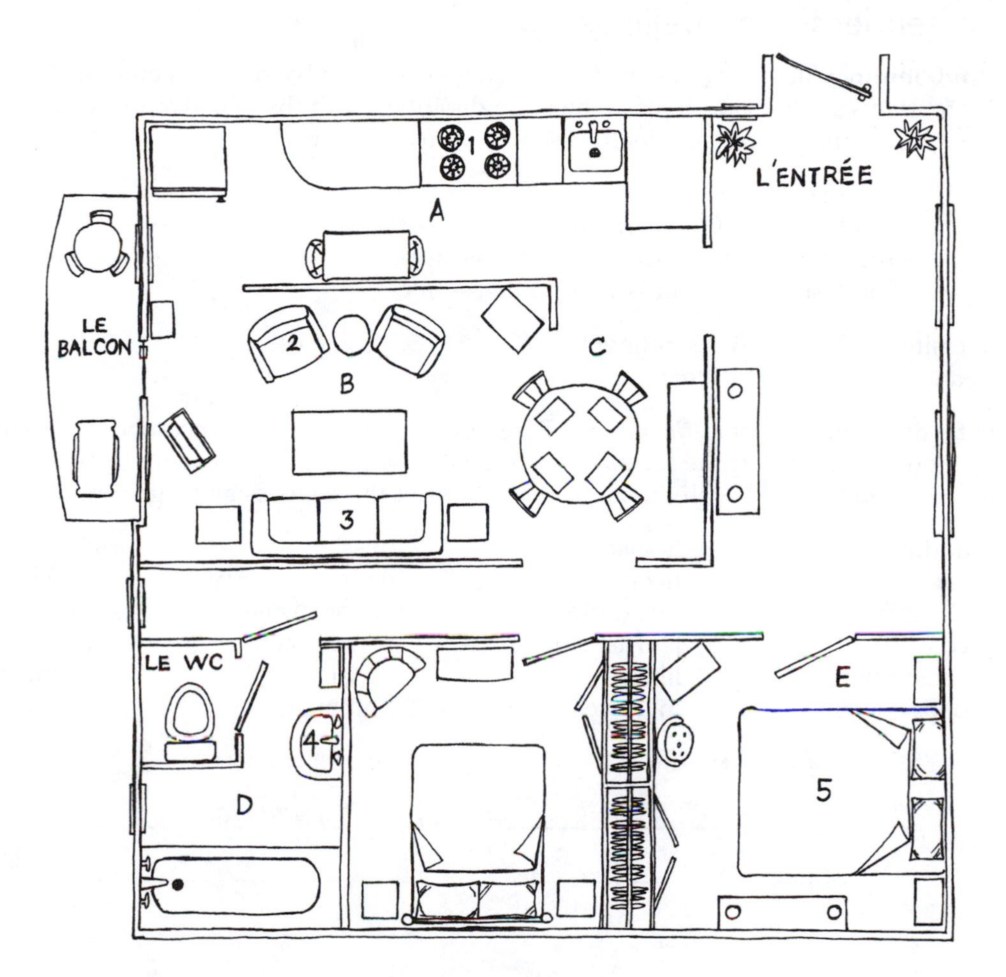

Où vont les invités? (*Where do guests go?*) Write the name of the room or piece of furniture that corresponds to each of the following letters and numbers. Then check **oui** or **non** to indicate whether a guest who is not a close family friend would go into that room or use that piece of furniture. Refer to **Regards sur la culture** on page 121 of the main text if necessary.

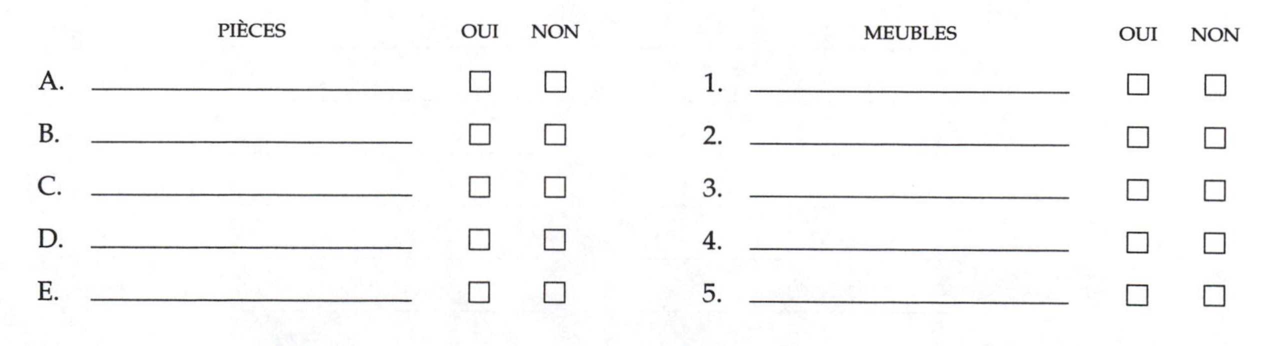

	PIÈCES	OUI	NON		MEUBLES	OUI	NON
A.	____________	☐	☐	1.	____________	☐	☐
B.	____________	☐	☐	2.	____________	☐	☐
C.	____________	☐	☐	3.	____________	☐	☐
D.	____________	☐	☐	4.	____________	☐	☐
E.	____________	☐	☐	5.	____________	☐	☐

Structure 17

Le genre de certains substantifs et quelques pluriels spéciaux

Guessing genders and spellings

A. Masculin/féminin. Guess the gender of the noun given to you based on its ending. Then listen carefully to each sentence, and replace the noun described with the one given to you, making any necessary changes in agreement. Finally, listen to verify your answer.

MODÈLE: You see: émission
You hear: Ce CD est intéressant.
You say: Cette émission est intéressante.
You hear: Cette émission est intéressante.

1. université
2. tableau
3. sentiment
4. nation
5. comédie

B. Faire le tri des noms. (*Sorting the nouns.*) Based on what you have learned about masculine and feminine noun endings, sort the following words into two columns according to gender. Write the definite article (**le, la,** or **l'**) with the noun. *Note*: Most of these words are cognates.

addition	fascisme	mission	tableau
capitalisme	fiction	nation	tragédie
château	intégration	nationalisme	université
comédie	journalisme	ressentiment	vanité
compliment	liberté	révision	visionnement
département	mélodie	sentiment	xénophobie

MASCULIN	FÉMININ
______________	*l'addition*
______________	______________
______________	______________
______________	______________
______________	______________
______________	______________
______________	______________
______________	______________
______________	______________
______________	______________
______________	______________
______________	______________
______________	______________

C. Chez l'antiquaire. (***At the antique dealer's.***) The following sentences were overheard in an antique shop. Rewrite the sentences, putting the italicized nouns into the plural and making all other necessary changes, so that the sentence remains grammatically correct.

MODÈLE: *Cet émail* (*enamel*) chinois est cher.
Ces émaux chinois sont chers.

1. Voulez-vous acheter *un cadeau* (*gift*)?

____

2. *Ce fez* vient du Maroc.

____

3. Attention! *Le bras* (*arm*) de *ce fauteuil* est fragile.

____

4. *Le prix* (*price*) n'est pas exagéré.

____

5. *Ce cristal* de quartz est magnifique, non?

____

6. C'est *un tableau* des années vingt.

____

7. *Le fils* de l'artiste habite à Paris.

____

8. *Quel beau travail*!

____

9. Pardon, madame. Ce n'est pas *un objet d'art*. C'est *le sac à dos* de *mon neveu*!

____

D. La famille Montaigne. Charles Montaigne is describing the members of his large family, many of whom are alike. Create his descriptions from the elements provided. All sentences should express information about more than one family member.

MODÈLE: mon fils / venir / souvent / chez moi →
Mes fils viennent souvent chez moi.

1. mon grand-père / être / riche / intellectuel

____

2. mon neveu / aller / en Angleterre / en août

____

3. le nez (*nose*) Montaigne / être / grand / mais / joli

____

(*continued*)

4. ma petite-fille / habiter / près de / Paris

____

5. l'époux / de / ma sœur / travailler / dans le gouvernement

____

6. le beau-père / de / mon fils / être / diplomate

____

Visionnement 2

Après le visionnement. Thinking about what you've learned about French homes and remembering the scene in Camille's apartment, write **oui** or **non** to tell whether you think Rachid would visit the following rooms if he were to stay for dinner.

1. la salle de bains ____________
2. la salle de séjour ____________
3. la cuisine ____________
4. la chambre ____________
5. la salle à manger ____________

À écrire

Chez moi

You will be lodging a French student in your house or apartment during the academic year. You need to write him/her a letter describing how the room is furnished, the times of your comings and goings, and how you will divide up the household chores.

Step 1. Draw a simple layout of your house or apartment to show the location of the room you will be offering to the French student. Then draw and label the various pieces of furniture in the room so the student will know what to expect.

Step 2. Write out your own schedule, listing the times and names of your activities, classes, job, and so on.

Emploi du temps

______________ ______________ ______________

______________ ______________ ______________

______________ ______________ ______________

______________ ______________ ______________

Step 3. List the household chores you would be sharing with the French student.

______________ ______________

______________ ______________

______________ ______________

Step 4. Now write your letter. Begin with **Cher/Chère** and the name of the student (invent the name). End with **Amicalement** (*Warmly*). Write your letter based on what you wrote in Steps 1–3.

MODÈLE: Chère Diane,

Bonjour des États-Unis! Je vais vous parler (*I'm going to tell you*) de votre chambre et d'autres détails importants chez moi. Dans votre chambre, il y a un lit à côté de la fenêtre, une chaîne stéréo sur la table en face de la porte et…

Step 5. When you have finished your letter, read over your work and look for errors in spelling, punctuation, grammar (for example, agreement of subject and verb, agreement of noun and adjective), and vocabulary. If you find any errors, correct them.

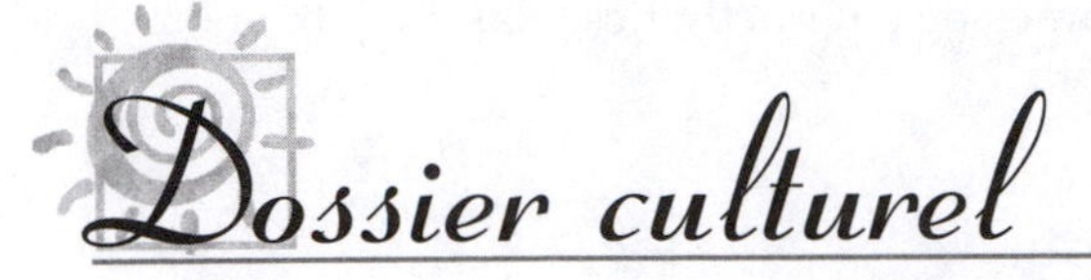

Dossier culturel

A. Louer un appartement. (***Renting an apartment.***) Go to **www.mhhe.com/debuts2** for links to sites where you can see apartments for rent. Find one you would like. Create and complete a chart such as the following to report information about it. Then, compare it to a similar apartment you could rent in your own town or city. Finally, decide which apartment you would prefer and explain why.

	APPARTEMENT FRANÇAIS	APPARTEMENT CHEZ MOI
superficie[a] (m^2)		
nombre de pièces		
loyer[b]		
zone géographique ou accès[c]		
autres informations		

[a]*area (in square meters)* [b]*rent* (1,00 € ≈ $1.20 US ≈ $1.43 CA; $1.00 US ≈ 0,83 €; $1.00 CA ≈ 0,70 €)
[c]*access to transportation*

B. Le quartier de chez Camille. Use printed resources or links at **www.mhhe.com/debuts2** to learn more about various parks and sites in Camille's neighborhood. For each of the following attractions, report at least two pieces of information that are not mentioned in your textbook. You might tell about the history of the site, the site's uses thoughout the years, or something about the site in the present day. Provide illustrations when possible.

1. les jardins du Trocadéro
2. les jardins du Champ de Mars
3. l'École militaire
4. les Invalides

Bonjour, grand-père!

Vocabulaire en contexte

La mode

A. C'est vrai ou c'est faux? Answer each question based on the clothing image you see. If the identification is correct, say **Oui, c'est ça**, and repeat the statement. If it is incorrect, say **Non**, negate the statement, and then correct it. Then, listen to verify your answer.

MODÈLE: You see:

You hear: Ce sont des chaussettes, n'est-ce pas?
You say: Non, ce ne sont pas des chaussettes. Ce sont des chaussures.
You hear: Non, ce ne sont pas des chaussettes. Ce sont des chaussures.

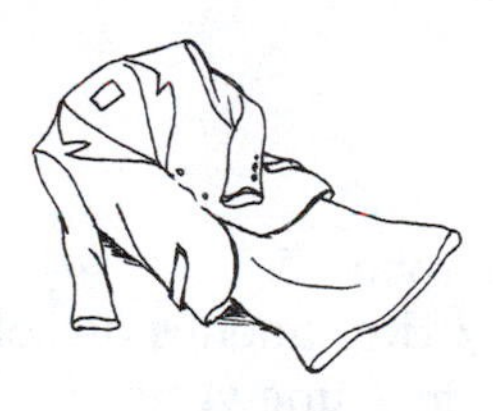
1.

2.

3.

4.

5.

6.

7.

8.

9.

B. Un catalogue. Reorganize the following clothing vocabulary into appropriate lists for an online clothing catalogue. Be sure to use all the words. Some words can be used more than once.

Vocabulaire utile: bottes, bracelets, ceintures, chapeaux, chaussettes, chaussures de tennis, chemises, chemisiers, costumes, cravates, écharpes, foulards, jeans, jupes, lunettes de soleil, maillots de bain, manteaux, pulls, robes, sandales, shorts, sous-vêtements (*underwear*), sweats, tailleurs, tee-shirts, vestes, vêtements de ski

MODE FEMME	MODE HOMME	MODE ENFANT
____________	____________	____________
____________	____________	____________
____________	____________	____________
____________	____________	____________
____________	____________	____________
____________	____________	____________

VÊTEMENTS DE SPORT	CHAUSSURES	ACCESSOIRES
____________	____________	____________
____________	____________	____________
____________	____________	____________
____________	____________	____________
____________	____________	____________
____________	____________	____________

C. Qu'est-ce qu'on porte? (*What does one wear?*) Listen to the following questions about clothing and select which item(s) would most likely be worn. Then, listen to verify your answer.

MODÈLE: You hear: Quand on a très chaud, qu'est-ce qu'on porte?
You see: un tee-shirt / un manteau
You say: On porte un tee-shirt.
You hear: On porte un tee-shirt.

1. un tee-shirt / un costume et une cravate
2. une ceinture / une jupe
3. un short / un tailleur
4. un foulard / une cravate
5. des lunettes de soleil / une cravate
6. une veste / une robe
7. des chaussures / des lunettes de soleil
8. un maillot de bain / une veste
9. des vêtements élégants / un jean et un tee-shirt

D. Dans ma valise. Which articles of clothing are you likely to place in your suitcase for a weekend in the following places? What other items will you need? What items won't you need? Which item do you never forget to pack? How many of each item are you likely to have? Explain briefly an activity you may do that will require the specific clothes you have packed.

MODÈLE: un week-end chez mon ami (dans sa chambre universitaire) →
Dans ma valise, il y a un jean, deux pull-overs, des tennis. Il y a aussi des livres et je n'oublie jamais mon frisbee. Je n'ai pas besoin de foulard, de tailleur ou de lunettes de soleil. Nous allons aller au cinéma et au centre sportif.

1. un week-end dans les Alpes au mois de janvier

2. un week-end très calme dans un centre de thalasso (*spa*) en Californie

3. un week-end élégant à New York

Les couleurs

A. De quelle couleur? Create a new sentence by replacing the subject in the sentence you hear with the one you see. Make any necessary changes in agreement.

MODÈLE: You hear: Ce tailleur est bleu.
You see: chemise
You write: Cette chemise est bleue.

1. chaussettes ______________________
2. ceinture ______________________
3. robe ______________________
4. tee-shirt ______________________
5. chaussures ______________________
6. foulard ______________________
7. lunettes ______________________
8. vêtements de tennis ______________________

B. Les couleurs de tous les jours. Fill in the blanks with the most logical color, making any necessary agreements in gender and/or number. When a color is used as a noun, as in items 7–10, it is masculine.

1. Pour un mariage traditionnel aux États-Unis, la femme porte une robe ______________ et le mari porte un costume ______________.
2. Paul est très, très timide. Il devient très ______________ quand on parle avec lui.
3. Comme le drapeau américain, le drapeau français est ______________, ______________ et ______________.
4. Les étudiants font souvent leurs devoirs avec des stylos ______________ ou ______________, mais les profs font des corrections avec des stylos ______________.
5. Le ciel (*sky*) est ______________ et le soleil (*sun*) est ______________.
6. J'aime le café ______________, sans crème.
7. J'adore les films en noir et ______________ des années 1930 à 1940.
8. Les couleurs primaires sont le rouge, le bleu et le ______________.
9. Les ______________ sont un parti politique qui désire la protection de l'environnement.
10. Selon la tradition, les petites filles (*girls*) adorent le ______________ et les garçons adorent le bleu-clair. Mais ce n'est pas toujours vrai!

Dans un grand magasin

A. Comment Ahmed paie-t-il? Ahmed has a very rigid system of payment for the purchases he makes. Describe how Ahmed will pay for each of the items he will buy based on how much it costs. Then, listen to verify your answer.

0–19 euros	→	espèces
20–49 euros	→	chèque
50–99 euros	→	carte bancaire
100+ euros	→	carte de crédit

MODÈLE: You hear: Ce pull-over coûte 50 euros.
You say: Ahmed va payer par carte bancaire.
You hear: Ahmed va payer par carte bancaire.

1. … 2. … 3. … 4. … 5. … 6. … 7. …

B. Au magasin. Create complete sentences about a department store, using elements from the following columns. Be sure to use each element at least once.

l'argent	ne pas accepter	avec cette jolie robe
la caisse	aller bien	au rez-de-chaussée
les chemises d'hommes	être	en espèces
cette cliente	payer	des cartes de crédit
ce foulard	travailler	dans ce grand magasin
les jupes	se trouver	dans la caisse
on		dans le rayon mode femmes
ces vendeurs et vendeuses		dans le rayon mode hommes
VISA et MasterCard		les chèques

MODÈLE: L'argent est dans la caisse.

1. ______________________
2. ______________________
3. ______________________
4. ______________________
5. ______________________
6. ______________________
7. ______________________
8. ______________________
9. ______________________

Visionnement 1

A. Dans le film. Based on what you've seen in the film, write the name of the character (Camille, Rachid, Bruno, or Martine) who is best described by each of the following statements.

1. Cette personne panique parce que Camille n'est pas là. ______________
2. Cette personne veut (*wants*) calmer Bruno avant (*before*) l'émission. ______________
3. Cette personne explique que (*explains that*) la mode est chère. ______________
4. Cette personne trouve une photo dans un livre. ______________
5. Cette personne ne veut pas parler de sa famille. ______________

B. À propos des personnages

Step 1. Based on your sense of Camille's character, complete each sentence by circling what you think is the most appropriate choice.

1. Camille a beaucoup _____
   a. de problèmes b. d'énergie c. d'enfants
2. _____ pensent que Camille est opportuniste.
   a. Tous (*All*) ses collègues b. Les gens de sa famille c. Certains employés de Canal 7
3. Camille va avoir du succès comme (*as*) _____
   a. professeur b. actrice c. journaliste
4. Camille est _____ au travail.
   a. agressive b. passive c. calme
5. Avant de travailler à Canal 7, Camille travaille _____
   a. à la télévision b. à la radio c. dans une école
6. Dans sa vie personnelle, Camille est _____
   a. agressive b. réservée c. dynamique
7. _____ de Mado est un problème pour Camille.
   a. Le silence b. La passion c. L'amour

Step 2. Now listen to a passage about Camille's life.

Camille Leclair est une jeune[1] femme dynamique et active. À Canal 7, tout le monde trouve qu'elle est très professionnelle, et de nombreuses personnes la trouvent[2] sympathique. D'autres la trouvent un peu[3] opportuniste. En tout cas,[4] sa carrière de journaliste avance bien.

Camille a une stratégie pour sa vie[5] professionnelle; c'est l'attaque. C'est une collègue de travail agréable, mais elle a vraiment[6] envie d'être la meilleure.[7] Lors de[8] ses études de journalisme et de son premier travail pour un journal-radio des étudiants, elle travaille énormément.[9] À Radio Nova (une station professionnelle importante), elle a beaucoup de[10] succès. Elle a beaucoup de talent et elle présente clairement[11] l'information au public. Il n'est donc pas étonnant[12] que quand Canal 7 lance «Bonjour!», Bruno recommande Camille à Martine. Canal 7 est très content de son succès, et Camille trouve beaucoup de satisfaction dans son travail de journaliste à la télévision.

Mais du point de vue personnel, c'est un peu différent. Camille est assez[13] réservée, presque[14] timide. Elle ne parle pas beaucoup d'elle-même[15] et elle ne parle pas de sa famille. Elle est souvent frustrée[16] par le silence de sa mère parce que Mado ne parle jamais du grand-père de Camille. Camille pense tout le temps[17] au secret de sa famille. Un jour, elle regarde la photo de sa grand-mère et elle voit à l'arrière-plan,[18] sur la cheminée, la photo de mariage de Louise et d'Antoine. Avec son ordinateur, elle agrandit[19] l'image du jeune homme. Super! Maintenant, elle a une photo de son grand-père et elle espère apprendre quelque chose.[20]

[1]*young* [2]la... *find her* [3]un... *a little* [4]En... *In any case* [5]*life* [6]*really* [7]la... *the best* [8]Lors... *At the time of* [9]*a lot* [10]beaucoup... *much* [11]*clearly* [12]Il... *So it's not suprising* [13]*rather* [14]*almost* [15]*herself* [16]*frustrated* [17]tout... *all the time* [18]voit... *sees in the background* [19]*enlarges* [20]espère... *hopes to learn something*

Step 3. Now return to your answers in Step 1, and make any necessary changes based on what you learned in the passage.

C. Vous avez compris? Based on what you heard and read in the passage in Exercise B, decide whether each statement you hear applies to Camille's professional life or to her private life. Circle the appropriate response.

MODÈLE: You hear: Camille fait des études de journalisme.
You choose: la vie professionnelle

1. la vie professionnelle — la vie privée
2. la vie professionnelle — la vie privée
3. la vie professionnelle — la vie privée
4. la vie professionnelle — la vie privée
5. la vie professionnelle — la vie privée

Prononciation et orthographe

Les voyelles /ø/ et /œ/

La voyelle /ø/

The vowel sound /ø/ has no equivalent in English. To pronounce it properly, round your lips as if you were going to say /o/, but instead say /e/. The sound produced will be /ø/. This sound occurs almost exclusively in open syllables (where the vowel sound is the last sound); but a few exceptions occur in closed syllables (where the syllable ends with a consonant sound). Listen and repeat.

	feu /fø/	il **peut** /pø/	
but also:	**feu**tre /føtʀə/	**neu**tre /nøtʀə/	vend**eu**se /vɑ̃døz/

Notice that the sound is spelled as **eu**. As you will see, however, the **eu** combination can also be pronounced as /œ/.

La voyelle /œ/

There is also no English equivalent for the vowel sound /œ/. To pronounce it properly, round your lips and say /ɛ/. The sound produced will be /œ/. Listen and repeat.

ils **peu**vent ils **veu**lent **beu**rre c**œu**r s**œu**r

Notice that this sound can be spelled as **eu** or as **œu**. It is produced in closed syllables.

Note: **œuf** (*egg*) and **bœuf** (*ox, beef*) are two exceptional words when it comes to the use of the vowels /ø/ and /œ/. In the singular, the vowel sound is pronounced /œ/ for both of them. However, in the plural, the vowel sound becomes /ø/, *and* the final consonant is silent. Listen and repeat:

/œf/	→	/ø/	/bœf/	→	/bø/
un **œuf**		des **œu**fs	un b**œuf**		des b**œu**fs

A. Quelle voyelle? Listen to each of the following words and circle the sound you hear for the highlighted letters. Is it /ø/ or /œ/?

1.	taill**eur**	/ø/	/œ/	6.	m**eu**ble	/ø/	/œ/
2.	bl**eu**	/ø/	/œ/	7.	qu**eue**	/ø/	/œ/
3.	vend**eur**	/ø/	/œ/	8.	vend**eu**se	/ø/	/œ/
4.	h**eu**re	/ø/	/œ/	9.	banli**eue**	/ø/	/œ/
5.	v**eu**f	/ø/	/œ/	10.	ordinat**eur**	/ø/	/œ/

B. Répétez. Listen and repeat the following pairs of words after the speaker. The first word contains the /ø/ sound, the second the /œ/ sound.

1. vendeuse / vendeur
2. peu / peuvent
3. jeu / jeune
4. feu / fleur
5. veut / veulent

Structure 18

Les verbes *pouvoir* et *vouloir*

Expressing ability and what you want

A. Prononciation. The forms of the verbs **pouvoir** and **vouloir** are irregular, but they are similar to each other. Listen and repeat the conjugation of **pouvoir**, trying to pronounce each form as much like the speaker as possible.

je peux	nous pouvons
tu peux	vous pouvez
il peut	ils peuvent
elle peut	elles peuvent
on peut	

Now listen and repeat the conjugation of **vouloir**. Notice how the singular forms rhyme with the singular forms of **pouvoir**.

je veux	nous voulons
tu veux	vous voulez
il veut	ils veulent
elle veut	elles veulent
on veut	

For each verb, notice how the singular forms all sound the same.

For **pouvoir**, that sound is /pø/. Repeat.

je peux   il peut

For **vouloir** it is /vø/. Repeat.

tu veux   elle veut

You must pay attention to the pronoun, since it clarifies which person the speaker is talking about.

Notice too that you can differentiate between the singular **il/elle** form and the plural **ils/elles** form by listening for the final sound in the verb. The singular form ends with a vowel sound; the plural has a final consonant sound. Listen and repeat.

il peut	ils peuvent
elle veut	elles veulent

What are the final consonant sounds in the plural forms? In **ils peuvent** and **elles peuvent**, the final consonant sound is /v/. In **ils veulent** and **elles veulent**, it is /l/.

Finally, notice that the vowel sound in the **nous** and **vous** forms differs completely from the vowel sounds in the other forms. Instead of /ø/ or/œ/, it is /u/. Listen and repeat.

je peux	tu peux	il peut	elles peuvent
but: nous pouvons	vous pouvez		
je veux	tu veux	elle veut	ils veulent
but: nous voulons	vous voulez		

Now listen to each sentence and repeat it aloud. Then circle the verb form you hear. Pay attention to both the pronoun and the verb. You will hear each sentence twice.

1. pouvez   voulez
2. peut   peux
3. veut   veux
4. pouvez   voulez
5. veulent   veut
6. pouvons   voulons
7. veut   veux
8. peut   peuvent
9. veux   veut
10. peut   peuvent

B. L'agence de voyages. State the date when each person wants to take a trip. Then, listen to verify your answer.

MODÈLE: You see: le 23 mai
You hear: Tu vas en France.
You say: Tu veux voyager le vingt-trois mai.
You hear: Tu veux voyager le vingt-trois mai.

1. le 1er novembre
2. demain
3. le 4 juin
4. le 11 mars
5. jeudi
6. le 20 août
7. cette semaine

C. Vouloir, c'est pouvoir? Listen to what the following people *want* to do. Then, say that they *cannot* do what they want. Finally, listen to verify your answer.

MODÈLE: You hear: Les vendeurs veulent accepter cette carte bancaire.
You say: Mais ils ne peuvent pas accepter cette carte bancaire.
You hear: Mais ils ne peuvent pas accepter cette carte bancaire.

1. … 2. … 3. … 4. … 5. … 6. … 7. … 8. …

D. Pourquoi va-t-on… ? Create sentences describing why these people are going or not going to certain places. Finish each sentence with **vouloir** or **ne pas vouloir** and one of the phrases in the vocabulary list. *Note:* One item will not be used.

Vocabulaire utile: de l'argent, donner leurs devoirs au prof, une écharpe violette, faire du tennis, faire la vaisselle, un maillot de bain, payer, regarder un film, visiter la Grande Muraille (*Great Wall*)

MODÈLE: Jean-Paul va au supermarché parce qu'il veut faire les courses.

1. Je vais à la banque parce que je ______________________
____
2. Nous allons en Chine parce que nous ______________________
____
3. Les enfants ne vont pas dans la cuisine parce qu'ils ______________________
____
4. Ta cousine va au grand magasin parce qu'elle ______________________
____
5. Les étudiants vont au cours de sciences parce qu'ils ______________________
____
6. Tu vas au cinéma parce que tu ______________________
____
7. Vous allez au centre sportif parce que vous ______________________
____
8. Le client va à la caisse parce qu'il ______________________
____

E. Le Chemin du retour. Based on what you have seen in the film, form logical, grammatically correct sentences using the following elements.

MODÈLE: Yasmine / ne pas vouloir / aller à l'école →
Yasmine ne veut pas aller à l'école.

1. Bruno / ne pas vouloir / porter un béret
____
2. Bruno et Camille / vouloir / parler du pain français avec M. Liégeois
____

(*continued*)

3. Bruno et Hélène / vouloir / aller au café

____

4. Sonia Bouhazid / vouloir / habiter à Marseille

____

5. Rachid / pouvoir / manger du porc / mais / il / ne pas vouloir

____

6. Mado / ne pas pouvoir / faire / le code de son appartement

____

7. Mado / demander (*to ask*) / à Rachid / s'il (*if he*) / vouloir / dîner / avec elles

____

8. Rachid / regretter / mais / il / ne pas pouvoir / dîner / avec elles / ce soir

____

F. Si on veut, on peut. Complete the following sentences using the correct forms of either **vouloir** or **pouvoir**. Remember to use the polite form, **je voudrais**, where appropriate.

1. —Que ______________ dire le mot (*word*) «copain»?

   —Un copain est un camarade.

2. Nous ______________ bien faire la vaisselle, maman, mais nous ne ______________ pas ce soir—nous avons besoin de faire nos devoirs.

3. Est-ce que tu ______________ le pull jaune ou le pull violet?

4. Les élèves ne ______________ pas aller au cinéma sans la maîtresse; ils sont trop jeunes (*too young*)!

5. —Je n'ai pas la permission de sortir (*go out*) demain.

   —Ah bon? Tu ne ______________ même (*even*) pas venir chez moi?

6. Ces deux vendeuses ne ______________ plus travailler dans le rayon mode hommes; elles préfèrent le rayon mode femmes.

7. Pardon, monsieur. Je ______________ aller à la rue Saint Jacques. Est-ce que vous ______________ me dire (*tell me*) où elle se trouve?

G. Janine ne fait pas le ménage. You live with Janine, who is a very messy person. Using complete sentences, write what you would say in the following circumstances.

1. Politely tell Janine that you would like to live in a cleaner (**plus propre**) apartment. ______________

   ____

2. Explain that your friends no longer want to come to your home. ______________

   ____

3. Tell her you can never find your shoes. ______

______

4. Tell her you are willing to cook if she is willing to make her bed. ______

______

5. Ask Janine if she can do the dishes tonight. ______

______

Structure 19

Les verbes avec changement d'orthographe

Talking about everyday activities

A. **Prononciation.** For each model verb in this section, repeat the conjugation after the speaker.

Because **c** before **a, o**, and **u** has a *hard c* or /k/ sound, verbs like **commencer** add a cedilla to the second **c** in the **nous** form to reflect the *soft c* or /s/ sound in the spoken verb. Listen and repeat, paying attention to the difference between the sound of the **c** at the beginning (before an **o**) and the **c** or **ç** before the verb ending.

je commence	nous commen**ç**ons
tu commences	vous commencez
il commence	ils commencent
elle commence	elles commencent
on commence	

Similarly, because **g** before **a, o**, and **u** has a *hard g* or /g/ sound, verbs like **manger** add an **e** after the **g** in the **nous** form to reflect the *soft g* or /ʒ/ sound in the spoken verb. Listen and repeat.

je mange	nous man**ge**ons
tu manges	vous mangez
il mange	ils mangent
elle mange	elles mangent
on mange	

In the other verbs presented in this section, the spelling changes occur in all forms in which the ending itself is silent. In these forms, the spelling change reflects a modification to the sound of the *final vowel in the verb stem.* Listen to each conjugation and repeat, paying attention to the sound of the verb stem's final vowel in each form.

je préf**è**re	je pa**i**e	j'ach**è**te
tu préf**è**res	tu pa**i**es	tu ach**è**tes
il préf**è**re	il pa**i**e	il ach**è**te
elle préf**è**re	elle pa**i**e	elle ach**è**te
on préf**è**re	on pa**i**e	on ach**è**te
nous préférons	nous payons	nous achetons
vous préférez	vous payez	vous achetez
ils préf**è**rent	ils pa**i**ent	ils ach**è**tent
elles préf**è**rent	elles pa**i**ent	elles ach**è**tent

With **appeler**, the vowel itself is not spelled differently, but doubling the **l** changes the sound of the **e** in the verb stem. Listen and repeat.

j'appelle	nous appelons
tu appelles	vous appelez
il appelle	ils appellent
elle appelle	elles appellent
on appelle	

Finally, notice that since the endings of the **il/elle** and **ils/elles** forms are silent, the verb forms sound the same. You can tell the difference between the singular and plural forms only by paying attention to context or by hearing the linking of the final **-s** of the plural pronoun to the first part of a verb that begins with a vowel. Listen and repeat.

il appelle	ils‿/z/appellent
elle envoie	elles‿/z/envoient

Now listen to each sentence and repeat it aloud. Then circle the verb form you hear. Pay attention to both the pronoun and the verb. If the verb could be either form, circle **tous les deux** (*both*). You will hear each sentence twice.

1. achètent — achète — tous les deux
2. appelle — appelez — tous les deux
3. changent — change — tous les deux
4. commençons — commencent — tous les deux
5. envoies — envoie — tous les deux
6. espèrent — espère — tous les deux
7. essaie — essaient — tous les deux
8. partageons — partagez — tous les deux

B. Préférer, etc. Listen to the following sentences. Then modify each one using the new subject pronoun provided. Be careful to make the necessary adjustments in pronunciation. Finally, listen to verify your answer.

MODÈLE: You hear: Nous préférons porter un chapeau.
You see: ils
You say: Ils préfèrent porter un chapeau.
You hear: Ils préfèrent porter un chapeau.

1. vous
2. tu
3. je
4. elle
5. vous
6. tout le monde
7. nous
8. on
9. nous
10. je

C. Attention à l'orthographe. Fill in the blank with the correct spelling of the verb you hear. You will hear each sentence twice.

MODÈLE: You see: Nous _____ un taxi.
You hear: Nous partageons un taxi.
You write: partageons

1. Tu ______________________ par carte de crédit.
2. Ils ______________________ la question.

3. Elle ____________________ devenir professeur.
4. On ____________________ vingt personnes.
5. Nous ____________________ les enfants.
6. Nous ____________________ à 10 h.
7. Je m'____________________ Christiane.
8. Ils ____________________ un chapeau.
9. Tu ____________________ une carte postale.
10. Vous ____________________ le foulard gris?

D. Au grand magasin. Fill in the blank with the correct form of the stem-change verb in parentheses.

1. Au grand magasin, nous ____________________ (commencer) au rayon mode femmes. Nous ____________________ (acheter) un manteau noir.
2. Mes amis ____________________ (préférer) le grand magasin Monoprix. Ils ____________________ (appeler) pour demander l'heure d'ouverture (*opening*).
3. Vous ____________________ (acheter) ce pull jaune? Et comment voulez-vous ____________________ (payer)?
4. J'____________________ (essayer) toujours de payer en espèces mais mon mari ____________________ (employer) souvent sa carte bancaire.
5. Nous ____________________ (manger) souvent au restaurant du grand magasin. Nous ____________________ (partager) un sandwich ou une pizza.
6. Cette compagnie ____________________ (lancer) une nouvelle (*new*) collection de vêtements d'hommes.
7. Ces magasins ____________________ (envoyer) des catalogues à leurs clients.
8. Ce vendeur ____________________ (encourager) ses clients à payer par carte de crédit.
9. Tu ____________________ (appeler) une vendeuse à Prisunic.
10. Tu ____________________ (espérer) trouver de jolies écharpes dans cette boutique?

E. La famille moderne. Fill in each blank with the correct form of the most appropriate verb. Use each verb only once. *Note*: One verb will not be used.

1. Je ne suis pas mariée. Je ____________________ vivre (*to live*) en union libre avec mon copain, Xavier. Nous ____________________ les responsabilités du ménage et nous ____________________ d'être toujours gentils et patients.

(*continued*)

Vocabulaire utile: appeler, employer, encourager, envoyer, espérer, essayer, lancer, manger, partager, payer, préférer, voyager

2. Mon beau-frère ________________ souvent en Europe et en Afrique avec sa femme.
3. Les adolescents aujourd'hui ont souvent des cartes de crédit. C'est vrai! Ils ________________ tout (*everything*) par Visa!
4. Ma sœur n'aime pas faire la cuisine. Elle ________________ souvent son four à micro-ondes.
5. Mme et M. Lévêque ________________ leurs enfants dans une école très chère en Angleterre.
6. Le week-end, ma femme et moi, nous faisons la grasse matinée (*sleep in*) et nous ________________ des croissants au lit.
7. J'________________ ma grand-mère souvent au téléphone parce qu'elle est veuve et qu'elle habite loin de chez moi.
8. Dans cette agence, nous ________________ l'adoption pour des couples qui (*who*) ________________ devenir parents.

F. **Mme Leclerc, la vendeuse.** Ask Mme Leclerc the following questions about her job at a big department store. Use the formal **vous** form with her. Give possible answers to her questions as well.

1. Ask at what time she begins work on Tuesdays.

   VOUS: ________________________________

   MME LECLERC: ________________________________

2. Ask if she hopes to find another job (**travail**).

   VOUS: ________________________________

   MME LECLERC: ________________________________

3. Ask if her customers pay in cash or with a credit card.

   VOUS: ________________________________

   MME LECLERC: ________________________________

4. Ask where she eats with the other salespeople.

   VOUS: ________________________________

   MME LECLERC: ________________________________

5. Ask if she buys her clothes in this store.

   VOUS: ________________________________

   MME LECLERC: ________________________________

Nom ______________________ Date ______________ Cours ______________

Regards sur la culture

La mode

La mode est très importante pour les Français, même les enfants.

A Le pull brodé		B Le pull orange		C Le pantalon velours		D La robe à fleurs	
86	30,34 €	86	16,62 €	86	22,71 €	86	34,30 €
94, 102	32,78 €	94, 102	18,29 €	94, 102	24,39 €	94, 102	36,59 €
108, 114	35,06 €	108, 114	19,82 €	108, 114	25,92 €	108, 114	38,87 €
126	37,35 €	126	21,34 €	126	27,44 €	126	41,16 €
138	39,64 €	138	22,87 €	138	28,97 €	138	43,45 €
150	41,92 €	150	24,39 €	150	30,49 €	150	45,73 €

Les vêtements d'enfants sont adorables, n'est-ce pas? Mais pensez-vous que ces vêtements coûtent trop cher (*cost too much*)? Et vos vêtements préférés, coûtent-ils cher?

Vêtements pour les enfants. Mme Rey is ordering clothes for her family. Paul is 94 cm tall, Daniel is 150 cm, Annick is 86 cm, and Aline is 126 cm. Look at the catalogue listings below and decide how much Mme Rey must pay for the following clothing items for each child. How much must she pay in all?

A Le pull brodé		**B** Le pull orange		**C** Le pantalon velours		**D** La robe à fleurs	
86 cm	**30,34 €**	86 cm	**16,62 €**	86 cm	**22,71 €**	86 cm	**34,30 €**
94, 102 cm	**32,78 €**	94, 102 cm	**18,29 €**	94, 102 cm	**24,39 €**	94, 102 cm	**36,59 €**
108, 114 cm	**35,06 €**	108, 114 cm	**19,82 €**	108, 114 cm	**25,92 €**	108, 114 cm	**38,87 €**
126 cm	**37,35 €**	126 cm	**21,34 €**	126 cm	**27,44 €**	126 cm	**41,16 €**
138 cm	**39,64 €**	138 cm	**22,87 €**	138 cm	**28,97 €**	138 cm	**43,45 €**
150 cm	**41,98 €**	150 cm	**24,39 €**	150 cm	**30,49 €**	150 cm	**45,73 €**

Paul: le pantalon ____________ €

le pull orange ____________ € Total pour Paul ____________ €

Daniel: le pantalon ____________ €

le pull orange ____________ € Total pour Daniel ____________ €

Annick: le pull brodé ____________ € Total pour Annick ____________ €

Aline: la robe à fleurs ____________ € Total pour Aline ____________ €

Total à payer au magasin Vertbaudet ____________ €

Structure 20

Les pronoms interrogatifs

Asking questions

A. Personne ou chose? Listen to each question. Then circle the most logical response. You will hear each question twice.

MODÈLE: You hear: Qu'est-ce que vous employez pour préparer votre dîner?
You see: mon ami mon four à micro-ondes
You circle: mon ami (mon four à micro-ondes)

1. aux profs au tableau
2. Mme Simon l'écharpe
3. un livre elle chante (*sings*)
4. cet homme cet appartement
5. avec son fils avec un pull-over jaune
6. les clients les chèques
7. du journaliste de la photo

B. ***Qui, que* ou *quoi?*** Read each question, then listen to the answer. You will hear each answer twice. Write the missing interrogative pronoun (and a preposition if necessary) into the question.

MODÈLE: You see: ____ est-ce que tu fais?
You hear: Je parle avec Chantal.
You write: Qu' est-ce que tu fais?

1. ____________ est-ce qu'ils cherchent, ces clients?
2. ____________ travaille à la caisse?
3. ____________ est-ce que vous encouragez?
4. ____________ est-ce qu'elle a peur?
5. ____________ visitons-nous?
6. ____________ n'est pas là?
7. ____________ veut dire «pays» en anglais?
8. ____________ est-ce que tu aimes?

C. **Un dîner entre amis.** Using an interrogative pronoun (and a preposition if necessary), ask the question that is answered by the word or phrase in parentheses.

MODÈLE: De quoi avons-nous besoin? (d'un grand appartement)

1. ____________ est-ce que nous allons dîner? (chez moi)
2. ____________ va faire la cuisine? (Catherine et Jean-Claude)
3. ____________ est-ce que nous allons manger? (une pizza)
4. ____________ allons-nous téléphoner? (à tout le monde)
5. ____________ est-ce l'anniversaire? (de Fabrice)
6. ____________ achetons-nous à (*for*) Fabrice? (un pull-over noir)
7. ____________ est-ce que vous venez de faire? (les courses)
8. ____________ avez-vous peur? (d'être en retard)
9. ____________ va faire la fête? (nous)
10. ____________ est-ce qu'il y a dans le frigo? (du champagne)

D. **Le week-end de Mme Arène.** Mme Arène is describing her weekend to you. Ask her to repeat what she says by posing a question that will prompt her to repeat the italicized portion of her statement. If necessary, begin your question with a preposition.

MODÈLE: Je travaille dans le jardin *avec mon mari.* →
Avec qui travaillez-vous? (Avec qui est-ce que vous travaillez?)

1. Je regarde *mon émission préférée* à la télévision.

   ____

2. Je téléphone *à mes petits-enfants.*

   ____

(*continued*)

3. *Il* est adorable, *mon petit-fils.*

____

4. Nous parlons *de notre voyage en octobre.*

____

5. *Mon mari* fait la cuisine.

____

6. Je porte *un jean et un sweat.*

____

7. Je préfère *être chez moi.*

____

8. Je fais la connaissance *de notre voisine* (*neighbor*).

____

E. Questions sur le film. Your classmate has several questions about the characters in the film *Le Chemin du retour.* Write his questions in French using the appropriate interrogative pronoun (and preposition if necessary). Then answer the questions.

MODÈLE: He wants to know what Yasmine is afraid of. →
SA QUESTION: De quoi Yasmine a-t-elle peur? (De quoi est-ce que Yasmine a peur?)
VOTRE RÉPONSE: Elle a peur de sa nouvelle école. (Elle a peur de ne pas voir [*of not seeing*] sa maman.)

1. He doesn't remember who Mado is.

SA QUESTION: ____

VOTRE RÉPONSE: ____

2. He wants to know what Rachid eats in Canal 7's restaurant.

SA QUESTION: ____

VOTRE RÉPONSE: ____

3. He wants to know what Sonia wants.

SA QUESTION: ____

VOTRE RÉPONSE: ____

4. He doesn't remember with whom Yasmine goes home after school.

SA QUESTION: ____

VOTRE RÉPONSE: ____

5. He wants to know whom you like in the film.

SA QUESTION: ____

VOTRE RÉPONSE: ____

Visionnement 2

Après le visionnement. Think about the cultural information in this chapter and in Episode 6, and study the photo. Imagine the questions that would elicit the following responses. Pay special attention to the words in italics to help you formulate your questions.

1. ____

   Bruno porte un costume *parce qu'il travaille devant les caméras.*

2. ____

   Camille porte *une robe spéciale* aujourd'hui pour l'émission.

3. ____

   Rachid ne porte pas de costume.

4. ____

   Il y a *un chapeau* sur le plateau pendant (*during*) l'émission sur la mode.

5. ____

   Camille et Bruno parlent *de la mode* pendant cette émission.

À écrire

La mode et la vie

Think about the role that clothing and fashion play in your life.

Step 1. Plan the vocabulary you will need by listing words in each category.

Les vêtements que je porte souvent: ______________________________

____

Les vêtements que je porte rarement: ______________________________

____

Vêtements de sport: ______________________________

____

Vêtements habillés (*dressy*): ______________________________

____

Les couleurs que j'aime porter: ______________________________

____

Les couleurs que je n'aime pas porter: ______________________________

____

Adjectifs pour décrire la mode: original, conformiste, ______________________________

____

Step 2. Explore the topic further by reading the following questions, adding others if you wish. Then, place numerals before each item to represent the order in which you plan to answer the questions. You may take notes on your planned answers.

____ Est-ce que j'achète souvent des vêtements? de temps en temps (*from time to time*)? rarement?

____ Quels vêtements est-ce que j'aime porter?

____ Quels vêtements est-ce que je n'aime pas porter?

____ Est-ce que mon choix (*choice*) de vêtement reflète mon état d'esprit (*mood*)? Par exemple, est-ce que je porte des couleurs vives quand je suis heureux/euse? des couleurs sombres (*dark*) quand je suis triste?

____ Est-ce que je préfère la mode originale (où même qui choque [*shocking*]) ou la mode plus conventionnelle?

____ ______________________________

____ ______________________________

Step 3. Now write your paragraph using the vocabulary words you identified. Organize your thoughts based on your numbering of the questions you selected.

MODÈLE: J'achète rarement des vêtements, parce que pour moi, la mode n'est pas très importante. D'habitude (*Usually*), je porte un jean et un tee-shirt…

____

____

____

____

____

____

Step 4. When you have finished your paragraph, read over your work and look for errors in spelling, punctuation, grammar (for example, agreement of subject and verb, agreement of noun and adjective), and vocabulary. If you find any errors, correct them.

Dossier culturel

A. La mode parisienne. Using printed resources or links at **www.mhhe.com/debuts2**, find the names of three major French designers and look at the current season collection for one of them. Write a short review, identifying the designer and the season and commenting on the collection. Tell whether, generally speaking, you think there are differences between European fashion and North American fashion. Justify your answer. How do you think the two influence one another?

B. Les Cévennes. Using printed resources or links at **www.mhhe.com/debuts2**, find a map of France showing the area called **Les Cévennes.** Also find information about the region. Print out or draw a simple map of the area, then create and complete a chart such as the following to report your findings. Include two pieces of information about each tourist site. Then find at least three important historical dates or events, and provide information for each of them.

Les Cévennes

	NOMS ET/OU DATES	DÉTAILS INTÉRESSANTS
ville importante		
ville importante		
site touristique		
site touristique		
fait historique		
fait historique		
fait historique		

Chapitre 7

Préparatifs

Vocabulaire en contexte

Au marché Mouffetard

A. Au restaurant. Vous dînez dans un bon petit restaurant français ce soir. Écoutez (*Listen to*) les questions de votre serveur (*waiter*) et donnez la meilleure (*best*) réponse. Puis (*Then*) écoutez pour vérifier votre réponse.

MODÈLE:	Vous voyez (*You see*):	un kilo de bœuf / du vin rouge
	Vous entendez (*You hear*):	Qu'est-ce que vous voulez comme vin?
	Vous dites (*You say*):	Je voudrais du vin rouge, s'il vous plaît.
	Vous entendez:	Je voudrais du vin rouge, s'il vous plaît.

1. des petits pois / des oranges
2. du bœuf / du maïs
3. des pommes / des pommes de terre
4. des fruits / des haricots verts
5. des brocolis / des pommes
6. un citron / du champagne

B. Des ingrédients. Faites une liste des ingrédients pour chaque plat (*each dish*).

Vocabulaire utile: du bœuf, des carottes, des cerises, du citron, des haricots verts, du ketchup, des légumes, du maïs, de la mayonnaise, un oignon, des petits pois, une pomme, des pommes de terre, du raisin, des tomates, de la viande, du vin rouge

MODÈLE: un bon hamburger →
du bœuf, des tomates, un oignon, du ketchup, de la mayonnaise

1. une salade mixte

____

2. une sauce pour des spaghettis

____

3. une salade de fruits

____

4. une pizza végétarienne

____

C. **Quel aliment?** Utilisez un mot (*word*) de la liste de vocabulaire pour compléter chaque phrase. Utilisez chaque mot une fois seulement (*only*).

Vocabulaire utile: aliments, boucher, boulanger, fruit, haricots verts, légumes, maïs, marchande, marché, raisin, supermarché, tomate, viande, vins

1. Ce restaurant a des ______________________________ superbes; il y a un beaujolais, un chardonnay et un bon pinot noir.
2. J'achète des viandes chez le ______________________________ près de chez moi. Le bœuf au ______________________________ est horrible!
3. On a besoin de ______________________________ rouge pour faire un vin rouge.
4. Pour préparer une pizza traditionnelle, on commence avec une bonne sauce ______________________________.
5. On va manger des pommes comme dessert ce soir parce que la ______________________________ de fruits n'a plus de cerises.
6. Sébastien est végétarien et il ne mange jamais de ______________________________.
7. On va chez le marchand de ______________________________ pour acheter des carottes, des petits pois et des pommes de terre.
8. Une tomate n'est pas un légume; c'est un ______________________________.
9. Ce supermarché est énorme! Il a tous les ______________________________ nécessaires pour un grand dîner—des fruits, des viandes, des légumes!
10. Les légumes—les petits pois, les ______________________________ et le ______________________________, par exemple—sont très bons pour la santé (*health*).
11. Je vais aller au ______________________________ pour acheter mon déjeuner.

Les environs de la rue Mouffetard

A. **Où est-ce qu'on va?** Dites (*Say*) où on va pour trouver ces aliments. Puis écoutez pour vérifier votre réponse.

MODÈLE: Vous entendez: Pour acheter du poulet, où est-ce qu'on va?
Vous voyez: à la boucherie   chez le marchand de fruits
Vous dites: On va à la boucherie pour acheter du poulet.
Vous entendez: On va à la boucherie pour acheter du poulet.

1. à la poissonnerie — à la pâtisserie
2. à la pâtisserie — à la boulangerie
3. au supermarché — à la crémerie
4. à la crémerie — à la pâtisserie
5. chez la bouchère — à l'épicerie
6. à la charcuterie — chez la marchande de légumes
7. à la poissonnerie — à la charcuterie
8. chez le pâtissier — à la crémerie
9. chez l'épicier — chez le marchand de fruits
10. à l'épicerie — chez la boulangère

B. Les aliments. Utilisez un mot de la liste de vocabulaire pour compléter les phrases. Utilisez chaque mot une fois seulement.

Vocabulaire utile: beurre, boucherie, boulangerie, chaque, charcuterie, confiture, crème, crémerie, fromage, fruits de mer, pâtissier, plate, poulet, raisins, saucisses, saumon, sucre, tarte

1. Un café mocha est très simple à faire: il y a du café, du chocolat, de la ________________, et du ________________, si (*if*) on veut.
2. Les crevettes sont mes ________________ favoris.
3. Chez ce ________________ on trouve des éclairs et des petits biscuits délicieux!
4. Les charcuteries françaises ont des produits à base de porc comme le jambon et les ________________.
5. Cette épicerie a deux sortes d'eau minérale—de l'eau gazeuse et de l'eau ________________.
6. À la poissonnerie, on trouve du ________________ et du thon frais (*fresh*).
7. Cette ________________ au citron est délicieuse comme (*as*) dessert.
8. À côté de la charcuterie, il y a une ________________ où vous allez trouver du bœuf pour des hamburgers.
9. Nous arrivons à la ________________ à cinq heures du matin pour acheter du pain chaud.
10. Le camembert, le brie, le roquefort et le gruyère sont des variétés de ________________ qu'on trouve souvent dans une bonne ________________.
11. Au petit déjeuner (*breakfast*), on met (*puts*) souvent du beurre et de la ________________ sur son pain.
12. On va chez le boucher pour acheter de la viande rouge et du ________________.
13. Dans ce quartier, ________________ marchand vend (*sells*) des aliments différents.
14. On fait des croissants français avec beaucoup de ________________.
15. Pour faire cette salade de fruits, on a besoin de ________________, de pommes, de bananes et d'un citron.

C. Des préparatifs. Les personnes suivantes veulent préparer certains plats. De quoi ont-elles besoin? Écrivez (*Write*) deux ou trois ingrédients pour chaque plat. Utilisez la liste de vocabulaire et d'autres mots que vous avez appris (*have learned*). Donnez aussi le nom des magasins ou du lieu où elles vont acheter ces ingrédients. *Attention:* Dans cet exercice, on utilise toujours la préposition **de**, sans article, après (*after*) l'expression **avoir besoin**.

MODÈLE: Chantal et Éric / une omelette →
Pour faire une omelette, Chantal et Éric ont besoin d'œufs (*eggs*), de fromage et de jambon. Ils vont à la crémerie et à la charcuterie.

Vocabulaire utile: beurre, carotte, confiture, crème, crevette, eau, fromage, fruits de mer, jambon, mayonnaise, pain, poisson, pomme de terre, porc, poulet, saucisses, saumon, sucre, thon, tomate

1. le pâtissier / une tarte

____

____

2. Papa / une soupe de poisson

____

____

3. tu / un sandwich

____

____

4. M. et Mme Forestier / un bœuf bourguignon

____

____

5. mes amis / un rôti (*roast*) aux légumes

____

____

6. je / une salade de fruits de mer

____

____

7. vous / une pizza

____

____

D. À vous! Vous préparez un barbecue chez vous. Écrivez un paragraphe pour répondre aux questions:

- Pourquoi faites-vous la fête? (un anniversaire? le 4 juillet? une fête de famille?)
- Qui vient à la fête?
- Qu'est-ce que vous allez préparer?
- De quels ingrédients et aliments avez-vous besoin?
- Où allez-vous trouver ces ingrédients et ces aliments?

____

____

____

____

____

____

Nom ______________________ Date ______________ Cours ______________

Visionnement 1

A. Dans quel ordre? Mettez les événements de l'Épisode 7 dans l'ordre chronologique.

_____ Camille arrive chez Louise.

_____ Camille téléphone à Louise.

_____ Camille achète des légumes.

_____ Louise demande à Alex de lui acheter (*to buy her*) du champagne.

_____ Camille signe un autographe pour le boucher.

_____ Louise dit (*says*) qu'elle est un peu (*a little*) fatiguée.

B. À propos des personnages

Première étape. Selon votre compréhension de l'histoire jusqu'ici (*up to now*), décidez si les phrases suivantes sont vraies ou fausses ou si c'est impossible à dire (*to say*).

	VRAI	FAUX	IMPOSSIBLE À DIRE
1. Le quartier Mouffetard devient moderne.	☐	☐	☐
2. Il y a de grands supermarchés dans la rue Mouffetard.	☐	☐	☐
3. Louise habite dans une maison.	☐	☐	☐
4. Mado et Camille n'aiment pas Alex.	☐	☐	☐
5. Louise donne de l'argent à Alex.	☐	☐	☐
6. Alex va probablement jouer de l'accordéon dans un autre quartier.	☐	☐	☐

Deuxième étape. Maintenant, écoutez ce texte sur la vie (*life*) d'Alex.

Alex. Tout le monde dans la rue Mouffetard adore Alex, surtout[1] son amie Louise. Il est toujours là avec sa joie de vivre et son accordéon, et les gens[2] du quartier aiment écouter sa musique et ses histoires.

Ce quartier pittoresque de Paris est parfait[3] pour Alex et les autres personnes qui aiment les traditions. Il y a un excellent marché en plein air, de petits restaurants, des magasins et surtout des appartements, comme[4] l'appartement de Louise. Les gens sont très fidèles[5] à leur petite rue…

Souvent, quand Alex vient jouer[6] sur la place, Louise descend l'écouter.[7] Ils sont les meilleurs amis du monde.[8] Alex choisit des chansons[9] que Louise aime et Louise passe des disques de musique traditionnelle pour lui quand il veut apprendre[10] des chansons. Camille et Mado, quand elles viennent chez Louise, parlent toujours avec Alex. Camille est très contente de savoir[11] qu'Alex est là, près de sa grand-mère chérie.[12]

Mais la vie d'Alex est difficile. Comment vivre de quelques euros[13] donnés par les touristes? Louise invite souvent Alex à déjeuner, mais ce quartier se modernise[14] et devient plus cher.[15] Alex pense parfois chercher un quartier différent, mais comment quitter[16] ses amis? Il ne veut pas partir.[17]

[1]*above all* [2]*people* [3]*perfect* [4]*like* [5]*loyal* [6]*to play* [7]descend… *comes down to hear him* [8]les… *the best friends in the world* [9]choisit… *chooses songs* [10]*to learn* [11]*know* [12]*dear* [13]vivre… *to live on a few euros* [14]se… *is becoming modernized* [15]plus… *more expensive* [16]*to leave* [17]*to leave*

Troisième étape. Maintenant, relisez vos réponses dans la première étape et corrigez-les (*correct them*), si nécessaire, en vous basant sur (*based on*) le texte précédent.

C. Vous avez compris? Écoutez les questions. En vous basant sur l'histoire d'Alex, décidez de qui on parle. De Louise? De Camille? D'Alex? Puis écoutez pour vérifier votre réponse.

MODÈLE: Vous entendez: Qui n'habite pas dans la rue Mouffetard?
Vous dites: C'est Camille.
Vous entendez: C'est Camille.

1. … 2. … 3. … 4. … 5. … 6. …

Prononciation et orthographe

Les voyelles /y/ et /u/

La voyelle /y/

The vowel sound /y/ has no equivalent in English. To pronounce it properly, round your lips and at the same time say /i/. The sound produced will be /y/. Listen and repeat.

tu **rue**

Notice that this sound is spelled as **u**.

La voyelle /u/

The vowel sound /u/ is similar to the vowel sound in the English word *too*. The English vowel is accompanied by an off-glide: /tu^{w}/. When pronouncing the French vowel, keep both your jaw and your tongue stationary to avoid the off-glide. Listen and repeat.

souvent **où**

Notice that this sound can be spelled as **ou** or **où**.

A. Anglais ou français. Listen to the speaker and circle the word you hear. Is it English or French?

	ENGLISH	FRENCH		ENGLISH	FRENCH
1.	rouge	rouge	7.	buffet	buffet
2.	encourage	encourage	8.	super	super
3.	four	four	9.	costume	costume
4.	cousin	cousine	10.	lecture	lecture
5.	pour	pour	11.	rue	rue
6.	noose	nous	12.	amuse	amuse

B. Jouer à cache-cache. (***Playing hide and seek.***) Listen to each sentence. Then repeat it aloud, paying special attention to the highlighted letters, which represent the sounds /y/ and /u/. You will hear and repeat each sentence twice.

1. Est-ce que **tu jou**es à cache-cache?
2. **Où** se tr**ou**ve mon c**ou**sin?
3. Est-ce qu'il est s**ou**s la table?
4. J'ai v**u** ta c**ou**sine L**u**cie!
5. **Tu** peux tr**ou**ver S**u**sanne s**ou**s le b**u**reau.
6. J**u**lie n'est pas ici! V**ou**lez-v**ou**s regarder dans la r**u**e?
7. V**ou**s ne p**ou**vez pas me voir! Je suis s**ou**s le lit.

Structure 21

L'article partitif et les expressions de quantité

Talking about quantities

A. Le partitif. Écoutez bien les questions. Pour répondre à l'affirmatif, utilisez la forme polie (*polite*) du verbe **vouloir** et l'article partitif (**de la**, **du**, **de l'**), ou l'article indéfini **des**. Pour répondre au négatif, utilisez le présent du verbe **vouloir** et **de**. Puis écoutez pour vérifier votre réponse.

MODÈLE: Vous entendez: Voulez-vous de la confiture?
Vous voyez: oui
Vous dites: Oui, je voudrais de la confiture, s'il vous plaît.
Vous entendez: Oui, je voudrais de la confiture, s'il vous plaît.

MODÈLE: Vous entendez: Voulez-vous du pain?
Vous voyez: non
Vous dites: Non, merci, je ne veux pas de pain.
Vous entendez: Non, merci, je ne veux pas de pain.

1. oui
2. oui
3. non
4. non
5. oui
6. non
7. oui
8. oui

B. Expressions de quantité. Écoutez les questions et répondez à l'affirmatif avec l'expression de quantité donnée. Puis écoutez pour vérifier votre réponse.

MODÈLE: Vous entendez: Voulez-vous du vin?
Vous voyez: une bouteille
Vous dites: Oui, je voudrais une bouteille de vin, s'il vous plaît.
Vous entendez: Oui, je voudrais une bouteille de vin, s'il vous plaît.

1. beaucoup
2. un kilo
3. une livre
4. une douzaine
5. un peu
6. trois morceaux
7. une bouteille
8. un demi-kilo

C. Combien? Utilisez les expressions de quantité entre parenthèses pour être plus spécifique.

MODÈLE: Papa vient d'acheter des pommes. (un kilo) →
Papa vient d'acheter un kilo de pommes.

1. Il y a des pâtisseries sur la table. (beaucoup)

____

2. Il ne veut pas manger de sucre. (trop)

____

3. Voulez-vous de l'eau minérale? (un peu)

____

4. Ils ont de la confiture dans le frigo. (peu)

____

5. La marchande de fruits a des citrons. (une douzaine)

____

6. Nous achetons du saumon. (un demi-kilo)

____

7. Est-ce que tu as des éclairs pour ce soir? (assez)

____

8. Voulez-vous du pain? (un morceau)

____

9. Je voudrais du thon, s'il vous plaît (une boîte)

____

D. Un dîner chez François. Mettez l'article indéfini (**un, une, des**), l'article défini (**le, la, les**), l'article partitif (**du, de la, de l'**) ou **de** (**d'**).

Mme Thibault aime bien manger. Son fils François fait bien la cuisine. François prépare toujours un dîner avec ____________[1] ingrédients très frais[a] et ____________[2] bon vin. Mme Thibault adore ____________[3] vin rouge et elle mange souvent ____________[4] viande. Son fils est végétarien. Il ne mange jamais ____________[5] viande et il déteste ____________[6] poisson. Il pense que ____________[7] légumes sont bons pour la santé.[b] Ce soir, François va préparer ____________[8] grande salade avec beaucoup ____________[9] légumes, et ____________[10] spaghettis. Comme dessert, ils vont manger un bon morceau ____________[11] fromage. Ce n'est pas ____________[12] roquefort parce que Mme Thibault n'aime pas ____________[13] fromage français. Ils espèrent passer beaucoup ____________[14] temps à table.

[a]*fresh* [b]*health*

E. Vos préférences. Dites (*Say*) combien vous aimez ou détestez les aliments suivants. Dites aussi si vous mangez ces aliments souvent ou rarement, et quelle quantité de ces aliments vous voulez.

Vocabulaire utile:
j'adore, j'aime bien, je déteste
ne jamais, parfois, rarement, souvent
beaucoup, une boîte, une bouteille, une douzaine, un kilo, un morceau, un peu

MODÈLE: crevettes →
J'adore les crevettes. Je mange souvent des crevettes. Je voudrais une douzaine de crevettes, s'il vous plaît.

1. porc

____

____

____

2. thon

____

____

____

3. confiture de fraises (*strawberries*)

____

____

____

4. pâtisseries

____

____

____

5. petits pois

____

____

____

6. fromage

____

____

____

F. **Nos préparatifs.** Marceline et moi, nous préparons un dîner chez elle ce soir. Formez des phrases complètes avec les éléments donnés. Faites les changements (*changes*) nécessaires et utilisez l'article qui convient (*that applies*) (défini, indéfini ou partitif).

MODÈLE: nous / aller / dans / beaucoup / petits magasins →
Nous allons dans beaucoup de petits magasins.

1. nous / commencer / à / boulangerie / où / nous / trouver / pain / français

   ____

2. Marceline / ne pas aimer / poisson

   ____

3. elle / préférer / viande

   ____

4. alors, / nous / acheter / saucisses / et / deux kilos / bœuf

   ____

5. Marceline / aller / chez / pâtissier / et / acheter / bon / tarte / au citron

   ____

6. je / adorer / desserts / et / je / manger / souvent / trop / choses sucrées (*sweet things*)

   ____

7. nous / ne jamais manger / fromage / après le dîner

   ____

8. alors, / nous / ne pas avoir besoin / aller / à / crémerie

   ____

9. je / acheter / bouteille / vin rouge

   ____

10. je / espérer que / nous / avoir / assez / eau minérale

    ____

Structure 22

Le complément d'objet indirect

Avoiding repetition

A. **De qui parle-t-on? (*Of whom are we speaking?*)** Chaque phrase contient (*contains*) un pronom complément d'objet indirect. Quelle(s) personne(s) remplace-t-il dans chaque phrase? Choisissez (*Choose*) la réponse la plus logique.

MODÈLE: Les étudiants vous donnent leur numéro. →
à Chantal et à moi (à Chantal et à toi)

1. Nous lui parlons au téléphone.	à Pascal	aux journalistes
2. Jacqueline leur achète une tarte.	à René et à Guy	à Madeleine
3. On nous demande de venir à la fête.	à toi et à moi	à tes cousines
4. Tu me donnes dix euros?	à moi	à mes enfants et à moi
5. Tout le monde veut te parler.	à moi	à toi
6. Je lui montre mes CD.	à elle	à eux
7. Les étudiants lui parlent souvent.	à Élise	à Sarah et à Laurent
8. Tante Léonie leur achète une bonne bouteille de vin.	à maman	à maman et à papa

B. Remplacements. Faites une nouvelle (*new*) phrase avec le pronom complément d'objet indirect suggéré par les mots donnés. Puis écoutez pour vérifier votre réponse.

Pronoms compléments d'objet indirect: me, te, lui, nous, vous, leur

MODÈLE: Vous entendez: Je lui parle.
Vous voyez: à toi
Vous dites: Je te parle.
Vous entendez: Je te parle.

1. à vous
2. à moi
3. à Jules et à François
4. au prof
5. à nous
6. à elles
7. à Mme Montel

C. Qu'est-ce qu'on fait? Complétez les phrases selon le modèle. Utilisez le pronom complément d'objet indirect correct.

MODÈLE: (mon frère) Je _____ montre la vidéo. →
Je lui montre la vidéo.

1. (ses petites-filles) Cette grand-mère ne ________________ parle pas assez souvent.
2. (le journaliste) Vous ________________ téléphonez à midi.
3. (moi) Mon amie ________________ achète un cadeau (*gift*).
4. (les professeurs) Les étudiants ________________ donnent les devoirs.
5. (Suzanne et moi) Pourquoi ne vas-tu plus ________________ parler?
6. (toi) Ce vendeur ________________ demande de payer.
7. (Didier et toi) ________________ donne-t-il la réponse?
8. (la boulangère) Nous venons de ________________ demander si elle a du pain.

D. L'anniversaire de papy. (*Grandpa's birthday.*) Vous préparez une fête pour l'anniversaire de votre grand-père. Remplacez les expressions soulignées (*underlined*) par le pronom complément d'objet indirect qui convient. *Attention:* Mettez le pronom à la place correcte dans la phrase.

1. D'abord (*First of all*), je vais téléphoner à mes parents.

   ____

2. Je demande à ma sœur de préparer un gâteau (*cake*) au chocolat pour papy.

   ____

3. Mes frères espèrent acheter une veste en cuir (*leather*) à papy.

   ____

4. Nous ne voulons pas demander à nos frères de venir en avance.

   ____

5. Je montre au poissonnier le poisson que papy préfère.

   ____

6. Nous n'allons pas parler à papy avant (*before*) la fête.

   ____

7. J'espère que la surprise va faire plaisir (*please*) à papy.

   ____

E. Un copain jaloux. (*A jealous boyfriend.*) Charles est un copain très jaloux. Mettez en français les questions qu'il pose à sa copine (*girlfriend*) Amélie ou ce qu' (*what*) il lui dit.

1. He asks Amélie if she will phone him tonight.

   ____

2. He asks to whom she just spoke.

   ____

3. He asks if she is going to give her phone number to him (the person she spoke to).

   ____

4. He asks whether her friends are at home.

   ____

5. He says she calls (**téléphoner**) them too often and doesn't call him enough.

   ____

6. He asks why she doesn't buy him any gifts (**cadeaux**).

   ____

7. He asks why the grocer always gives her a smile (**un sourire**).

   ____

8. He says he's going to ask him (the grocer) why.

   ____

Nom _______________ Date _______________ Cours _______________

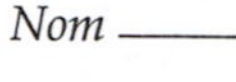

Regards sur la culture

Pour faire les courses en France

Auchan est une grande chaîne de supermarchés en France. Que peut-on y° acheter? On trouve beaucoup d'aliments chez Auchan.

°*there*

Vous faites les courses. Regardez la publicité et choisissez un produit qui correspond à chaque situation. Notez la quantité que vous voulez et aussi le prix (*price*) de chaque achat (*purchase*) en euros.

MODÈLE: Je veux manger de la viande. →
J'achète un kilo de brochettes de bœuf.
Ça fait 10 € 66 le kilo.

1. J'ai très chaud et j'ai soif. _______________

____

____

2. J'adore les fruits de mer. ______________________________

____

____

3. Je mange beaucoup de légumes. ______________________________

____

____

4. Je veux faire un sandwich. ______________________________

____

____

5. Nous voulons boire quelque chose avec notre dîner. ______________________________

____

____

Maintenant, calculez le total de vos achats en euros. Ça fait ______________ €.

Structure 23

Les verbes *prendre, mettre, boire*

Talking about everyday activities

A. **Prononciation.** The forms of the verbs **prendre, mettre**, and **boire** are irregular. In each case, notice the following three facts about their pronunciation.

- The singular forms all sound the same. You must pay attention to the pronoun, since it clarifies which person the speaker is talking about. Listen and repeat.

  je prends, tu prends, il prend, elle prend, on prend
  je mets, tu mets, il met, elle met, on met
  je bois, tu bois, il boit, elle boit, on boit

- You can differentiate between the singular **il/elle** forms and the plural **ils/elles** forms by listening for the final sound in the verb. The singular form ends with a vowel sound; the plural has a final consonant sound. Listen and repeat.

  il prend, ils prennent
  elle met, elles mettent
  il boit, ils boivent

- There is a change in the vowel sound for the **nous** and **vous** forms of each verb. Listen and repeat.

  nous prenons, vous prenez
  nous mettons, vous mettez
  nous buvons, vous buvez

Now listen to each sentence and repeat it aloud. Then circle the verb form you hear. Pay attention to both the pronoun and the verb. You will hear each sentence twice.

1.	boit	boivent	7.	mettent	mettez
2.	met	mettent	8.	boit	boivent
3.	met	mets	9.	prend	prends
4.	prend	prennent	10.	met	mettent
5.	bois	boit	11.	boivent	buvons
6.	prend	prennent	12.	prenez	prennent

B. Qu'est-ce qu'on boit? Dites ce que (*what*) les personnes suivantes boivent. Transformez chaque phrase en faisant (*making*) l'accord du verbe et du sujet suggéré. Puis écoutez pour vérifier votre réponse.

MODÈLE: Vous entendez: Nous buvons de l'eau minérale.
Vous voyez: la vendeuse
Vous dites: La vendeuse boit de l'eau minérale.
Vous entendez: La vendeuse boit de l'eau minérale.

1. mon ami
2. je
3. vous
4. on
5. les enfants
6. tu
7. nous
8. Renée

C. Qui prend quoi? Dites qui prend les choses suivantes. Puis écoutez pour vérifier votre réponse.

MODÈLE: Vous entendez: Qui prend un hamburger?
Vous voyez: Giselle
Vous dites: Giselle prend un hamburger.
Vous entendez: Giselle prend un hamburger.

1. tout le monde
2. Mme Fauberge
3. Danielle et Benoît
4. je
5. tu
6. les Doucet
7. vous
8. nous
9. Xavier

D. Les verbes comme *mettre*. Donnez la forme correcte des verbes entre parenthèses. *Note:* Vous avez besoin de l'infinitif dans une phrase.

1. Maman ne ______________ (permettre) pas aux enfants de manger trop.
2. Ils nous ______________ (promettre) de venir chez nous au mois de juin.
3. Quand j'ai très froid, je ______________ (mettre) un pull-over au-dessus de ma chemise.
4. Nous ______________ (mettre) la table quand Paul fait la cuisine.
5. J'ai envie d'écouter de la musique. Veux-tu ______________ (mettre) la radio?
6. Est-ce que vous me ______________ (promettre) de travailler dur (*hard*) cette année?
7. Tu ne ______________ (mettre) jamais la télé?
8. Sandrine ______________ (promettre) de me téléphoner.

E. Le Chemin du retour. Complétez chaque phrase avec un des verbes de la liste. Utilisez chaque verbe une fois seulement (*only*).

Vocabulaire utile: apprendre, boire, comprendre, mettre, permettre, prendre, promettre

1. Yasmine ne ______________________________ pas pourquoi ses parents sont séparés.
2. Yasmine à son père: «Tu me ______________________________ que maman m'aime toujours (*still loves me*)?»
3. La maîtresse est gentille; elle ______________________________ aux élèves de jouer au Jardin des Plantes.
4. Bruno à Hélène: «Tu ______________________________ un verre avec moi?»
5. Mado et Camille ______________________________ une coupe de champagne, mais Rachid ne veut pas d'alcool ce soir-là.
6. Rachid ______________________________ le nom de ses nouveaux collègues rapidement.

F. Questions personnelles. Répondez aux questions en français.

1. Comprenez-vous toujours quand le prof de français parle?

   ____
2. Combien de temps mettez-vous à faire vos devoirs le week-end?

   ____
3. Qu'est-ce que vous prenez dans un restaurant élégant?

   ____
4. Qu'est-ce que vous buvez quand vous avez vraiment soif?

   ____
5. Qu'est-ce que vous mettez quand vous faites du sport?

   ____
6. Est-ce que vous permettez à vos amis de téléphoner après minuit?

   ____
7. Essayez-vous de boire beaucoup d'eau?

   ____
8. Prenez-vous des décisions facilement?

   ____
9. Quelle sorte de devoir vous prend (*takes you*) beaucoup de temps?

   ____
10. Apprenez-vous à faire un sport difficile? à jouer d'un instrument de musique? Expliquez.

    ____

Visionnement 2

Après le visionnement. Considérez l'information culturelle dans ce chapitre et dans l'Épisode 7 du film, puis (*then*) regardez la photo. Mettez ensemble des éléments des deux colonnes pour analyser le contenu culturel de l'interaction entre Camille et la marchande de légumes.

DANS LE FILM	EXPLICATION CULTURELLE
1. La marchande dit que les carottes arrivent de Bretagne. ______ 2. La marchande sert Camille. ______ 3. Camille demande si les pommes de terre sont bonnes. ______ 4. La marchande dit que les pommes de terre sont de «premier choix». ______ 5. Camille dit «vous» à la marchande. ______ 6. Camille n'achète pas beaucoup de légumes. ______	a. La marchande de légumes est très fière (*proud*) de ses produits. b. Camille fait preuve de respect envers (*shows respect for*) la marchande de légumes. c. Les clients ne touchent généralement pas eux-mêmes aux produits. d. Camille veut seulement la quantité nécessaire pour un repas (*meal*). e. Camille s'intéresse vraiment à la qualité des produits qu'elle achète. f. La marchande connaît (*knows*) l'origine de ses produits.

À écrire

Une année à l'étranger

Vous allez passer un an en France. Dans cet exercice, vous écrivez une lettre à votre famille d'accueil (*host family*) et vous parlez de vos préférences culinaires. Vous demandez aussi leurs préférences.

Première étape. Faites une liste de sujets.

- heure des repas
- repas typiques
- allergies
- ____________________
- ____________________
- ____________________

Deuxième étape. Écrivez vos catégories sur la première ligne (*row*) dans le tableau. Faites une liste de vocabulaire pour chaque catégorie. Pour **repas typiques**, organisez vos mots selon les repas: **petit déjeuner** (*breakfast*), **déjeuner** (*lunch*), **dîner**.

HEURE DES REPAS	REPAS TYPIQUES	ALLERGIES			
tôt/tard à… heure(s)	petit déjeuner: déjeuner: dîner:	être allergique à			

Troisième étape. Écrivez votre lettre en utilisant (*using*) vos préparations de la première et la deuxième étapes.

MODÈLE: Chers Monsieur et Madame Montaigner,
Voulez-vous connaître (*to know*) mes habitudes et mes goûts (*tastes*) alimentaires? Quand je suis chez moi, je prends le petit déjeuner très tôt. Et vous, à quelle heure est-ce que vous prenez le petit déjeuner? Qu'est-ce que vous prenez d'habitude?…

____

____

____

____

____

____

____

____

Quatrième étape. Quand vous avez fini (*When you have finished*) votre lettre, regardez vos phrases et cherchez des fautes d'orthographe (*spelling errors*), de ponctuation, de grammaire (par exemple, les accords sujet-verbe et substantif-adjectif) et de vocabulaire. Faites particulièrement attention à l'usage des articles définis, indéfinis et partitifs. S'il y a des fautes, corrigez-les (*correct them*).

Dossier culturel

A. Une visite guidée du Quartier latin. Imaginez que vous habitez Paris. Des amis viennent vous rendre visite (*to visit you*) pour trois jours. Utilisez des ressources imprimées (*printed*) ou des liens sur **www.mhhe.com/debuts2** pour organiser une visite guidée du Quartier latin. Choisissez un point de départ, trois étapes importantes et un point d'arrivée. Pour chaque point ou étape, mentionnez au moins un fait historique (utilisez le présent), une anecdote et un fait d'actualité (*current fact*). Vous pouvez utiliser un tableau pour organiser vos idées.

nom du site					
fait(s) historique(s)					
anecdote(s)					
fait(s) d'actualité					

Après, marquez le trajet (*route*) de votre visite sur un plan (*map*) du quartier.

La place Saint-Michel

La Sorbonne

L'amphithéâtre Richelieu à la Sorbonne

B. Une recette française. (***A French recipe.***) Utilisez des ressources imprimées ou des liens sur **www.mhhe.com/debuts2** pour choisir (*to choose*) une recette française. Faites une liste d'ingrédients et décrivez la préparation de la recette. Ensuite, préparez le plat et faites un commentaire sur la préparation et une brève évaluation des résultats (*results*).

Au marché, on achète des ingrédients frais.

On peut trouver toutes sortes d'olives au marché.

Nom ______________________ Date ______________ Cours ______________

Chapitre 8

C'est loin, tout ça.

Vocabulaire en contexte

Les repas en France

A. ***Le Coq Hardi.*** Marie est dans un petit café, *Le Coq Hardi*. Écoutez le dialogue et ensuite (*then*) complétez les phrases suivantes. Vous allez entendre (*hear*) le dialogue deux fois.

SERVEUR: Bonjour, madame!

MARIE: Bonjour!

SERVEUR: Vous désirez?

MARIE: Je voudrais ______________________.[1]

SERVEUR: Voulez-vous de l'eau ______________[2] ou ______________[3]?

MARIE: De l'eau plate, s'il vous plaît.

SERVEUR: Très bien. Et avec votre boisson? Est-ce que vous ______________[4]?

MARIE: Oui, je vais prendre ______________________.[5]

SERVEUR: Pardon, madame. Nous n'avons pas de ______________[6] ici. Mais on a de très bonnes ______________[7] et quelques variétés de ______________.[8] Voulez-vous un sandwich au ______________,[9] par exemple?

MARIE: Euh… non, merci. Je préfère une salade parce que c'est ______________.[10] Alors, je voudrais une salade au Roquefort et ______________.[11]

SERVEUR: Très bien, madame. Et ______________[12] votre salade? Que voulez-vous ______________[13] dessert, madame?

MARIE: Merci, mais je ne prends pas de dessert. Je n'aime pas les ______________________.[14]

B. Vous désirez? Regardez le dessin et choisissez les aliments qui conviennent (*that apply*) pour compléter les phrases. Faites attention aux articles (définis, indéfinis ou partitifs).

MODÈLE: Je prends toujours une bonne tasse de thé le matin parce que je n'aime pas le café.

1. Je n'aime pas trop les boissons alcoolisées, mais parfois je bois ______________________.
2. Voici les ingrédients d'une omelette au ______________________: un bon morceau de Gruyère, trois ______________________ et un peu de ______________________ et de ______________________.
3. Je préfère prendre un dessert léger comme ______________________. Mon mari adore les choses sucrées alors il prend souvent ______________________.
4. Cette ______________________ à l'oignon est très bonne comme entrée.
5. Si vous aimez le fast-food, je recommande ______________________ et ______________________, comme plat principal.
6. Pour préparer ______________________, on met du beurre et un peu de confiture sur un morceau de pain.
7. J'aime beaucoup ______________________ avec une bonne sauce tomate et du fromage.
8. Chez moi, nous mangeons ______________________ blanc avec nos repas, un peu comme les japonais. Nous aimons beaucoup le sushi et la sauce soja (*soy*).
9. Je préfère la romaine. Je n'aime pas beaucoup ______________________ «iceberg» comme les Américains.

C. Complétez la liste. Complétez les listes suivantes avec les mots de vocabulaire qui conviennent. Utilisez un mot une fois seulement (*only*).

Vocabulaire utile: boissons, charcuterie, coca, déjeuner, desserts, dîner, entrées, fast-food, frites, jus d'orange, lait, mousse au chocolat, œuf dur mayonnaise, petit déjeuner, viandes

1. des _viandes_: du mouton, du poulet, de la ______________________, du bœuf et du veau
2. des ______________________: de l'eau, du thé, du café au ______________________ et du ______________________
3. du ______________________: un hamburger, des frites, un ______________________
4. des ______________________: une salade, du saucisson, un ______________________
5. des ______________________: un fruit, de la glace, de la tarte, de la ______________________
6. des repas: le ______________________, le ______________________, le ______________________

D. Un repas chez vous. Donnez une description d'un repas pour les situations suivantes. Utilisez les listes de vocabulaire et aussi d'autres mots que vous avez appris. Faites attention aux articles (définis, indéfinis ou partitifs) dans vos réponses.

À boire: café au lait, café noir, champagne, coca, eau minérale, jus d'orange, lait, thé, vin (rouge, blanc, rosé)

À manger: charcuterie, croissant, daube de veau, frites, fromage, hamburger, légumes, mouton, œuf, œuf dur mayonnaise, mousse au chocolat, omelette, pain, pâtes (*pasta*), petit pain, poulet, salade, salade de tomates, sandwich(s), saumon, spaghettis à la sauce tomate, tarte, tartine

MODÈLE: Un ami qui aime les repas italiens vient dîner. Qu'est-ce que vous préparez? →
Je prépare un repas de pâtes à la sauce pesto et du pain à l'ail (*garlic*). Comme entrée, nous mangeons une salade antipasto avec de la charcuterie. Nous buvons du vin rouge italien.

1. Une amie végétarienne vient dîner chez vous. Qu'est-ce que vous préparez?

____

____

2. Vous dînez dans un restaurant élégant. Que prenez-vous comme entrée, avant le plat principal?

____

____

3. Vous préparez un repas pour une fête (*holiday*) avec votre famille.

____

____

(*continued*)

4. Vous déjeunez dans un parc avec vos amis.

____

____

5. Vous déjeunez seul(e) (*alone*) devant la télé.

____

____

6. Il est samedi et vous ne travaillez pas. Que prenez-vous comme petit déjeuner?

____

____

7. Des amis viennent chez vous après un concert. Qu'est-ce que vous leur donnez à manger et à boire?

____

____

À table

A. À table. Vous allez entendre (*hear*) le début d'une phrase. Donnez la phrase complète en utilisant un des choix (*choices*) proposés. Puis écoutez pour vérifier votre réponse.

MODÈLE:		
	Vous entendez :	On met le vin
	Vous voyez (*see*):	dans le verre dans la tasse
	Vous dites:	On met le vin dans le verre.
	Vous entendez:	On met le vin dans le verre.

1.	derrière l'assiette	sur la serviette
2.	sur les genoux (*knees*)	sur la table
3.	dans une tasse	dans un verre
4.	pour couper (*to cut*) la viande	pour manger la viande
5.	pour manger les légumes	pour manger la soupe
6.	pour manger du pain	pour manger de la glace
7.	avec le sucre	avec le poivre
8.	sur les genoux	dans la tasse

B. L'étiquette à table. Regardez les images à la page 161 et lisez (*read*) bien les conseils (*advice*). Mettez le numéro pour chaque conseil sous l'image qui convient.

1. Mettez votre pain sur la table, à côté de l'assiette.
2. Mangez votre pain avec le repas.
3. Ne parlez pas la bouche pleine (*with your mouth full*).
4. Ne coupez pas votre pain. Rompez-le. (*Tear it.*)
5. Ne coupez pas votre salade. Pliez-la. (*Fold it.*)
6. Tenez (*Hold*) votre fourchette dans la main gauche (*left hand*) pour porter un morceau de viande à la bouche.

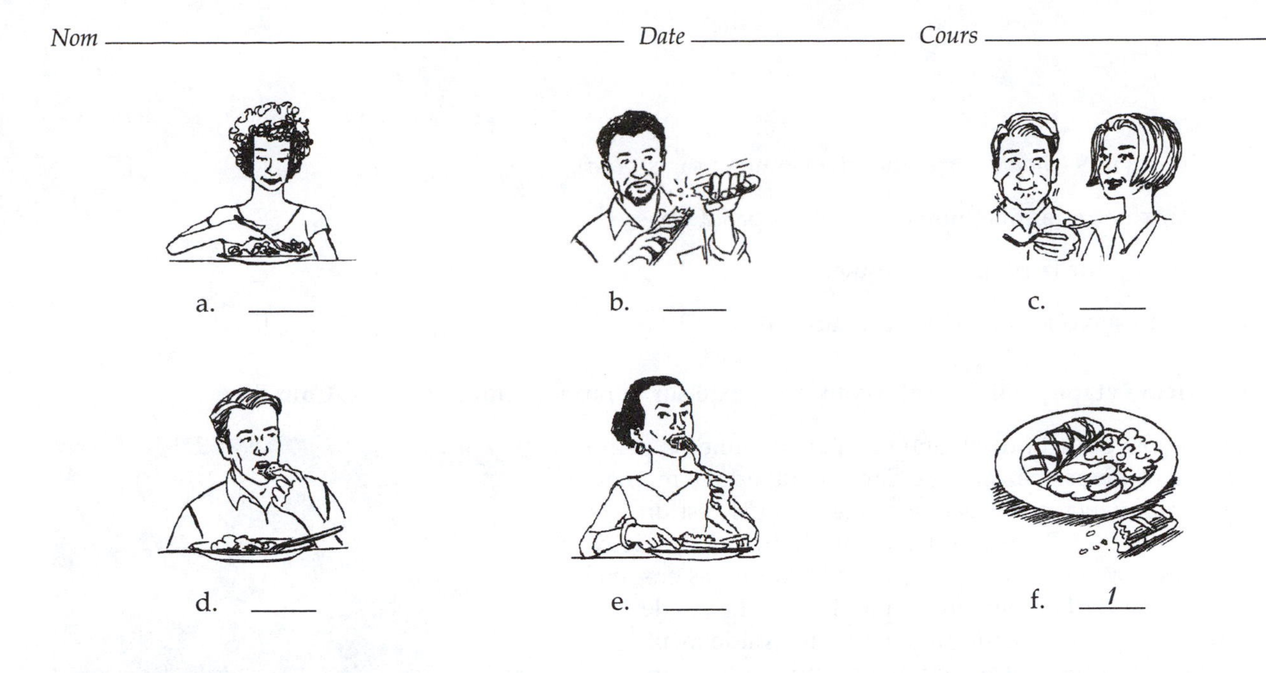

Visionnement 1

A. Que savez-vous? Selon votre compréhension du film, complétez chaque phrase avec un mot de la liste.

Vocabulaire utile: des amis, le dîner, sa famille, sa fille, son grand-père, ses grands-parents, la mère, son père, une photo

1. Yasmine et Rachid sont surpris de voir (*to see*) _______________ de Yasmine à l'école.
2. Bruno et Hélène sont _______________.
3. Mado ne veut pas parler de _______________.
4. Rachid trouve _______________ dans le livre sur les Cévennes.
5. Camille agrandit (*enlarges*) la photo de mariage de _______________.
6. Camille fait les courses pour préparer _______________ pour sa grand-mère.
7. Camille donne une photo de _______________ à Louise.
8. Mado est furieuse contre _______________ à cause de la photo d'Antoine.

B. À propos des personnages

Première étape. Selon votre impression du caractère de Louise, la grand-mère de Camille, à qui dirait-elle (*would she say*) les choses suivantes: à Camille, à Mado ou aux deux (*to both*)?

	CAMILLE	MADO	LES DEUX
1. Je suis contente que tu dînes chez moi une fois par semaine.	☐	☐	☐
2. Je ne veux pas parler de ton grand-père.	☐	☐	☐
3. Tu es une fille très indépendante. C'est formidable!	☐	☐	☐

(*continued*)

	CAMILLE	MADO	LES DEUX
4. Tu devrais (*should*) être une fille calme et sage (*good*).	☐	☐	☐
5. Dans notre famille, nous ne parlons pas du passé.	☐	☐	☐
6. Merci pour la photo d'Antoine.	☐	☐	☐
7. Tu dois avoir confiance en toi au travail.	☐	☐	☐

Deuxième étape. Maintenant, écoutez ce texte sur le rapport entre Louise et Camille.

Quelle joie pour Louise! Une fois par semaine, sa petite-fille vient dîner chez elle. Et Camille attend[1] ce moment avec impatience aussi. Même[2] quand Louise est un peu fatiguée et que Camille a beaucoup de travail, les deux femmes trouvent le temps de prendre un repas ensemble.

Louise est la meilleure[3] amie de Camille et elle comprend bien sa petite-fille. La petite Mado avait toujours besoin[4] de protection, et Louise a toujours encouragé[5] sa fille à être calme et sage.[6] Mais Louise adore l'indépendance et l'énergie de sa petite-fille. Elle ne critique pas l'agressivité de Camille vis-à-vis de son travail; elle l'encourage même à travailler.

Ces soirées[7] ensemble sont très importantes. La grand-mère et sa petite-fille parlent de leur journée,[8] de leur vie[9] et de leurs projets. Mais le secret d'Antoine les sépare.[10] Louise ne parle jamais de son mari et Camille ne pose pas de questions. Maintenant, Camille veut savoir.[11] Qui est cet homme mystérieux? Pourquoi refuse-t-on d'en parler[12]? C'est pour cela que[13] ce soir elle décide de montrer la photo d'Antoine à sa grand-mère. Et Louise? Elle est très touchée par la photo et par les questions de Camille. Que va-t-elle répondre?[14]...

[1]*waits for* [2]*Even* [3]*best* [4]avait... *always needed* [5]a... *always encouraged* [6]*well behaved* [7]*evenings* [8]*day* [9]*life*
[10]les... *separates them* [11]*to know* [12]d'en... *to speak of him* [13]C'est... *It's for that reason that* [14]*respond*

Troisième étape. Maintenant, relisez vos réponses dans la première étape et corrigez-les (*correct them*), si nécessaire, en vous basant sur le texte précédent.

C. Vous avez compris? En vous basant sur le texte précédent, décidez si les phrases suivantes sont vraies ou fausses ou si c'est impossible à dire (*impossible to say*).

	VRAI	FAUX	IMPOSSIBLE À DIRE
1.	☐	☐	☐
2.	☐	☐	☐
3.	☐	☐	☐
4.	☐	☐	☐
5.	☐	☐	☐
6.	☐	☐	☐

Prononciation et orthographe

Les voyelles nasales

You already know that in addition to the oral vowels you've learned, French has what are called "nasal vowels." Here are some general rules about them.

1. Nasal vowels occur in certain cases in French when a vowel or a combination of vowels is followed by the letter **m** or **n**. In these cases, the **m** or **n** is not itself pronounced.

   - For the sound /ɛ̃/, pronounce the **-an** of the English word *pan*, but drop the **-n** while still keeping the vowel nasalized. Practice by repeating the vowel sound and these words after you hear them. Notice the letters that produce the sound.

     /ɛ̃/ f**aim** à dem**ain** **im**possible c**in**q s**ym**phonie s**yn**thèse **un***

   - For the sound /ɑ̃/, pronounce the **-aunt** of the English word *taunt*, but drop the **-nt** while still keeping the vowel nasalized. Practice by repeating the vowel sound and these words after you hear them. Notice the letters that produce the sound.

     /ɑ̃/ **am**phithéâtre fr**an**çais **em**brasser confér**en**ce

   - For the sound /ɔ̃/, pronounce the English word *don't*, but drop the **-n't** while still keeping the vowel nasalized. Practice by repeating the vowel and these words after you hear them. Notice the letters that produce the sound.

     /ɔ̃/ c**om**plétez c**om**ptine b**on**jour c**on**férence

2. Sometimes a vowel can be followed by **m** or **n** and *not* be nasal. This occurs when a single or doubled **m** or **n** is followed by another vowel. Listen and repeat. The boldface vowels are *not* nasal and the **m** or **n** that follows them *is* pronounced.

M**a**dame	**E**mmanuel	**i**mmigré	c**o**mme
can**a**di**e**nne	f**e**nêtre	pers**o**nne	**u**niversité

3. It is particularly difficult for English speakers to recognize and distinguish between the nasal vowel sounds /ɑ̃/ and /ɔ̃/. Listen to the following contrasts and repeat after the speaker.

/ɑ̃/	bl**an**c	**en**	l'océ**an**	m**en**t	s**en**t
/ɔ̃/	bl**on**d	**on**	loti**on**	m**on**t	s**on**

A. Distinguez. Listen carefully to the words that you hear, and decide whether you are hearing a nasal vowel or an oral vowel. Circle your selection.

	VOYELLE NASALE	VOYELLE ORALE		VOYELLE NASALE	VOYELLE ORALE
1.	vain	vaine	3.	fin	fine
2.	on	homme	4.	an	Anne

*There is a fourth, less common nasal vowel, /œ̃/. In some regions this is still used for the pronunciation of **un** and other words or syllables ending in **-um** and **-un**. Its usage in general is declining, however.

B. Écoutez et soulignez. Listen carefully to the following sentences. Underline the nasal vowels only.

1. La maîtresse est là. Elle est très sympa. Regarde!
2. Allez viens, ma chérie. Regarde les enfants.
3. Au Jardin des Plantes, pour une leçon de sciences naturelles.
4. Bonne chance, papa.
5. Pour toi aussi, c'est un grand jour, non?

C. Jouer à cache-cache. Listen to each sentence. Then repeat it aloud, paying special attention to the highlighted letters, which represent the sounds /ɑ̃/ and /ɔ̃/.

1. Il a les cheveux bl**on**ds on bl**an**cs?
2. Vous voulez savoir le t**em**ps ou le t**on**?
3. On ne s**en**t pas un s**on**, on l'**en**t**en**d.
4. On ne d**an**se pas sur le M**on**t Bl**an**c; il m**en**t!

Structure 24

Les verbes réguliers en *-re*

Talking about everyday activities

A. Prononciation. There are three important things to remember about the pronunciation of regular **-re** verbs.

1. The endings of **-re** verbs for **je** and **tu** are never pronounced, and the singular **il/elle/on** form doesn't even have an ending. In addition, the final consonant of the stem is not pronounced. Therefore, all three singular verb forms sound exactly alike. The subject noun or pronoun helps to clarify meaning. Listen and repeat.

   je réponds　　tu réponds　　il répond

2. The plural **ils/elles** form also has an ending that is not pronounced, but the final consonant of the stem *is* pronounced. This is most often a **d.** Thus, the difference between the singular **il/elle** form and the plural **ils/elles** form is clear not from the pronoun but rather from the final sound of the verb. Listen and repeat.

   elle répond /ɛl ʀepɔ̃ /　elles répondent /ɛl ʀepɔ̃d /

3. To use the **nous** and **vous** forms, pronounce both the final consonant of the stem *and* the ending. Listen and repeat.

   nous répondons　　vous répondez

Now listen to each sentence, and repeat it aloud. Then, indicate whether the subject is one person or more than one person or whether it is impossible to say (**impossible à dire**). You will hear each sentence twice.

	1.	2.	3.	4.	5.	6.	7.
une personne	□	□	□	□	□	□	□
2+ personnes	□	□	□	□	□	□	□
impossible à dire	□	□	□	□	□	□	□

B. Quelques activités typiques. Créez des phrases en français en employant les éléments donnés et les sujets que vous entendez. Puis écoutez pour vérifier votre réponse.

MODÈLE: Vous voyez: rendre visite à mes amis
Vous entendez: je
Vous dites: Je rends visite à mes amis.
Vous entendez: Je rends visite à mes amis.

1. attendre ton père devant la bibliothèque
2. répondre aux questions du prof
3. répondre aux questions des étudiants
4. perdre souvent patience
5. descendre du bus
6. vendre du pain
7. rendre les devoirs au professeur
8. entendre le journaliste à la radio

C. Au supermarché. Complétez les phrases avec la forme correcte d'un des verbes suivants.

Vocabulaire utile: attendre, descendre, entendre, perdre, rendre, répondre, vendre

1. Quand je vais au supermarché, je prends toujours le métro. Je ______________________ à la place Saint-Georges.
2. Je demande au boulanger du supermarché: «______________________ -vous des croissants ici?» et il me ______________________, «Mais oui, monsieur, et des pains au chocolat aussi!»
3. Je demande à la bouchère de me donner du poulet, mais elle n'______________________ pas bien, alors je répète la question.
4. Je ______________________ patience parce que dix personnes ______________________ à la caisse et que j'ai très peu de temps.
5. Finalement, je paie en espèces et la caissière me ______________________ la monnaie (*change*).

D. Une phrase logique. Utilisez un élément de chaque colonne pour former sept phrases logiques. N'oubliez pas d'employer un article, un adjectif possessif ou une préposition s'ils sont nécessaires.

Blanche Neige (*Snow White*)	attendre	bus
un boulanger	descendre	clés (*keys*)
nous	perdre	grand-mère
les passagers	rendre visite	monuments
une personne distraite (*absent-minded*)	répondre	pain
le Petit Chaperon rouge (*Little Red Riding Hood*)	vendre	prince
un touriste	visiter	professeur

1. ____

2. ____

3. ____

4. ____

5. ____

6. ____

7. ____

E. Répondez. Répondez aux questions suivantes en utilisant un verbe régulier en **-re**.

MODÈLE: Pourquoi est-ce que vous rendez toujours les devoirs à temps (*on time*)? →
Je rends mes devoirs à temps parce que je suis une bonne étudiante.

1. Quand est-ce que vous perdez du poids (*to lose weight*)?

____

2. Où vend-on des croissants en France?

____

3. Qu'est-ce qui (*What*) vous rend heureux / heureuse?

____

4. Qu'est-ce qu'on vend dans le rayon mode femmes d'un grand magasin?

____

5. Quand est-ce que vous perdez patience?

____

6. À qui rendez-vous visite quand vous avez le temps?

____

Structure 25

L'impératif

Giving commands and advice

A. La politesse. Pour être polis (*polite*), les Français utilisent souvent une question ou une phrase déclarative à la place de l'impératif. C'est vrai pour les personnages dans *Le Chemin du retour*. Écoutez et complétez les phrases avec la forme polie.

Vocabulaire utile: acheter du champagne, appeler ta femme, dîner ensemble, prendre un verre, refermer (*to shut*) la porte, signer un autographe, venir dîner

1. BRUNO: ______________________________ avec moi?

HÉLÈNE: Avec plaisir!

2. SONIA (*à Rachid*): Yasmine et moi, on va se promener un petit peu. ______________ ______________ ce soir?

3. LOUISE: Camille! Tu vas bien, petite?

   CAMILLE: Bien. ______________________________ ce soir?

   LOUISE: Oui, d'accord, mais chez moi.

   CAMILLE: D'accord, mais à une condition: Je fais la cuisine.

4. LOUISE (*à Alex*): Alex. ______________________________?

   Une bonne bouteille, s'il te plaît.

5. LE BOUCHER: D'accord, mais ______________________________.

   Ma femme regarde votre émission le matin.

6. CAMILLE: Grand-mère. Tu vas bien? Tu as l'air en forme!

   LOUISE: Oh, oui, un peu fatiguée… ______________________________, ma chérie.

Maintenant, donnez une phrase à l'impératif pour chaque forme polie.

1. ______________________________
2. ______________________________
3. ______________________________
4. ______________________________
5. ______________________________
6. ______________________________

B. «Hugues, attention!» Hugues ne fait jamais attention. Écoutez les suggestions. Répétez chaque phrase et indiquez à quelle image elle correspond.

a.

b.

c.

d.

e.

f.

g.

h.

MODÈLE: Vous entendez: Hugues, attention! N'achète pas trop de tomates!
Vous répétez: Hugues, attention! N'achète pas trop de tomates!
Vous regardez: les images
Vous écrivez (*write*): c

1. ______ 2. ______ 3. ______ 4. ______ 5. ______ 6. ______ 7. ______

C. Le fils de M. Vautrin. Paul, le fils de M. Vautrin, est très mal élevé (*poorly behaved*). Donnez des suggestions à l'impératif, selon les indications. Employez la forme **vous** pour M. Vautrin et la forme **tu** pour Paul, et employez aussi un pronom complément d'objet indirect quand c'est possible.

MODÈLE: Dites à M. Vautrin de faire attention à son fils. → Faites attention à votre fils!

1. Dites à Paul de manger comme un adulte.
____
2. Dites à M. Vautrin de ne pas perdre la tête.
____
3. Dites à M. Vautrin de ne pas acheter beaucoup de chocolat à Paul.
____
4. Dites à Paul d'écouter toujours son père.
____
5. Dites à Paul de répondre gentiment (*nicely*) à son père.
____
6. Dites à Paul de ne pas boire de coca.
____
7. Dites à M. Vautrin d'être strict avec son fils.
____
8. Dites à M. Vautrin d'avoir de la patience.
____

D. Suggestions. Employez l'impératif pour faire les suggestions suivantes aux personnes indiquées entre parenthèses.

MODÈLE: Dites à votre professeur de rendre les devoirs aux étudiants. (vous) →
Rendez-leur les devoirs.

1. Suggérez (*Suggest*) à vos amis d'aller dîner dans un restaurant. (nous)
____
2. Dites à votre petit frère d'être sage. (tu)
____
3. Proposez à vos amis de ne pas perdre la tête. (nous)
____
4. Demandez à votre mère d'avoir un peu de patience. (tu)
____

5. Proposez à vos amis de faire une fête. (nous)

____

6. Suggérez à vos camarades de chambre de ne pas être fâché(e)s l'un(e) avec l'autre. (vous)

____

7. Proposez à vos amis de revenir à l'université pour une réunion dans 25 ans. (nous)

____

8. Demandez à votre ami de ne pas vous téléphoner à minuit. (tu)

____

E. Chère Delphine. Vous travaillez comme une sorte de «Dear Abby» pour un magazine français. Répondez aux questions des lecteurs (*readers*) en donnant deux conseils différents à l'impératif—un conseil au négatif, un conseil à l'affirmatif. Utilisez deux des verbes suggérés entre parenthèses et employez un pronom complément d'objet indirect dans vos conseils quand c'est possible.

MODÈLE: Chère Delphine, mon beau-père nous rend visite chaque week-end et cela m'irrite (*annoys me*). Qu'est-ce que je peux faire? (divorcer, mettre, parler à, rester à la maison) → a. Ne restez pas à la maison le week-end! b. Parlez-lui; il va comprendre.

1. Chère Delphine, mon professeur de français nous donne toujours trop de travail. Qu'est-ce que je peux faire? (être, étudier, faire vos devoirs, perdre)

____

____

2. Chère Delphine, mes amis me téléphonent trop souvent à minuit! Qu'est-ce que je peux faire? (changer, demander, essayer d'être, répondre)

____

____

3. Chère Delphine, les autres élèves de mon école ne m'aiment pas (*don't like me*). Qu'est-ce que je peux faire? (acheter, avoir confiance [*confidence*], chercher, essayer d'être)

____

____

4. Chère Delphine, je suis végétarien et j'ai peur de ne pas avoir un régime (*diet*) riche en protéines. Qu'est-ce que je peux faire? (boire, être, manger, prendre)

____

____

5. Chère Delphine, je veux arrêter de fumer (*to stop smoking*). Avez-vous des suggestions pour moi? (acheter, aller, fumer, manger)

____

____

6. Chère Delphine, j'adore ma femme mais elle ne m'aime plus. Qu'est-ce que je peux faire? (acheter, divorcer, parler, venir)

____

____

Regards sur la culture

Mettre la table

Les repas en France ont une importance primordiale[a] et traditionnellement les Français aiment bien dresser une belle table[b] quand ils invitent leur famille et leurs amis.

[a]*paramount* [b]dresser... *set a beautiful table*

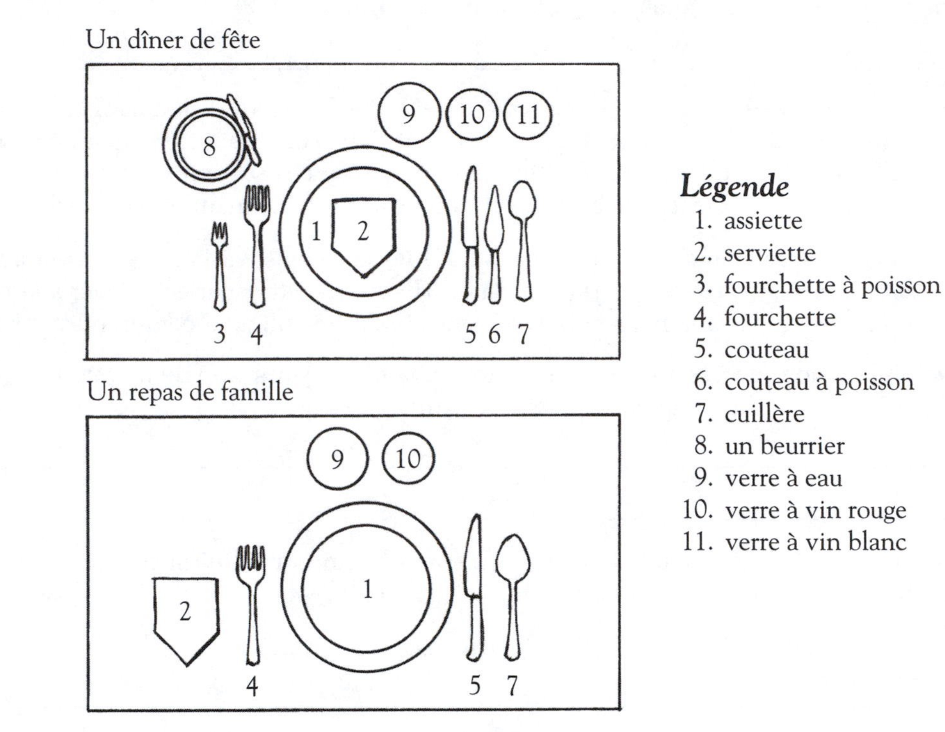

Service de table. Regardez les deux couverts (*table settings*) ci-dessus et utilisez la liste de termes pour répondre aux questions suivantes.

1. Quelles différences y a-t-il entre le couvert pour les invités et le couvert pour la famille?

   ____

2. Qu'est-ce qu'on utilise pour manger de la soupe?

   ____

3. Qu'est-ce qu'on met dans le beurrier?

   ____

4. À votre avis, pourquoi met-on deux verres à vin pour le dîner de fête?

   ____

5. Pour quel aliment met-on une fourchette et un couteau particuliers quand on a des invités?

   ____

Structure 26

Quelques verbes comme *sortir*

Talking about more everyday activities

A. Prononciation. Listen and repeat the conjugation of **sortir**, trying to pronounce each form as much like the speaker as possible.

je sors	nous sortons
tu sors	vous sortez
il sort	ils sortent
elle sort	elles sortent
on sort	

The verbs **sortir**, **partir**, **dormir**, **servir**, **mentir**, and **sentir** all form their present tense in a similar way, and therefore the pronunciation rules for **sortir** also apply to the others. For each verb, notice how the singular forms all sound the same. Listen and repeat.

je pars, tu pars, il part, elle part, on part
je dors, tu dors, il dort, elle dort, on dort

Notice too that you can differentiate between the singular **il/elle** forms and the plural **ils/elles** forms by listening for the final sound in the verb. Even though the endings of both types are silent, the singular stem ends with one sound, and the plural has a different final sound. Listen and repeat.

il sert	ils servent
elle ment	elles mentent
il sent	ils sentent

Now listen to each sentence, and repeat it aloud. Then indicate whether the subject is one person or more than one person or whether it is impossible to say (**impossible à dire**). You will hear each sentence twice.

	1.	2.	3.	4.	5.	6.
une personne	☐	☐	☐	☐	☐	☐
2+ personnes	☐	☐	☐	☐	☐	☐
impossible à dire	☐	☐	☐	☐	☐	☐

B. En vacances à la campagne. (*On vacation in the country.*) Écoutez et complétez les phrases avec le verbe qui manque (*is missing*).

1. Mon amie Muriel ______________________ souvent avec ses amis le soir (*at night*).
2. Pour cette raison, elle ne ______________________ jamais assez.
3. Je lui dis (*say*), « ______________________ en vacances à la campagne ensemble.»
4. Elle accepte et nous ______________________ la ville (*city*) à 8 h le lendemain matin (*the next morning*).
5. En vacances, nous ______________________ beaucoup.
6. J'adore la campagne—ça ______________________ bon.

C. C'est loin, tout ça. Dans l'Épisode 8, Camille donne une photo à sa grand-mère. Complétez chacune (*each one*) des phrases suivantes avec la forme correcte d'un des verbes de la liste.

Verbes: dormir, mentir, partir, servir, sortir

1. Louise, la grand-mère de Camille, ______________________________ dans sa chaise.
2. Camille ______________________________ du café à sa grand-mère.
3. Camille ______________________________ une photo de son sac à main.
4. Louise et Mado ne ______________________________ pas à Camille, mais elles n'aiment pas du tout parler de la guerre.
5. Camille ______________________________ après une dispute avec Mado.

D. Les verbes comme *sortir*. Formez des phrases complètes avec les éléments donnés. Faites tous les changements nécessaires.

Des enfants paresseux (*lazy*)

1. nos enfants / dormir / souvent / jusqu'à (*until*) midi

   ____

2. oh là là, les enfants! / vous / dormir / trop

   ____

3. les élèves / partir / pour l'école / à 10 h du matin

   ____

4. ils / mentir / quand / ils / être / en retard

   ____

5. Frédéric, / mentir / tu / parce que / tu / avoir honte / ?

   ____

Voyage à Bruxelles

6. mon mari et moi / ne pas sortir / ce soir

   ____

7. nous / partir / demain / à Bruxelles / et / nous / avoir besoin / dormir

   ____

8. vous / partir / déjà / ?

   ____

Dans un café

9. tu / sentir / le café / ?

   ____

10. il / sentir bon / n'est-ce pas / ?

   ____

11. pardon, mademoiselle. / servir / vous / des sandwichs / dans ce café / ?

____

12. le serveur / sortir / de la cuisine / avec / deux tasses de café

____

E. Qu'est-ce qu'ils vont faire? Donnez les suggestions indiquées aux personnes suivantes. Employez l'impératif en tenant compte (*taking into account*) du sujet suggéré entre parenthèses.

MODÈLE: Dites à votre frère de partir à l'heure. (tu) →
Pars à l'heure!

1. Proposez à vos amis de sortir ce soir. (nous)

____

2. Dites à votre ami de sortir un stylo. (tu)

____

3. Dites à vos parents de bien dormir. (vous)

____

4. Dites à votre père de servir les œufs. (tu)

____

5. Proposez aux autres étudiants de mentir au professeur. (nous)

____

6. Dites à votre amie de ne pas quitter son mari. (tu)

____

7. Demandez à votre ami(e) de sentir les roses. (tu)

____

8. Dites à vos amis de partir lundi. (vous)

____

F. Quel verbe? Complétez les phrases suivantes avec la forme de **partir**, **sortir** ou **quitter** qui convient.

1. Quand est-ce que ses parents ______________________ pour l'Espagne?
2. Elvis vient de ______________________ le bâtiment.
3. Tu ______________________ en boîte (*nightclub*) avec Jean-Pierre ce soir?
4. À quelle heure ______________________-tu pour l'aéroport?
5. Chantal ______________________ Paris et va à Londres.
6. ______________________ (*Let's go out*) au cinéma samedi.

G. **Répondez.** Répondez à chaque question avec une phrase complète.

1. Sortez-vous souvent le week-end? Où et avec qui?

2. Est-il acceptable de mentir parfois? Quand mentez-vous?

3. À quelle heure partez-vous pour l'université le mercredi?

4. À quelle heure quittez-vous l'université pour rentrer (*return*) chez vous?

5. Qu'est-ce que vous servez quand vous invitez vos amis à dîner chez vous?

6. Combien d'heures dormez-vous la nuit (*night*)? Dormez-vous assez?

Visionnement 2

Après le visionnement. Pensez à l'information culturelle dans ce chapitre et dans l'Épisode 8 du film. Ensuite répondez aux questions à propos de la photo à la page 174.

1. Qui parle probablement en ce moment? Mado? Camille? Expliquez (*Explain*).

____

____

2. Quels sont les sentiments des deux femmes en ce moment? Sont-elles heureuses? inquiètes? fatiguées? furieuses?

____

____

3. Comment est-ce que vous devinez (*guess*) leurs sentiments? Par leurs vêtements? leurs expressions? leurs gestes (*gestures*)?

____

____

4. Quand Camille dit: «Tu perds la tête!», qu'est-ce qu'elle veut dire? Que sa mère est vraiment folle? Qu'elle prend cette situation trop au sérieux? Autre chose?

____

____

5. Qu'est-ce qu'une discussion animée peut indiquer en France?

____

____

À écrire

Un repas destiné à impressionner

Vous voulez préparer un repas pour impressionner une personne importante (votre chef [*boss*], votre professeur, les parents de votre ami[e]). Vous allez décrire (*describe*) votre plan et vos préparations.

Première étape. À quelles questions allez-vous répondre dans votre paragraphe? Lisez les questions suivantes et ajoutez (*add*) d'autres questions si vous voulez. Numérotez-les (*Number them*) pour indiquer l'ordre de vos réponses.

______ Quels plats allez-vous servir?

______ Quand est-ce que vous allez acheter les ingrédients?

______ Dans quels magasins allez-vous faire vos achats (*purchases*)?

______ Quand est-ce que vous allez commencer la préparation du repas?

______ ____

______ ____

Deuxième étape. Quels mots de vocabulaire vont être utiles pour répondre à chaque question? Notez ces mots dans le tableau suivant.

PLATS/INGRÉDIENTS	MAGASINS	PRÉPARATIONS	AUTRES MOTS

Troisième étape. Écrivez votre paragraphe en utilisant vos préparations des autres étapes.

MODÈLE: J'invite mon chef à dîner chez moi. Je vais servir...

____

____

____

____

____

____

____

____

Quatrième étape. Maintenant, regardez votre paragraphe et cherchez des fautes d'orthographe (*spelling errors*), de ponctuation, de grammaire (par exemple, les accords sujet-verbe et substantif-adjectif, l'usage des articles) et de vocabulaire. S'il y a des fautes, corrigez-les.

Dossier culturel

A. **Jacques Prévert.** Utilisez des ressources imprimées (*printed*) ou des liens sur **www.mhhe.com/debuts2** pour écrire une biographie de Jacques Prévert en cinq à huit phrases. Relevez (*Highlight*) les événements importants de sa vie et de sa carrière (*career*).

B. **Un poème de Jacques Prévert.** Présentez un des poèmes de Jacques Prévert et expliquez-le (*analyze it*). Parlez du thème, du ton, des images et du symbolisme. Est-ce qu'il y a des exemples d'allitération, d'onomatopée, de répétition? Quel est l'effet de ces techniques poétiques? Quelle est votre réaction à ce poème?

C. **Des vins français.** Faites-vous œnologue (spécialiste des vins)! Utilisez des ressources imprimées ou des liens sur **www.mhhe.com/debuts2** pour faire des recherches sur les vins français. D'abord, cherchez et imprimez une «carte (*map*) des vins de France». Ensuite... 1. trouvez la définition des mots suivants: appellation, cépage, vignoble. 2. choisissez deux régions de France et sélectionnez deux appellations pour chaque région. 3. donnez deux renseignements (*pieces of information*) sur chaque appellation. 4. identifiez trois régions qui produisent du vin en Amérique du Nord.

Nom ______________________ Date ______________ Cours ______________

Chapitre 9

Inquiétudes

Vocabulaire en contexte

Les parties du corps

A. C'est quelle partie? Regardez la partie du corps sur l'image et écoutez la question. Dites (*Say*) **oui** ou **non** et identifiez la partie du corps correcte. Puis écoutez pour vérifier votre réponse.

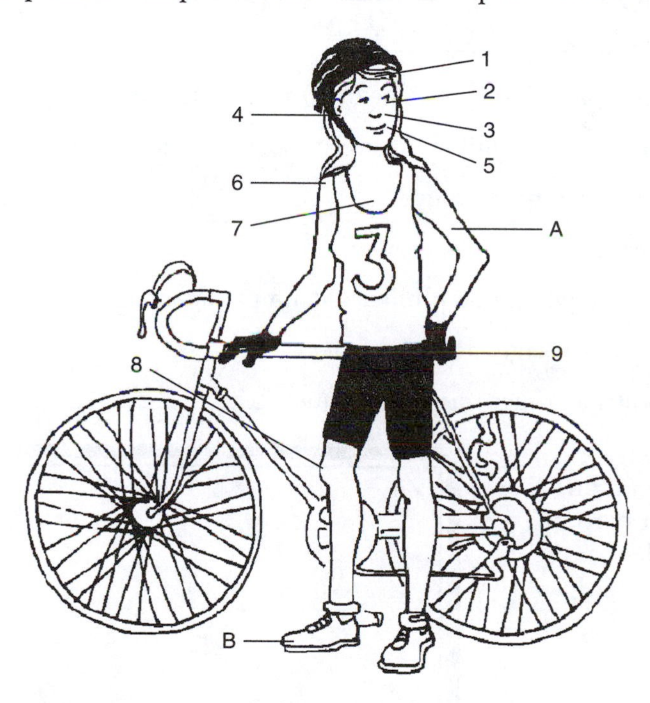

MODÈLE A:	Vous voyez (*You see*):	un bras
	Vous entendez (*You hear*):	C'est un bras?
	Vous dites:	Oui, c'est un bras.
	Vous entendez:	Oui, c'est un bras.
MODÈLE B:	Vous voyez:	un pied
	Vous entendez:	C'est une jambe?
	Vous dites:	Non, ce n'est pas une jambe. C'est un pied.
	Vous entendez:	Non, ce n'est pas une jambe. C'est un pied.

1. … 3. … 5. … 7. … 9. …
2. … 4. … 6. … 8. …

B. Combien? Écoutez les questions et dites combien de ces différentes parties du corps nous avons chacun (*we each have*). Puis écoutez pour vérifier votre réponse.

MODÈLE: Vous entendez: Nous avons combien de têtes?
Vous dites: Nous avons une tête.
Vous entendez: Nous avons une tête.

1. … 2. … 3. … 4. … 5. … 6. … 7. … 8. …

C. Quelle partie? Complétez la phrase avec une des parties du corps mentionnées dans la liste suivante (*following*). *Attention*: Utilisez l'article défini correct.

Vocabulaire utile: bouche, cerveau, cheveux, dents, muscles, pied, ventre, yeux

1. ______________________________ sont verts, bleus, noirs ou marron.
2. ______________________________ sont en général blonds, bruns, noirs ou roux (*red*).
3. Faire du sport, c'est bon pour ______________________________.
4. On porte une chaussette sur ______________________________.
5. L'estomac est dans ______________________________.
6. Dans la bouche, il y a ______________________________.
7. Nous pensons avec ______________________________.

D. Associations. Écrivez la partie du corps que (*that*) vous associez avec les mots donnés.

MODÈLE: l'écriture, deux, la guitare, manger, montrer → les mains

1. les dents, parler, manger, boire, rouge ______________________________
2. la musique, écouter, à côté du visage, deux ______________________________
3. les genoux, faire du jogging, une promenade, un pantalon ______________________________
4. bleu ou marron, sur le visage, deux, regarder ______________________________
5. amour, dans la poitrine, rouge, crise cardiaque ______________________________

E. Un monstre! (*A monster!*) Écoutez la description d'un monstre, et faites son portrait. Vous allez entendre le passage deux fois.

Nom ______________________ Date ______________ Cours ______________________

La santé

A. C'est quoi? Employez le vocabulaire utile pour compléter chaque phrase.

Vocabulaire utile: comprimés, fièvre, grippe, hôpital, infirmière, médecin, médicament, mouchoirs en papier, nez qui coule, ordonnance

Marcel a le ______________________[1] et des douleurs partout.[a] Il utilise dix ______________________[2] à l'heure[b] et il prend des ______________________[3] d'aspirine. Il a la ______________________.[4]

Stephanie est à l'______________________[5] parce qu'elle est très malade. Une ______________________[6] s'occupe[c] d'elle quand les médecins ne sont pas là. Quand Stéphanie quitte l'hôpital, son ______________________[7] va lui donner une ______________________[8] pour un ______________________.[9]

[a]*all over* [b]*à... per hour* [c]*takes care*

B. Conseils. (*Advice.*) Écoutez le problème médical et donnez le conseil logique. Puis écoutez pour vérifier votre réponse.

MODÈLE: Vous entendez: J'ai le nez qui coule.
Vous lisez (*read*): Allez à l'hôpital. Achetez des mouchoirs.
Vous dites: Achetez des mouchoirs.
Vous entendez: Achetez des mouchoirs.

1. Achetez des pastilles. — Parlez beaucoup.
2. Mangez des petits gâteaux (*cookies*). — Faites du sport.
3. Prenez de l'aspirine. — Allez chez un psychiatre.
4. Évitez (*Avoid*) le stress. — Mangez des hamburgers.
5. Mangez des biscuits salés (*crackers*). — Mangez de la pizza.
6. Mangez de la confiture. — Mangez des fruits et des légumes.

C. Et vous? Répondez aux questions en faisant des phrases complètes.

Vocabulaire utile: avoir mal à, des douleurs, être en bonne forme, la fièvre, un médecin, un médicament, une ordonnance, un rhume, tomber malade, tousser

1. Est-ce que vous êtes souvent malade? Qu'est-ce que vous avez? Quels sont les symptômes?

____

____

2. Quand vous avez une grippe, que faites-vous pour guérir (*to get well*)?

____

____

3. Est-ce que vous aimez aller chez le médecin? Pourquoi ou pourquoi pas?

____

____

4. Est-il important d'être en bonne santé? Que faites-vous pour être en bonne forme?

____

____

Visionnement 1

A. Que savez-vous? Complétez chaque phrase avec le nom d'une des femmes du film: Hélène, Sonia, Martine, Louise, Mado.

1. ______________________________ travaille à Canal 7 comme productrice.
2. ______________________________ est une amie de Bruno. Elle vient de Montréal.
3. ______________________________ n'aime pas Paris parce qu'elle a froid et parce qu'elle est loin de sa famille à Marseille.
4. ______________________________ est malade.
5. ______________________________ fait un reportage sur Camille parce que c'est une vedette (*star*) de la télévision française.
6. ______________________________ ment à Camille à propos de la santé de Louise.
7. ______________________________ propose un voyage dans les Cévennes à Camille.

B. À propos des personnages

Première étape. Selon votre impression du caractère d'Hélène, complétez les phrases suivantes avec une des options entre parenthèses.

1. Hélène parle ______________________________ (une, deux) langue(s).
2. Elle pense que ______________________________ (l'amitié [*friendship*], le travail) est la chose la plus importante (*the most important thing*).
3. Hélène adore la ville de ______________________________ (Montréal, Toronto).
4. Elle a fait des études (*studied*) en ______________________________ (communication interculturelle, histoire canadienne).
5. Hélène a commencé (*began*) son travail de journaliste ______________________________ (à Radio Canada, au journal *Le Devoir*).
6. Hélène aime voyager ______________________________ (partout, au Canada).
7. (Bruno, Rachid) ______________________________ et Hélène sont de bons amis.
8. Hélène veut ______________________________ (partager son pays avec le monde [*world*], devenir professeur).

Deuxième étape. Maintenant, écoutez ce texte sur la vie (*life*) d'Hélène.

À Montréal, les amis d'Hélène Thibaut savent que[1] c'est une femme indépendante. Elle a de l'ambition, mais elle place toujours l'amitié avant le travail. Elle prend des décisions intelligentes pour sa carrière, mais sa liberté est très, très importante pour elle.

Son père est québécois et parle français, et sa mère vient de Toronto et est d'origine anglophone. Hélène est parfaitement bilingue.[2] Elle adore Montréal où on parle français, mais elle aime beaucoup rendre visite à la

[1]savent... *know that* [2]parfaitement... *completely bilingual*

famille de sa mère et parler anglais avec eux. C'est dans la famille de sa mère qu'elle apprend l'importance de la communication interculturelle. À cette époque,[3] elle pense devenir professeur et elle fait des études en communication interculturelle. Mais après quelques années d'études, elle change d'opinion. Elle décide que le journalisme va lui donner l'occasion de voyager et de mettre en pratique cette communication si importante. Et les voyages, pour elle, c'est la liberté.

Elle commence son travail de journaliste à Radio Canada, où elle voyage pour des reportages sur la politique, la culture et les sports. Ses supérieurs comprennent vite[4] qu'elle a beaucoup de talent pour les reportages à l'étranger,[5] et elle commence à faire des documentaires filmés sur différents pays du monde. C'est fantastique! Elle voyage partout.

Mais sa destination préférée est la France. Elle découvre[6] la culture française et des Français, et elle rencontre[7] des journalistes comme elle. Quand elle fait la connaissance de Bruno Gall, ils deviennent vite de bons amis. Chaque fois qu'elle vient en France, ils sortent ensemble et ils s'amusent.[8] Mais Bruno n'est pas l'amour de sa vie.[9] Pour l'instant, elle s'intéresse[10] au travail et elle adore montrer le monde aux Québécois et parler un peu de son cher pays au reste du monde. Et, bien sûr, on profite ainsi[11] de son joli sourire[12] et de son rire contagieux.[13]

[3]À… *At that time* [4]*quickly* [5]à… *abroad* [6]*discovers* [7]*meets* [8]*have a good time* [9]amour… *love of her life* [10]*is interested* [11]*thus* [12]*smile* [13]rire… *contagious laugh*

Troisième étape. Maintenant, relisez vos réponses dans la première étape et corrigez-les (*correct them*), si nécessaire, en vous basant sur le texte.

C. Vous avez compris? Écoutez les descriptions d'Hélène et décidez si elles sont vraies ou fausses ou si c'est impossible à dire.

	VRAI	FAUX	IMPOSSIBLE À DIRE
1.	☐	☐	☐
2.	☐	☐	☐
3.	☐	☐	☐
4.	☐	☐	☐
5.	☐	☐	☐
6.	☐	☐	☐

Prononciation et orthographe

La voyelle e *instable* /ə/

The vowel sound /ə/ is called *schwa* in English. In French, it is referred to as the **e instable,*** since it may not be pronounced in certain circumstances. When pronounced, the **e instable** sounds somewhat like the **e** in the English word *her*. It occurs in nine specific one-syllable words ending in **e** and in numerous other words. Listen and repeat.

ce **de** **je** **le** **me** **ne** **que** **se** **te**
appeler **revenir** **table**

*Other common names for this vowel are **e caduc** (*which falls off*) or **e muet** (*mute e*). This program uses the term **e instable** because it seems to define most clearly the changeable nature of the vowel.

Notice in the preceding examples that the /ə/ sound is spelled as **e**. There are also two common exceptions in which different letters are pronounced as /ə/.

faisons /fəzɔ̃/ **monsieur** /məsjø/

Two basic and simple explanations for when the **e instable** can be "dropped" are useful for most of your communication at this point.

1. The first explanation is known as the "law of three consonants" (**la loi des trois consonnes**). An **e instable** may be dropped in speech as long as a series of three sounded consonants does not result. For example, in the sentence **Vous vous appelez Rachid?**, the **e instable** may be dropped in **appelez**, because a series of only two sounded consonants is produced. Listen and repeat.

   Vous vous **appelez** Rachid?
   Acceptable: /aple/

   In the word **appartement**, however, the **e instable** may not be deleted, because in doing so, a series of three consonants (/...ʀtm.../) would be produced. Listen and repeat.

   appar**te**ment
   Not acceptable: /apaʀtmɑ̃/
   Acceptable: /apaʀtəmɑ̃/

2. A number of fixed expressions always drop one **e instable**. Listen and repeat.

   je le = /jəl/ or /jlə/
   je me = /jəm/ or /jmə/
   je ne = /jən/ or /jnə/
   je te = /jət/ or /jtə/
   je ne te = /jəntə/
   je ne me = /jənmə/
   ne me = /nəm/
   ne te = /nət/
   de ne = /dən/
   parce que = /paʀskə/

Écoutez et répétez. The letter **e instable** is highlighted in each of the following sentences. First, listen to each sentence and put a slash through each **e instable** that is dropped (not pronounced). Then listen again. Repeat the sentence aloud, imitating the pronunciation of the speaker as closely as possible.

1. **Je te** dis «bonjour» quand tu es près d**e** moi.
2. Quand il fait froid, on s**e** trouve d**e**vant l**e** feu.
3. Est-c**e** qu**e** tu veux travailler maint**e**nant ou dans l'av**e**nir?
4. **Je te** dis, **je ne** suis plus une enfant.
5. Dans notr**e** appart**e**ment, la tabl**e** est d**e**vant la ch**e**minée.
6. **Je ne me** souviens plus d**e** tous les p**e**tits détails du r**e**portage d**e** Catherine.
7. D'habitude, **je me** lève à six heures et **je me** couche vers minuit.
8. **Je me** suis fâchée! Ma rob**e** bleue est perdue.
9. **Ne me** parl**e** pas sur c**e** ton!
10. Nous r**e**gardons l**e** film *Le Chemin du retour.*

Nom ______________________ Date ______________ Cours ______________

Structure 27

Le complément d'objet direct

Avoiding repetition

A. Dictée. Écoutez les dialogues suivants et écrivez les pronoms compléments d'objet direct et indirect que vous entendez.

1. CAMILLE: Maman, je te présente Rachid, un copain.[a] Rachid, c'est Mado.

   RACHID: Bonsoir, madame.

   MADO: Je ______ invite à dîner, mes enfants! J'apporte tout ce qu'il faut[b] chez toi dans une demi-heure... !

   [a]*friend* [b]J'apporte... *I'll bring everything we need*

2. MADO: Une coupe de champagne?

   CAMILLE: Avec plaisir.

   RACHID: Non, merci... enfin° pas ce soir. On ______ attend... donc euh...

   °*at least*

3. CAMILLE: Tu ______ racontes[a] son voyage dans les Cévennes? S'il te plaît?

   LOUISE: Un autre jour. Je te ______ promets!... Camille... Je ______ remercie[b] pour la photo.

   [a]Tu... *Will you tell me about* [b]*thank*

4. LOUISE: Oh, chérie!

   CAMILLE: Grand-mère, à quoi tu joues?°... Tu veux ______ faire peur?

   °à... *what are you up to?*

5. MÉDECIN: Quelqu'un doit rester près d'elle. Au cas où°... appelez-______.

   °Au... *If it comes to that*

B. De quoi est-ce qu'on parle? Écoutez les phrases et choisissez le mot qui (*choose the word that*) peut être le complément d'objet direct. Refaites la phrase avec le mot que vous choisissez. Puis écoutez pour vérifier votre réponse.

MODÈLE: Vous lisez: la table le film les enfants
Vous entendez: Je le regarde.
Vous dites: Je regarde le film.
Vous entendez: Je regarde le film.

1.	le chocolat	les cours	la cravate
2.	le café	ces chaussures	nos amis
3.	cette chaise	ce crayon	ces haricots verts
4.	le dîner	l'école	les légumes
5.	ce pull	cette veste	ces vêtements

C. Éviter la répétition. Récrivez (*Rewrite*) la deuxième (*second*) phrase avec un pronom complément d'objet direct pour éviter la répétition.

MODÈLE: La voiture rouge? Nous achetons la voiture rouge. → Nous l'achetons.

1. Le chocolat? Nous adorons le chocolat. ______________________________
2. Le saumon? Elle aime le saumon. ______________________________
3. Les petits pois? L'enfant déteste les petits pois. ______________________________
4. Le tee-shirt rose? Elle porte le tee-shirt rose. ______________________________
5. Les cravates? Tu achètes les cravates. ______________________________
6. Madeleine? Vous attendez Madeleine? ______________________________

D. M. et Mme Dufour. M. et Mme Dufour ne sont jamais d'accord. Complétez leurs remarques. Employez un pronom sujet et un pronom complément d'objet direct pour éviter la répétition. *Attention*: Pour une réponse affirmative à une phrase négative, on dit **si**.

MODÈLE: M. DUFOUR: Maryse aime faire le ménage. →
MME DUFOUR: Mais non! Elle n'aime pas le faire.

MODÈLE: MME DUFOUR: Tu ne m'aimes pas. →
M. DUFOUR: Mais si! Je t'aime beaucoup.

1. M. DUFOUR: Les enfants aiment étudier l'espagnol.
   MME DUFOUR: ______________________________
2. M. DUFOUR: Les enfants ne vont pas regarder la télévision.
   MME DUFOUR: ______________________________
3. M. DUFOUR: Jules déteste préparer les repas.
   MME DUFOUR: ______________________________
4. MME DUFOUR: Tu vas m'inviter à manger au restaurant, n'est-ce pas?
   M. DUFOUR: ______________________________
5. M. DUFOUR: Tu ne vas pas m'attendre pour manger?
   MME DUFOUR: ______________________________

E. Les Dufour au restaurant. Mme et M. Dufour sont au restaurant avec leurs enfants. Ils ne sont pas du tout d'accord. Quand Mme Dufour parle aux enfants, M. Dufour dit le contraire (*says the opposite*). Que dit M. Dufour? Employez un pronom complément d'objet direct pour éviter la répétition.

MODÈLE: MME DUFOUR: Regardez la carte. → M. DUFOUR: Ne la regardez pas.

1. MME DUFOUR: Mettez vos serviettes sur les genoux.
   M. DUFOUR: ______________________________
2. MME DUFOUR: Écoutez la serveuse (*waitress*).
   M. DUFOUR: ______________________________
3. MME DUFOUR: Ne nous attendez pas.
   M. DUFOUR: ______________________________

4. MME DUFOUR: Jules! Prends ce café au lait.

   M. DUFOUR: ______________________

5. MME DUFOUR: Jules! Ne bois pas ce vin.

   M. DUFOUR: ______________________

6. MME DUFOUR: Regardons le menu de nouveau (*again*).

   M. DUFOUR: ______________________

7. MME DUFOUR: Maryse! Cherche le cuisinier (*chef*).

   M. DUFOUR: ______________________

8. MME DUFOUR: Ne quittez pas le restaurant!

   M. DUFOUR: ______________________

F. **Une lettre.** Voilà une lettre de Chantal à sa grand-mère. Il y a trop de répétitions. Récrivez la lettre en employant des pronoms.

Pronoms sujets: je, tu, il, elle, nous, vous, ils, elles

Pronoms compléments d'objet direct: me, te, le, la, nous, vous, les

Chère grand-mère,

Merci pour la calculatrice! La calculatrice est très utile. J'aime beaucoup la calculatrice! J'ai toujours la calculatrice avec moi.

Ma camarade de chambre, Simone, étudie la musique et Simone chante très bien. J'adore Simone et j'aime écouter Simone.

Nous avons beaucoup d'amis. Nous invitons souvent nos amis à dîner chez nous. Parfois, Simone fait la cuisine, et parfois je fais la cuisine.

Nos amis sont sympas. Nos amis étudient à l'université. Paule et Michel font toujours leurs devoirs mais Georges et Maryse ne font jamais les devoirs. Moi, je fais les devoirs chaque jour.

Gros bisous,°

Chantal

°Gros… *lots of kisses*

MODÈLE: Chère grand-mère,

Merci pour la calculatrice! Elle est très utile. …

____

____

____

____

____

____

____

____

____

____

Regards sur la culture

Les dangers du soleil

La Ligue Nationale contre le Cancer informe le public sur les dangers du soleil (*sun*), notamment le cancer de la peau (*skin*).

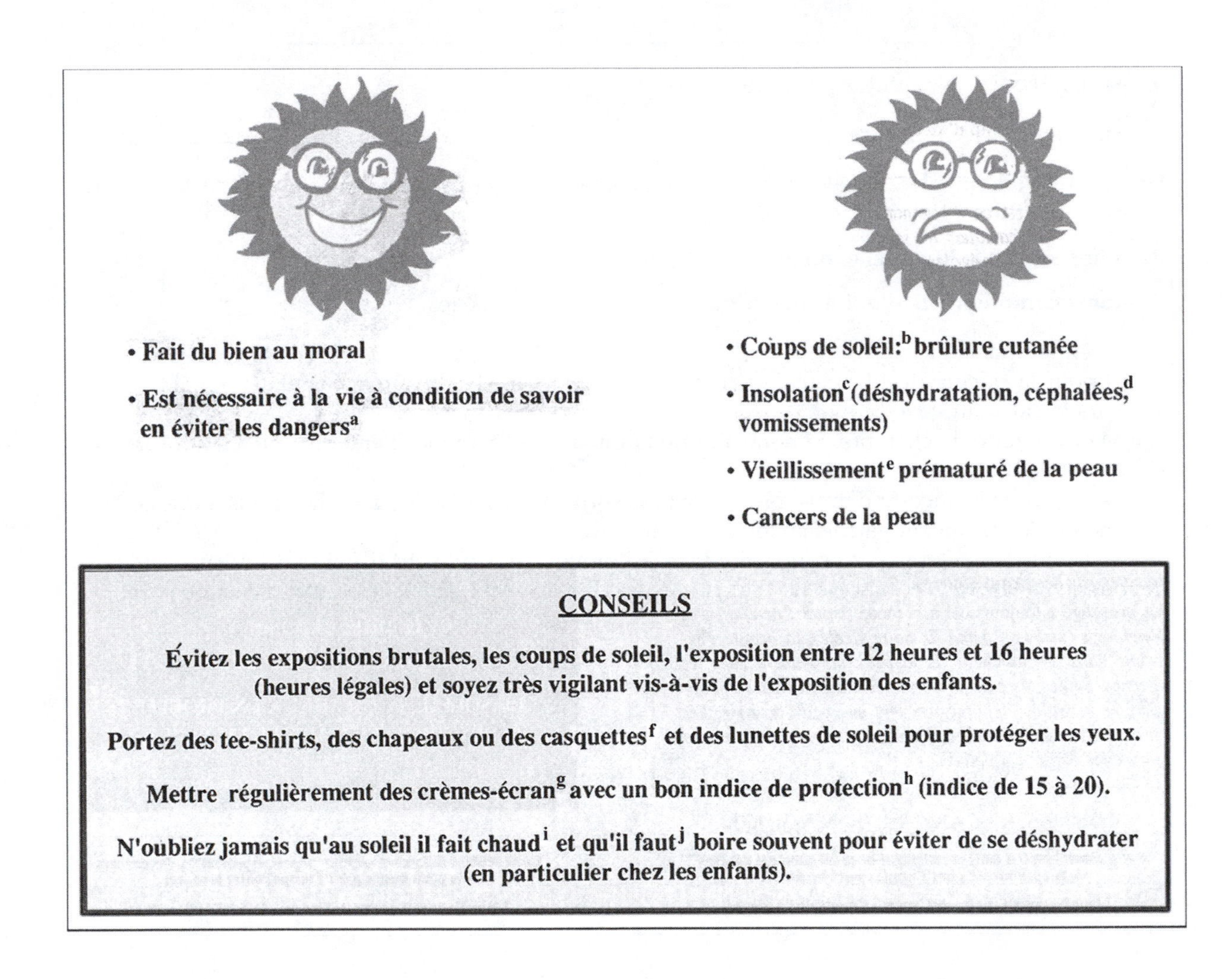
• Fait du bien au moral
• Est nécessaire à la vie à condition de savoir en éviter les dangers[a]
• Coups de soleil:[b] brûlure cutanée
• Insolation[c] (déshydratation, céphalées,[d] vomissements)
• Vieillissement[e] prématuré de la peau
• Cancers de la peau
CONSEILS
Évitez les expositions brutales, les coups de soleil, l'exposition entre 12 heures et 16 heures (heures légales) et soyez très vigilant vis-à-vis de l'exposition des enfants.
Portez des tee-shirts, des chapeaux ou des casquettes[f] et des lunettes de soleil pour protéger les yeux.
Mettre régulièrement des crèmes-écran[g] avec un bon indice de protection[h] (indice de 15 à 20).
N'oubliez jamais qu'au soleil il fait chaud[i] et qu'il faut[j] boire souvent pour éviter de se déshydrater (en particulier chez les enfants).

[a]savoir… *to know how to avoid its dangers* [b]Coups… *Sunburns* [c]*sunstroke* [d]*headaches* [e]*Aging* [f]*caps* [g]*sunscreens* [h]indice… *sun protection factor* [i]il… *it's hot* [j]il… *one must*

Conseils pour la santé. Lisez la brochure et répondez aux questions suivantes.

1. Entre quelle heure et quelle heure doit-on éviter (*should one avoid*) le soleil?

   ____

2. Qu'est-ce qu'on doit porter pour protéger les yeux?

   ____

3. Qu'est-ce qu'on doit porter pour protéger le corps?

   ____

4. Quel est l'indice minimum de protection pour une bonne crème-écran?

   ____

5. Qu'est-ce qu'il faut faire pour éviter de se déshydrater?

   ____

Structure 28

Les verbes pronominaux

Talking about daily routines

A. Et toi? Et lui? Écoutez le verbe et le nouveau sujet. Ensuite (*Then*), conjuguez le verbe avec le nouveau sujet. Puis écoutez pour vérifier votre réponse.

MODÈLE: Vous entendez: Tu te dépêches. / Robert
Vous dites: Robert se dépêche.
Vous entendez: Robert se dépêche.

1. … 3. … 5. … 7. … 9. …
2. … 4. … 6. … 8. … 10. …

B. À compléter. Complétez les phrases suivantes avec la forme correcte des verbes de la liste.

Vocabulaire utile: s'amuser, s'appeler, se brosser, se casser, se coucher, se dépêcher, s'entendre, s'habiller, s'inquiéter, se lever, se passer, se promener, se rappeler, se rendre compte, se souvenir, se téléphoner, se tromper

1. Maman est fatiguée. Elle ______________________ toujours après minuit et elle ______________________ à six heures du matin.
2. Jérôme a beaucoup d'amis. Il ______________________ bien avec tout le monde.
3. Moi, mon nom, c'est Anne. Et toi? Comment est-ce que tu ______________________?
4. La famille Calmette ______________________ au Jardin des Plantes chaque samedi.
5. Tu ______________________ les dents sept fois par jour? C'est beaucoup!
6. Ma grand-mère ______________________ de mon anniversaire chaque année. Elle m'achète un nouveau livre ou un disque.

(*continued*)

Vocabulaire utile: s'amuser, s'appeler, se brosser, se casser, se coucher, se dépêcher, s'entendre, s'habiller, s'inquiéter, se lever, se passer, se promener, se rappeler, se rendre compte, se souvenir, se téléphoner, se tromper

7. Nous adorons Londres! Nous ______________________ beaucoup ici! Nous travaillons trop chez nous. Nous voulons rester (*stay*) ici!
8. S'il ______________________ le bras, le médecin va lui mettre un plâtre (*cast*).
9. Vous ______________________ en maillot de bain pour aller manger dans un restaurant élégant? Mais c'est bizarre!
10. Tu penses que 25 + 25 = 60? Tu ______________________! 25 + 25 = 50!
11. Il est après minuit et ma fille n'est pas encore à la maison. Je ______________________.
12. Je ne comprends pas ce qui (*what*) ______________________ ici. Peux-tu me l'expliquer?
13. Ma sœur habite au Sénégal et j'habite à New York, mais nous ______________________ tous les week-ends.
14. Est-ce que tu ______________________ le numéro de téléphone de David? Je l'oublie toujours!
15. Pourquoi est-ce que tu ______________________? Nous sommes en avance.

C. Les conseils de Béatrice. Béatrice a des conseils pour tout le monde. Mettez ses conseils à l'impératif.

MODÈLES: Son petit frère ne se peigne pas. →
BÉATRICE: Peigne-toi!

Ses amis s'endorment en classe. →
BÉATRICE: Ne vous endormez pas en classe!

1. Son amie Paule se maquille en classe.

   BÉATRICE: ____

2. Ses petites sœurs se disputent à table au dîner.

   BÉATRICE: ____

3. Sa sœur Véronique ne se lave pas les mains.

   BÉATRICE: ____

4. Son père ne se rase pas le samedi.

   BÉATRICE: ____

5. Au cinéma, ses parents ne regardent pas le film et s'embrassent beaucoup.

   BÉATRICE: ____

6. Son ami Alain arrive tard à l'école parce qu'il ne se dépêche pas le matin.

   BÉATRICE: ____

7. Le professeur se fâche.

   BÉATRICE: ____

8. Ses cousins ne se rappellent pas l'anniversaire de Béatrice.

   BÉATRICE: ____________________

9. Ses professeurs ne se parlent jamais l'un à l'autre.

   BÉATRICE: ____________________

D. Prédictions. Lisez la situation et écrivez une prédiction en employant des verbes pronominaux: Qu'est-ce qui va se passer?

MODÈLE: Les petits frères de Daniel cassent son vélo. →
Prédiction: Il va se fâcher.

1. Papa est très fatigué.

   Prédiction: ____________________

2. Céline vient de se lever. Elle a cours dans dix minutes.

   Prédiction: ____________________

3. Patrick et Marie-Claude s'aiment beaucoup et ils veulent avoir des enfants ensemble.

   Prédiction: ____________________

4. Jules et Thérèse sont fâchés l'un contre l'autre.

   Prédiction: ____________________

E. Et demain? Serge fait la même chose tous les jours (*every day*). Il fait certaines choses aujourd'hui. Qu'est-ce qu'il va faire demain (*tomorrow*)? Écoutez pour vérifier votre réponse.

MODÈLE: Vous entendez: Serge se réveille aujourd'hui à huit heures.
Vous dites: Il va se réveiller demain à huit heures.
Vous entendez: Il va se réveiller demain à huit heures.

1. … 2. … 3. … 4. … 5. …

F. L'ordre des choses. Racontez (*Tell about*) un matin typique. Mettez vos activités matinales en ordre. Écrivez huit phrases complètes et utilisez des parties du corps avec les verbes donnés qui vous conviennent.

Verbes utiles: se brosser, s'habiller, se laver, se lever, prendre le petit déjeuner, se maquiller, se peigner, se raser, se réveiller

____

____

____

____

____

____

____

____

____

____

G. Et vous? Répondez aux questions suivantes en faisant des phrases complètes.

1. Est-ce que vous vous fâchez souvent ou rarement? Quand et pourquoi?

____

____

2. Avec quelle sorte de personne est-ce que vous vous entendez bien? Avec quelle sorte de personne est-ce que vous vous entendez mal?

____

____

3. À quoi est-ce que vous vous intéressez? Pourquoi?

____

____

4. Est-ce que vous vous inquiétez souvent ou rarement? Quand et pourquoi?

____

____

5. Est-ce que vous vous rendez compte de vos défauts (*faults*)? Est-ce que vous vous rendez compte de vos qualités (*good qualities*)? Donnez des exemples.

____

____

Structure 29

Le verbe devoir

Talking about duties and obligations

A. Prononciation. The forms of the verb **devoir** are irregular. Listen and repeat, trying to pronounce each form as much like the speaker as possible.

je dois	nous devons
tu dois	vous devez
il doit	ils doivent
elle doit	elles doivent
on doit	

Notice that the singular forms all sound the same: /dwa/. You must pay attention to the pronoun, since it clarifies which person the speaker is talking about. Listen and repeat.

je dois   tu dois   il doit   elle doit   on doit

Secondly, you can differentiate between the singular **il/elle** forms and the plural **ils/elles** forms by listening for the final sound in the verb. The singular form ends with a vowel sound; the plural has a final consonant sound. Listen and repeat.

elle doit elles doivent

Finally, notice that the **e** in the **nous** and **vous** forms is pronounced as a schwa sound (the **e instable** /ə/—see **Prononciation et orthographe** in this chapter).

nous d**e**vons vous d**e**vez

Now listen to each sentence and repeat it aloud. Then circle the verb form you hear. Pay attention to both the pronoun and the verb. You will hear each sentence twice.

1. dois	doit	3. devons	doivent	5. doit	doivent
2. dois	doit	4. devez	devons	6. dois	doit

B. Je dois. Écoutez et transformez chaque phrase avec le pronom sujet suggéré. Puis écoutez pour vérifier votre réponse.

MODÈLE: Vous entendez: Elle doit venir.
Vous lisez: tu
Vous dites: Tu dois venir.
Vous entendez: Tu dois venir.

1. je 2. elle 3. nous 4. vous 5. ils 6. tu

C. Un anniversaire! Catherine organise une fête pour l'anniversaire de son petit frère. Complétez sa liste de projets avec les formes correctes du verbe **devoir**.

1. Je ______________________ mettre la table.
2. Mes cousins ______________________ faire un dessert.
3. Tu ______________________ acheter du vin.
4. Papa et maman ______________________ faire les courses.
5. Papa ______________________ aller au marché.
6. Nous ______________________ inviter nos cousins.
7. Et vous? Qu'est-ce que vous ______________________ faire?

D. Que faire? Écoutez chaque phrase et faites une deuxième phrase avec le pronom sujet donné + **devoir** + l'expression logique entre parenthèses. Puis écoutez pour vérifier votre réponse.

MODÈLE: Vous entendez: Lise a faim.
Vous lisez: elle (manger, dormir)
Vous dites: Elle doit manger.
Vous entendez: Elle doit manger.

1. il (sortir, dormir)
2. nous (faire du sport, boire de l'eau)
3. tu (mettre un short, mettre un manteau)
4. vous (se dépêcher, se coucher)
5. ils (mettre un pull, mettre un short et un tee-shirt)
6. nous (faire une promenade, rester à la maison)
7. ils (aller au cinéma, aller à la bibliothèque)
8. je (jouer avec des amis, aller chez le médecin)
9. vous (prendre de l'aspirine, manger une pizza)
10. je (me reposer, aller danser)

E. Des dettes. (*Debts.*) Faites des phrases avec le verbe **devoir** et les éléments donnés.

MODÈLE: Sylvie / lui / 50 € → Sylvie lui doit 50 €.

1. tu / nous / un service ________________
2. Simone / nous / de l'argent ________________
3. vous / me / beaucoup ________________
4. je / mon succès / à mes parents ________________
5. Étienne / quelques livres / à la bibliothèque ________________

____
6. nous / lui / du respect ________________

Visionnement 2

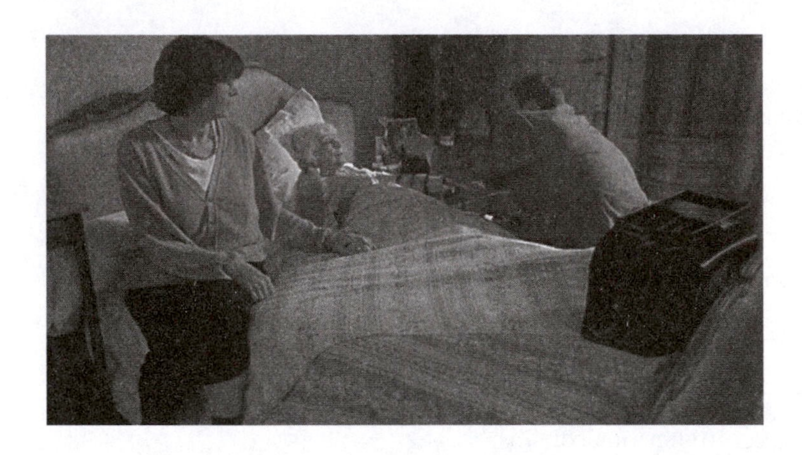

Après le visionnement. Pensez à l'information culturelle dans ce chapitre, dans l'Épisode 9 et sur la photo. Ensuite, associez les éléments des deux colonnes pour parler de la situation médicale en France.

1. Une personne âgée est malade. ______
2. Un enfant se casse le bras. ______
3. Une femme attend un enfant. ______
4. Une femme a mal aux dents. ______
5. Un adolescent a mal à la tête. ______
6. Un homme mange trop pendant un grand repas familial. ______
7. Un étudiant ne se sent pas bien (*doesn't feel well*), mais il n'est pas très malade. ______

a. Il parle avec un pharmacien.
b. Il a une crise de foie.
c. Le médecin vient à la maison.
d. Elle va chez le dentiste.
e. Il prend de l'aspirine.
f. Elle ne paie presque rien (*almost nothing*) pour les visites médicales.
g. On l'amène (*takes him*) à l'hôpital pour lui mettre un plâtre.

À écrire

À la pharmacie

Vous n'allez pas très bien et vous allez à la pharmacie. Imaginez un petit dialogue avec la pharmacienne.

Première étape. Imaginez vos symptômes et déterminez le vocabulaire nécessaire pour les expliquer (*explain them*) à la pharmacienne.

Deuxième étape. Faites une liste de trois questions qu'elle vous pose sur vos symptômes.

Troisième étape. Imaginez les conseils qu'elle vous donne et faites une liste de vocabulaire utile.

Quatrième étape. Maintenant, écrivez le dialogue. Organisez les questions, les réponses et les conseils de la pharmacienne dans un ordre logique.

MODÈLE: PHARMACIENNE: Bonjour, monsieur.
VOUS: Bonjour, madame. Je ne me sens pas bien…

Cinquième étape. Maintenant, lisez votre dialogue et cherchez des fautes d'orthographe (*spelling errors*), de ponctuation, de grammaire (par exemple, les accords sujet-verbe et substantif-adjectif) et de vocabulaire. S'il y a des fautes, corrigez-les.

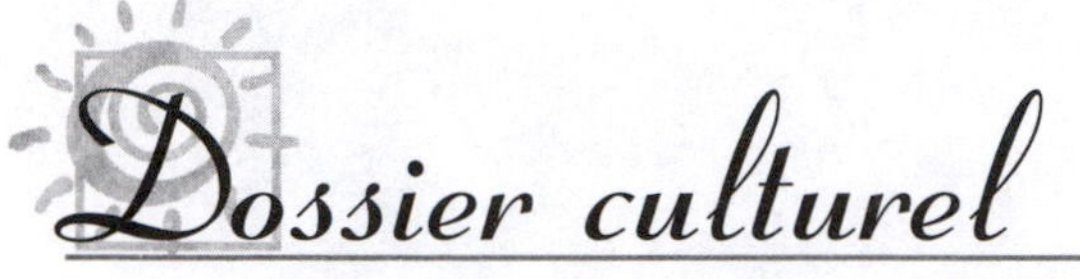

Dossier culturel

A. Les médecines douces. Utilisez des ressources imprimées (*printed*) ou des liens sur **www.mhhe.com/debuts2** pour faire quelques recherches sur les médecines douces. Sélectionnez deux types de médecines douces (par exemple, la réflexologie et l'homéopathie) et donnez une définition de chaque type. Ensuite, pour chacune d'elles, choisissez un symptôme et recherchez comment on le traite. Finalement, faites une liste des médecines douces que vous utilisez, et expliquez pourquoi vous les employez. Si vous n'employez jamais les médecines douces, expliquez pourquoi.

B. La Sécurité sociale. La Sécurité sociale en France offre le remboursement des frais (*costs*) médicaux et aussi quelques autres services. En employant des ressources imprimées ou des liens sur **www.mhhe.com/debuts2**, faites des recherches et trouvez deux services intéressants de la Sécurité sociale. Dites en quoi ils consistent et mentionnez qui peut bénéficier de chaque service en particulier. Est-ce que ces services sont comparables aux services offerts dans votre pays? Donnez quelques exemples.

Chapitre 10

Rendez-vous au restaurant

Vocabulaire en contexte

Les distractions en ville

A. Où va-t-on ce soir? Pour dire où on va ce soir, faites une phrase avec le sujet que vous entendez, le verbe **aller** et la distraction indiquée dans le dessin. Puis écoutez pour vérifier votre réponse.

MODÈLE: Vous voyez:

Vous entendez: nous
Vous dites: Nous allons au restaurant.
Vous entendez: Nous allons au restaurant.

1.

2.

3.

4.

5.

6.

B. Les passe-temps. (*Pastimes.*) Faites des phrases complètes avec les éléments donnés.

MODÈLE: on / jouer / volley-ball →
On joue au volley-ball.

1. Michel / faire / roller ______
2. tu / jouer / violon ______
3. les Green Bay Packers / jouer / football américain ______
4. nous / ne pas jouer / billard ______
5. vous / faire / musculation ______
6. je / faire / course à pied ______
7. Francis Cabrel / ne pas jouer / piano ______
8. mon ami et moi / faire / tennis ______
9. tes amis et toi / ne pas faire / musique ______

C. Après le travail. Complétez chaque phrase suivante avec la forme correcte d'un mot de la liste de vocabulaire. Ajoutez (*Add*) une préposition et/ou un article, si nécessaire.

Vocabulaire utile: assister à, boîte de nuit, bowling, billard, boxe, cirque, distraction, exposition, footing, jeu, nuit, skate, urbain(e), vie, ville

1. Tu préfères la vie ______? Moi, j'aime mieux la campagne (*countryside*).
2. Les fanatiques du sport ______ des matchs de tennis et de ______, par exemple.
3. Je travaille le jour et j'aime sortir ______.
4. Nos enfants aiment beaucoup ______ parce qu'ils adorent les clowns.
5. Paris, Marseille, Lyon et Rouen sont de grandes ______ françaises.
6. Le volley-ball et le tennis sont vos ______ préférés, n'est-ce pas?
7. J'adore les impressionnistes! Allons à ______ au musée, d'accord?
8. Mon cousin adore ______. Il a fait le score maximum: 300 points!
9. On peut faire ______ et ______ dans un parc.
10. ______ que nous préférons sont le théâtre et le cinéma. Nous n'aimons pas les ______.

D. Vos activités préférées. Qu'est-ce que vous aimez faire? Expliquez ce que (*what*) vous préférez faire aux moments suivants.

MODÈLE: samedi matin → J'aime faire de la musculation le samedi matin.

1. vendredi soir ____________________
2. samedi après-midi ____________________
3. samedi soir ____________________
4. mercredi soir ____________________
5. jour de votre anniversaire ____________________

Le temps et les saisons

A. Vrai ou faux? Regardez bien la carte (*map*) de la France. Écoutez les phrases et répondez selon les modèles. Puis écoutez pour vérifier votre réponse.

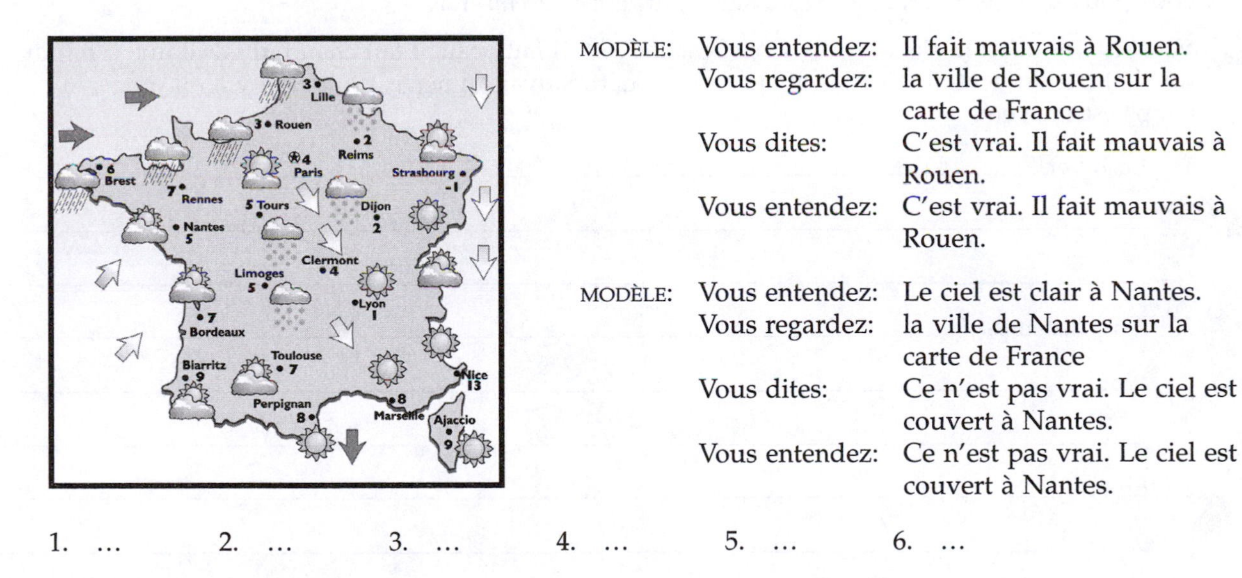

MODÈLE: Vous entendez: Il fait mauvais à Rouen.
Vous regardez: la ville de Rouen sur la carte de France
Vous dites: C'est vrai. Il fait mauvais à Rouen.
Vous entendez: C'est vrai. Il fait mauvais à Rouen.

MODÈLE: Vous entendez: Le ciel est clair à Nantes.
Vous regardez: la ville de Nantes sur la carte de France
Vous dites: Ce n'est pas vrai. Le ciel est couvert à Nantes.
Vous entendez: Ce n'est pas vrai. Le ciel est couvert à Nantes.

1. … 2. … 3. … 4. … 5. … 6. …

B. Le beau temps. Employez le vocabulaire utile pour compléter les phrases.

Vocabulaire utile: météo, orage, quel temps fait-il, saison, températures, temps

1. MICHEL: ______________________ aujourd'hui?
   MIREILLE: Il fait très beau! Regarde!
2. Le printemps est ma ______________________ préférée. J'adore les fleurs!
3. Jean-Claude regarde la ______________________ à la télé le matin parce qu'il veut faire du jogging l'après-midi.
4. Si on veut nager, des ______________________ entre 25° C et 35° C sont bonnes.
5. Le ______________________ est souvent nuageux à Seattle et il pleut beaucoup aussi.

C. La météo et les saisons. Décrivez (*Describe*) les saisons chez vous. Employez les adverbes **souvent** et **parfois** ou des négations, si nécessaire. Vous devez utiliser chaque expression de la liste, mais vous pouvez utiliser certaines expressions plusieurs (*several*) fois.

Vocabulaire utile: le ciel est clair, le ciel est couvert, il fait beau, il fait chaud, il fait doux, il fait du soleil, il fait du vent, il fait frais, il fait froid, il fait mauvais, il neige, il pleut, il y a un orage, le temps est nuageux

1. En hiver, ____
   ____
   ____
2. Au printemps, ____
   ____
   ____
3. En été, ____
   ____
   ____
4. En automne, ____
   ____
   ____

D. Les activités et le temps. Est-ce que les activités que vous faites avec vos amis dépendent du temps qu'il fait (*depend on the weather*)? Expliquez en utilisant le vocabulaire de ce chapitre et d'autres mots familiers. Écrivez au moins (*at least*) cinq phrases.

MODÈLE: Quand il fait mauvais, mes amis et moi aimons aller au cinéma. Mais quand il fait beau, nous faisons souvent du tennis…

____

____

____

____

____

____

____

____

Visionnement 1

A. Au restaurant. Camille et Bruno dînent ensemble ce soir. Choisissez l'option qui complète chaque phrase correctement.

1. Avant cette scène, Louise veut _____ avec Camille.

   a. dîner b. faire un voyage c. aller au cinéma

2. Les parents de Camille sont _____.

   a. mariés b. séparés c. divorcés

3. Le patron (*owner*) du restaurant _____ Bruno et Camille.

   a. n'aime pas b. connaît (*knows*) c. ne connaît pas

4. Bruno et Camille prennent _____.

   a. du poulet b. des œufs c. du jambon

5. La patronne du restaurant est _____.

   a. curieuse b. discrète c. triste

6. La patronne pense que Bruno et Camille _____.

   a. sont mariés b. sont divorcés c. ont été fiancés (*were once engaged*)

7. Dans la cuisine, le chef _____.

   a. parle avec sa femme b. fait attention à sa sauce c. sert les plats à Bruno et Camille

B. À propos des personnages

Première étape. Selon votre impression de la relation entre Bruno et Camille, décidez si les phrases suivantes sont sûres (**S**), probables (**P**), peu probables (**PP**) ou si c'est impossible à dire (**I**).

1. ______ Bruno a beaucoup d'amies.
2. ______ Bruno a trois sœurs.
3. ______ Bruno pense comprendre les femmes.
4. ______ Bruno pense comprendre Camille.
5. ______ Bruno et Camille s'entendent bien.
6. ______ Bruno aime Camille.
7. ______ Bruno et Camille ont été fiancés.
8. ______ Bruno veut se marier avec Camille.
9. ______ Bruno veut une famille traditionnelle.
10. ______ Camille trouve Bruno charmant et énergique.
11. ______ Camille veut se marier avec Bruno.
12. ______ Bruno et Camille travaillent bien ensemble.
13. ______ Bruno et Camille vont longtemps (*for a long time*) travailler ensemble à Canal 7.

Deuxième étape. Écoutez ce texte sur la relation entre Camille et Bruno.

Bruno a beaucoup d'amies et, en plus, il a trois sœurs; alors il pense comprendre les femmes. Mais Camille, pour lui, est un grand mystère. Une chose est certaine, Bruno l'aime. Et pas comme une petite sœur, pas comme une amie. Il veut se marier avec elle, même si,[1] parfois, il ne la comprend pas. Et Camille? Que pense-t-elle de Bruno? Elle adore son charme, son humour et son énergie, mais elle ne veut pas se marier avec lui. Même si la patronne du restaurant pense qu'ils ont été fiancés, ce n'est pas très clair. Camille a dit[2] «oui» à Bruno un jour, autrefois, pendant[3] un voyage très romantique à Venise. Mais après, elle a eu[4] des regrets. Elle a écouté[5] ses idées; il voulait une petite famille, une voiture, un grand appartement; et elle a eu peur.[6] Alors, pas de mariage. C'est une question délicate dans la relation qui existe entre Camille et Bruno.

Mais au travail il n'y a pas de difficultés. À Canal 7, ils forment le couple parfait. Ils travaillent tous les jours[7] sur l'émission «Bonjour!». Ils sont ensemble du matin au soir, et ils s'entendent et s'amusent bien. Bruno est un collègue super, même s'il panique quelquefois[8] quand Camille met trop de temps à se maquiller avant l'émission. Et Camille, elle aime travailler avec un homme si dynamique et intéressant.

Et demain? Vont-ils continuer ensemble, amis et collègues? Vont-ils se séparer? Comment répondre à ces questions? Pour le moment, c'est impossible.

[1]même... *even if* [2]a... *said* [3]*during* [4]a... *had* [5]a... *listened to* [6]a... *became afraid* [7]tous... *every day* [8]*sometimes*

Troisième étape. Maintenant, relisez vos réponses dans la première étape et corrigez-les, si nécessaire, en vous basant sur le texte.

C. Vous avez compris? Basez-vous sur le texte sur Bruno et Camille pour répondre à chacune des questions suivantes. Indiquez s'il s'agit de (*if it refers to*) Camille, de Bruno, des deux ou d'aucun (*neither*) des deux.

	CAMILLE	BRUNO	LES DEUX	AUCUN DES DEUX
1.	☐	☐	☐	☐
2.	☐	☐	☐	☐
3.	☐	☐	☐	☐
4.	☐	☐	☐	☐
5.	☐	☐	☐	☐
6.	☐	☐	☐	☐
7.	☐	☐	☐	☐
8.	☐	☐	☐	☐

D. Ne… que. Récrivez (*Rewrite*) chaque phrase avec **ne… que**.

MODÈLE: J'ai seulement (*only*) trois euros. → Je n'ai que trois euros.

1. Elle vient seulement le mardi.

   ____

2. Michel pense seulement à ses problèmes.

   ____

3. Je parle de cela seulement avec toi.

   ____

4. Il fait seulement deux degrés ce matin.

   ____

5. Tu manges seulement des crevettes?

   ____

6. Il neige seulement dans la montagne.

   ____

7. Nous avons seulement une heure pour faire du jogging.

   ____

8. Le temps est nuageux seulement quand il fait froid.

   ____

Prononciation et orthographe

Les sons /j/, /w/ et /ɥ/

When the vowels /i/, /u/, and /y/ are followed by another vowel, a new sound is often produced.

Le son /j/

When the vowel sound /i/ occurs before another vowel, the sound /j/ is usually formed. Listen and repeat.

vient /vjɛ̃/ pied /pje/ Lyon /ljɔ̃/ il y a /ilja/

This sound also occurs in combinations such as the following. For each example, listen and repeat.

- vowel + **y** + vowel

  rayon /ʀejɔ̃/ payer /peje/

- vowel + **il**

  travail /tʀavaj/ sommeil /sɔmɛj/

- vowel + **ill**

  maillot /majo/ conseiller /cɔ̃sɛje/ travaille /tʀavaj/ bouteille /butɛj/

- consonant sound + **ill**

  fille /fij/ famille /famij/ gentille /ʒɑ̃tij/ vanille /vanij/

Be aware that sometimes **ill** is pronounced as /il/. Since there is no rule to guide you in these cases, you must memorize the pronunciation. Listen and repeat.

mille /mil/ ville /vil/ tranquille /tʀankil/

Le son /w/

When the vowel sound /u/ occurs before another vowel, the sound /w/ is usually formed. Listen and repeat.

oui /wi/ chouette (*cute*) /ʃwɛt/

This sound also occurs in combinations such as the following. For each example, listen and repeat.

- **oi** and **oî** are pronounced as /wa/

  moi /mwa/ boîte /bwat/

- **oy** is pronounced as /waj/

  voyage /vwajaʒ/ moyen /mwajɛ̃/

- **oin** is pronounced as /wɛ̃/

  loin /lwɛ̃/ besoin /bəzwɛ̃/

Le son /ɥ/

When the vowel sound /y/ occurs before another vowel, the sound /ɥ/ is usually formed. Listen and repeat.

nuit /nɥi/ depuis /dəpɥi/

Écoutez et répétez. Now listen to the following sentences. Repeat them, trying to imitate the pronunciation of the speaker as closely as possible. The letters pronounced as the sounds /j/, /w/, /wa/, and /ɥ/ are highlighted.

1. On va **voir** une exposition d'art et **puis** (*then*) on va danser dans une **boî**te de n**ui**t!
2. La c**ui**sin**iè**re prépare de la v**ia**nde, du p**oi**sson, des petits p**oi**s et une salade de fr**ui**ts.
3. Les servi**e**ttes, les assi**e**ttes et les c**ui**llères sont dans la c**ui**sine.
4. Ma f**ill**e aime b**ie**n jouer au b**ill**ard dans la ville pendant la n**ui**t.
5. M**oi**, je préfère les **y**eux verts, mais l**ui**, il aime les **y**eux bleus.
6. **Oui**, il faut travai**ll**er même si c'est enn**uy**eux.

Structure 30

Le passé composé (I)

Talking about past events

A. Le passé. Faites une phrase au passé composé en utilisant le sujet que vous entendez. Puis écoutez pour vérifier votre réponse.

MODÈLE: Vous lisez: faire le ménage ce matin
Vous entendez: je
Vous dites: J'ai fait le ménage ce matin.
Vous entendez: J'ai fait le ménage ce matin.

1. donner des chocolats à ma grand-mère
2. dormir sur le canapé dans la salle de séjour
3. jouer au base-ball après notre mariage
4. prendre un manteau avant de sortir
5. attendre mon appel?
6. écouter le président à la télé
7. devoir quitter la salle de classe
8. mettre du temps à finir (*to finish*) les devoirs
9. pouvoir trouver le médaillon
10. montrer le film à Joseph?

B. Le week-end passé. (***Last weekend.***) Des amis racontent leur week-end. Choisissez un verbe pour remplir (*fill*) chaque blanc et conjuguez-le au passé composé.

1. **Verbes:** dormir, faire, inviter, manger, montrer, servir

Mes parents et moi, nous ______________________ des amis à manger. Nous leur ______________________ des photos de notre voyage en Suisse. Avant le repas, mon père ______________________ du champagne, puis ma mère ______________________ un rôti. Comme dessert, on ______________________ de la glace au chocolat. C'était chouette!°

°C'était... *It was terrific!*

(*continued*)

2. **Verbes:** laver, regarder, rendre visite, servir, téléphoner, travailler

Samedi, j'____________________ 10 heures au supermarché. Dimanche matin, j'____________________ ma voiture et puis, j'____________________ à ma grand-mère. Elle était (*was*) chez elle, alors je lui ____________________. Ensemble, nous ____________________ un film à la télé.

3. **Verbes:** chercher, penser, perdre, prendre, regarder, trouver

Quel week-end difficile! Vendredi, j' ____________________ mon sac à dos à l'université. Samedi, j' ____________________ mon sac pendant trois heures. Enfin, j' ____________________ derrière la porte de la salle de classe de français et j' ____________________ un grand sac bleu! J'____________________: «Voilà mon sac!», mais dans le sac, il n'y avait[a] que trois gros livres de chimie. «Ce sont les livres de Cédric! Cédric ____________________ mon sac par erreur!»[b]

4. **Verbes:** avoir, danser, dîner, être, organiser, porter, prendre

Samedi, mon cousin Édouard ____________________ vingt et un ans. Ses amis ____________________ une fête pour son anniversaire. J'____________________ ma nouvelle robe et mes chaussures préférées. Nous ____________________ au restaurant et puis, on ____________________ dans une discothèque jusqu'à 5 h du matin! Mon cousin ____________________ très content de sa fête.

[a]*there were* [b]*by mistake*

Structure 31

Le passé composé (II)

Talking about past events

A. Hier soir. Qu'est-ce que chaque personne a fait hier soir et qu'est-ce qu'elle n'a pas fait? En utilisant le vocabulaire de la liste, écrivez deux phrases complètes au passé composé.

Vocabulaire utile: acheter, attendre le bus, dîner, étudier, faire (le ménage, de la musculation, du shopping, du sport), jouer, manger du fast-food, mettre la table, prendre un verre, regarder, voyager

MODÈLE:

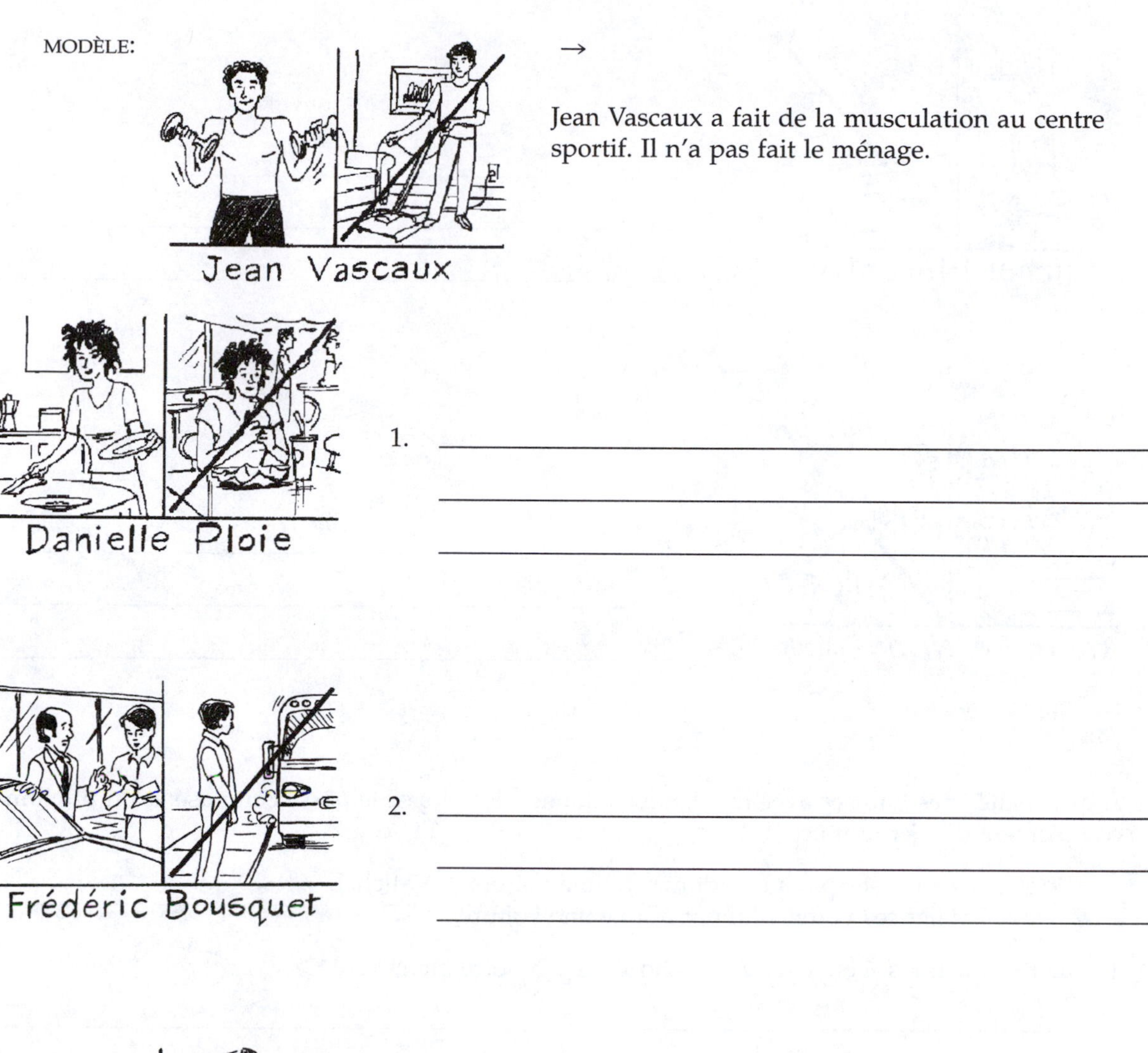

→ Jean Vascaux a fait de la musculation au centre sportif. Il n'a pas fait le ménage.

1. ____
____
____

2. ____
____
____

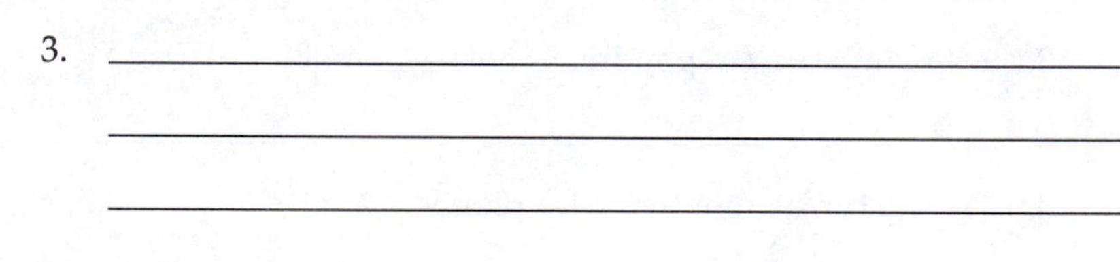

Mme et M. Cèze

3. ____
____
____

4. ____
____
____

(continued)

Michel Florentin

5. ______________________________
____
____

Georges et Marie Dufour

6. ______________________________
____
____

B. À qui? Faites des phrases avec les éléments donnés. Employez le passé composé et un pronom complément d'objet indirect.

MODÈLE: hier / ses parents / donner / une voiture / à Michel →
Hier ses parents lui ont donné une voiture.

1. hier soir / nous / envoyer / des chocolats / à notre mère
____
2. samedi passé / elle / ne pas acheter / le dîner / à ses amis
____
3. ce matin / tu / répondre / «non» / à moi
____
4. je / ne jamais montrer / les photos / à toi / ?
____
5. vous / rendre visite / à nous / en avril
____
6. ils / ne pas raconter / cette histoire / à vous / ?
____

C. Oui ou non? Écoutez la question et répondez oralement (*orally*) au passé composé avec un pronom complément d'objet direct. *Attention:* N'oubliez pas de faire l'accord du participe passé. Ensuite, indiquez la forme écrite correcte. Écoutez pour vérifier votre réponse orale. Puis regardez les réponses données à la fin du cahier pour vérifier si vous avez choisi la bonne orthographe.

MODÈLE: Vous entendez: Il a oublié son livre?
Vous lisez: (oui) oublié oubliée
Vous dites: Oui, il l'a oublié.
Vous entendez: Oui, il l'a oublié.
Vous choisissez: (oui) (oublié) oubliée

MODÈLE: Vous entendez: Vous avez appris la leçon?
Vous lisez: (non) appris apprise
Vous dites: Non, nous ne l'avons pas apprise.
Vous entendez: Non, nous ne l'avons pas apprise.
Vous choisissez: (non) appris (apprise)

1. (non) bu bus
2. (oui) étudié étudiée
3. (oui) faite faits
4. (non) fait faite
5. (non) mis mises
6. (non) pris prise
7. (non) quittée quittés
8. (oui) raconté racontée

D. À compléter. Choisissez le verbe logique pour compléter la phrase et mettez-le au passé composé. Faites l'accord du participe passé quand c'est nécessaire.

MODÈLES: (manger, oublier) Ses livres? Il les → a oubliés.
(répondre, mettre) Son professeur? Elle lui → a répondu.

1. (boire, faire) La bière (*beer*)? Nous l'______________________.
2. (habiter, mettre) Les chaussettes? Il les ______________________.
3. (acheter, téléphoner) Mes parents? Je leur ______________________.
4. (étudier, porter) La cravate? Mon père l'______________________.
5. (comprendre, donner) Charles? Je lui ______________________ mon livre.
6. (inviter, trouver) La chaussure perdue? Ma mère l'______________________.
7. (acheter, apprendre) Le maillot de bain? Je l'______________________.
8. (dire, parler) Georges et Marianne? Je leur ______________________ «oui».

E. De nouveaux amis. (*New friends.*) Deux étudiants viennent de faire connaissance. Ils se posent des questions. Employez la forme interrogative indiquée et le passé composé du verbe pour créer (*to create*) chaque question.

MODÈLE: (inversion) où / tu / étudier / l'année passée →
Où as-tu étudié l'année passée?

1. (intonation) tes parents / acheter / une voiture / hier?

____

2. (est-ce que) tu / étudier / le français / au lycée?

____

3. (inversion) tu / faire un voyage / avec tes amis en été?

____

4. (est-ce que) ta famille / appeler / ce week-end?

____

5. (inversion) tu / prendre / le petit déjeuner ce matin?

____

6. (intonation) tes amis / devoir / beaucoup étudier / au lycée?

____

7. (est-ce que) tes amis et toi / danser / hier soir (*last night*)?

____

8. (inversion) tu / comprendre / la leçon / en classe / ce matin?

____

F. **Il y a combien de temps?** (***How long ago?***) Quelle est la dernière (*last*) fois que vous avez fait certaines choses? Employez le passé composé + **il y a**.

MODÈLE: manger au restaurant →
J'ai mangé au restaurant il y a une semaine.

1. acheter un vêtement

____

2. apprendre à dire «bonjour» en français

____

3. faire une promenade

____

4. manger au restaurant

____

5. quitter la maison

____

6. téléphoner à un ami

____

7. avoir mal à la tête

____

8. mettre la table chez vos parents

____

G. Le week-end. Écrivez un paragraphe de six phrases pour décrire votre dernier (*last*) week-end. Qu'est-ce que vous avez dû faire? Qu'est-ce que vous avez fait pour vous amuser? Employez des pronoms compléments d'objet direct et indirect, si possible.

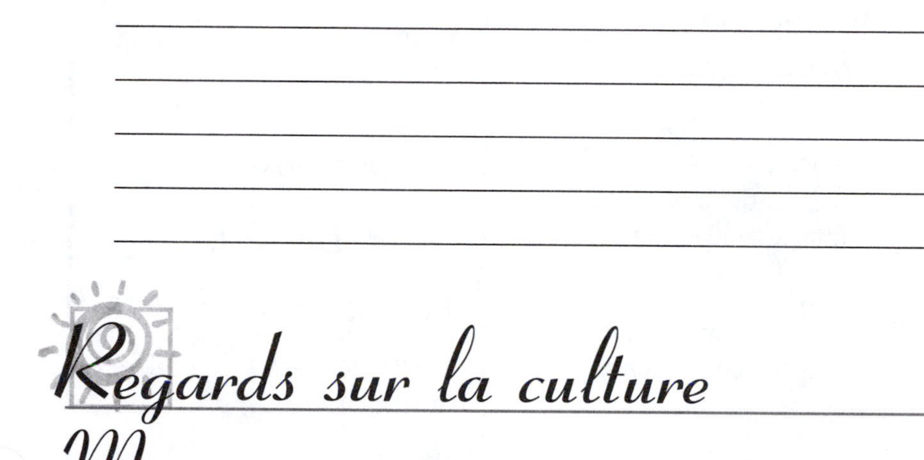

Regards sur la culture

Manger vite mais bien

Même si les cafés et les restaurants traditionnels restent très importants pour les Français, il y a aussi beaucoup de fast-foods qui servent non pas des hamburgers mais des choses simples, bonnes et tout à fait° françaises.

°tout… *completely*

Bienvenue à
BON APPÉTIT
Ouvert 7 jours sur 7
de 10 h à 20 h
Louvre – 83, rue de Rivoli
Odéon – 07, bd. St-Germain
Opéra– 22, rue Louis Legrand
St-Germain – 15, rue du Bac
Gare de Lyon – 26, bd. Diderot

Qu'est-ce qu'on prend? Imaginez les situations suivantes, puis regardez le menu à la page 210 pour répondre aux questions.

1. Vous avez faim et vous avez 15 € pour commander au moins deux choses à manger et une boisson. Que choisissez-vous?

2. Maintenant, imaginez que votre ami vous donne 15 € pour lui acheter un repas. *Attention*: Il est allergique aux tomates et au chocolat. Quel repas lui commandez-vous?

3. Combien avez-vous dépensé (*did you spend*) pour votre repas? ______________

Sandwichs		Salades		Boissons	
PARISIEN Jambon de Paris	2,88 €	SIMPLE Salade, tomates, concombre, olives noires	2,06 €	BOISSONS GAZEUSES Sans alcool	1,66 €
SAVOIE Fromage de Savoie	2,33 €	NORDIQUE Salade, concombre, tomates, saumon	6,03 €	JUS DE FRUITS Pomme, orange, raisin, tomate	2,24 €
PROVENÇAL Tomates, saucisson	3,24 €	PROVENÇALE Salade, tomates, poivron, saucisson sec	4,24 €	EAUX MINÉRALES Badoit, Evian, Perrier	1,52 €
NIÇOIS Thon, œuf, salade, tomates	5,05 €	NIÇOISE Salade, thon, œuf, anchois, tomates, olives noires	5,05 €	VINS Bordeaux rouge, Côtes du Rhône, Bordeaux, blanc	2,69 €
EXTRA Jambon, fromage, salade, tomates	5,15 €	EXTRA Salade, jambon, fromage, tomates, concombres	5,15 €	BIÈRE PRESSION	2,19 €
ORIENTAL Poulet, sauce curry, poivrons	4,69 €	INDIENNE Salade, poulet, sauce curry, riz, crudités	6,69 €	**Desserts**	
				TARTE AUX POMMES	2,99 €
				TARTE POIRE AU CHOCOLAT	3,15 €
				GLACE Vanille, fraise, chocolat	2,49 €

4. Et pour le repas de votre ami? ______________________________

5. Qui mange le mieux (*the best*)? ______________________________

Structure 32

Les verbes *voir*, *croire* et *recevoir*

Talking about everyday activities

A. Prononciation. The forms of the verbs **voir**, **croire**, and **recevoir** are irregular. Notice the following facts about their pronunciation.

- The singular forms of each verb all sound the same. You must pay attention to the pronoun, since it clarifies which person the speaker is talking about. Listen and repeat.

  je vois, tu vois, il voit, elle voit, on voit
  je crois, tu crois, il croit, elle croit, on croit
  je reçois, tu reçois, il reçoit, elle reçoit, on reçoit

- In the cases of **voir** and **croire**, even the plural **ils/elles** form sounds the same as the singular. Listen and repeat.

  il voit   ils voient
  elle croit   elles croient

  For these two verbs, only the context will tell you whether the speaker is referring to one person or more than one.

  In the case of **recevoir**, however, you can distinguish between the singular **il/elle** form and the plural **ils/elles** form by listening for the final sound in the verb. The singular form ends with a vowel sound, /wa/; the plural has a final consonant sound /v/. Listen and repeat.

  il reçoit   ils reçoivent

- For the **nous** and **vous** forms of **recevoir**, there is a change in the stem's second vowel sound. Listen and repeat.

  nous rec**e**vons   vous rec**e**vez

Now listen to each sentence and repeat it aloud. Then circle the verb form you hear. Pay attention not only to the pronoun and the verb, but also to the context. If the verb could be either form because even the context does not clarify, circle both forms. You will hear each sentence twice.

1. vois   voit
2. croient   croyons
3. voient   voyez
4. reçois   reçoit
5. voient   voit
6. reçoit   reçoivent
7. recevons   reçoivent
8. voient   voit
9. reçoit   reçoivent
10. crois   croit
11. croient   croit
12. croient   croit

B. Je crois... Écoutez et changez la phrase en utilisant le sujet indiqué. Puis écoutez pour vérifier votre réponse.

MODÈLE: Vous entendez: Elle croit que oui.
Vous lisez: tu
Vous dites: Tu crois que oui.
Vous entendez: Tu crois que oui.

1. je   2. elle   3. tu   4. vous   5. ils   6. nous

C. Qui voit qui? Vous entendez le sujet d'une phrase et vous lisez un complément d'objet direct. Faites une phrase en joignant (*joining*) ces deux parties avec le verbe **voir**. Puis écoutez pour vérifier votre réponse.

MODÈLE: Vous entendez: ma mère
Vous lisez: ses sœurs
Vous dites: Ma mère voit ses sœurs.
Vous entendez: Ma mère voit ses sœurs.

1. ses amis
2. nos cousins
3. ta grand-mère
4. mes frères
5. vos nièces
6. leurs petits-enfants

D. La même chose! Ferdinand achète les mêmes cadeaux pour sa famille tous les ans. Complétez les phrases avec les formes du présent et du passé composé du verbe **recevoir**.

1. Chaque année, sa mère ________________ un chapeau. Elle ________________ un chapeau rouge en 2001 et un chapeau bleu en 2002.

2. Son père ______________________ toujours une cravate. L'année dernière, il ______________________ deux cravates!

3. Ses frères ______________________ d'habitude des radios. L'année dernière, ils ______________________ un nouveau CD aussi.

4. Ferdinand dit: «Mais moi aussi, je ______________________ souvent la même chose: des vêtements, des livres ou des CD. Non?»

E. Voir, croire, recevoir. Complétez les phrases avec le présent des verbes **voir, revoir, croire** et **recevoir**.

1. Amélie étudie beaucoup et elle ______________________ toujours 18/20 à ses devoirs.
2. Si tu ______________________ Pierre, donne-lui ce livre.
3. Vous ______________________ que c'est vrai?
4. Quand Jean-Luc voyage, il ______________________ rarement sa famille.
5. Si vous ______________________ une voiture pour votre anniversaire, allons à New York!
6. Nous ne ______________________ jamais la même exposition d'art deux fois.
7. Sylvie et Romain ______________________ qu'ils ne peuvent pas venir.
8. Si je ______________________ un chèque aujourd'hui, je vais faire du shopping.
9. Mon fils ne ______________________ plus au Père Noël, mais il aime les cadeaux.

F. Le week-end passé. Faites des phrases au passé composé avec les éléments donnés pour dire ce qui s'est passé (*what happened*) le week-end dernier (*last*).

1. je / revoir / amis du lycée

____

2. vous / ne pas croire / l'histoire vraie de votre ami

____

3. nos amis / recevoir / une boîte de chocolats

____

4. nous / voir / un bon film chinois

____

5. tu / recevoir / une voiture / de tes parents

____

6. Mme Carmel / ne pas voir / ses petits-enfants

____

7. toi et moi / ne pas croire / l'article dans le journal (*newspaper*)

____

G. Vous et les autres. Écrivez des phrases où vous vous comparez avec les autres personnes dans votre vie—vos amis et votre famille, par exemple.

1. Est-ce que tout le monde reçoit souvent les mêmes cadeaux que vous? Expliquez.

   ____

   ____

   ____

2. Est-ce que vos amis et vous voyez les mêmes personnes et les mêmes choses quand vous voyagez? Expliquez.

   ____

   ____

   ____

3. Est-ce que vous croyez les mêmes choses que vos amis et votre famille? Expliquez.

   ____

   ____

   ____

Visionnement 2

Après le visionnement. Pensez à l'information culturelle dans ce chapitre et dans l'Épisode 10 du film. Ensuite, lisez les phrases suivantes et choisissez deux autres phrases des colonnes A et B pour expliquer les éléments culturels de la scène dans la photo.

	A	B
1. Le décor est simple.	d	g
2. Il y a une bouteille sur la table de Bruno et Camille.	____	____

(continued)

3. Bruno n'a pas besoin de regarder la carte (*the menu*). ______ ______
4. Il y a un cendrier (*ashtray*) sur la table. ______ ______
5. Derrière Bruno et Camille, sur la table du monsieur, il y a une bouteille, un verre et un autre objet. ______ ______
6. Le service dans ce restaurant est très bon. ______ ______

A

a. Il y a presque (*almost*) toujours du pain dans un panier (*basket*) sur la table en France.
b. Le patron du restaurant est aussi le chef de cuisine et le serveur (*waiter*).
c. Bruno a déjà dîné dans ce restaurant.
d. C'est un petit restaurant familial.
e. C'est normal de boire du vin avec un bon repas.
f. On peut fumer (*smoke*) des cigarettes dans ce restaurant.

B

g. Le décor d'un restaurant est moins important que la nourriture (*less important than food*) en France.
h. Quand les Français trouvent un bon restaurant, ils parlent de ce restaurant avec leurs amis et ils y retournent (*return there*).
i. Les serveurs sont des professionnels en France.
j. Le pain est très important pour les Français.
k. Les Français sont assez tolérants des fumeurs.
l. Le vin est considéré comme un aliment en France.

À écrire

Mon week-end

Votre correspondant(e) français(e) vous a demandé de décrire un week-end typique chez vous.

Première étape. Écrivez en français votre emploi du temps d'un week-end typique. Si possible, donnez l'heure exacte de vos activités. Décidez quels adverbes de temps et quelles autres expressions peuvent vous aider à décrire vos activités. Par exemple, est-ce que vous faites la grasse matinée (*do you sleep in*) ou est-ce que vous préférez vous lever tôt? Qu'est-ce que vous faites d'habitude? de temps en temps (*from time to time*)? Quelles activités aimez-vous faire s'il fait beau? s'il fait mauvais?

	VENDREDI	SAMEDI	DIMANCHE
matin			
après-midi			
soir			

Deuxième étape. Faites une liste de termes qui vont vous aider à décrire ce que vous avez fait le week-end passé en particulier—par exemple, des expressions de temps et des mots qui décrivent les activités et les endroits (*places*).

______

______

______

______

______

Troisième étape. Maintenant, écrivez une lettre à votre correspondant(e) et décrivez-lui un week-end typique. Parlez ensuite de votre dernier week-end pour illustrer ce que vous venez de dire ou bien pour montrer qu'il y a parfois des exceptions à la règle.

MODÈLE: Cher Pierre,
Tu m'as demandé de te décrire un week-end typique chez moi. Le vendredi soir, j'aime souvent…

______

______

______

______

______

______

______

______

______

______

Quatrième étape. Maintenant, relisez votre lettre et cherchez des fautes d'orthographe, de ponctuation, de grammaire (par exemple, les accords sujet-verbe et substantif-adjectif, les temps de verbes) et de vocabulaire. S'il y a des fautes, corrigez-les.

Dossier culturel

A. Pariscope. Imaginez que vous habitez à Paris et que vous avez des amis qui viennent vous rendre visite. Utilisez la revue *Pariscope* ou des liens sur **www.mhhe.com/debuts2** pour trouver tout ce dont (*everything that*) vous avez besoin pour planifier des activités pour vos invités. Organisez vos idées dans un tableau.

	HEURE ET ACTIVITÉ	ENDROIT
matin		
après-midi		
soir		

B. Les cafés de Paris. Utilisez des liens sur **www.mhhe.com/debuts2** ou des ressources imprimées pour découvrir les cafés de Paris. Choisissez un café célèbre, puis faites-en une description (*write a description of it*) et présentez des faits historiques.

Chapitre 11

De quoi as-tu peur?

Vocabulaire en contexte

*L*es métiers et les professions

A. Des occupations. Voici une affiche qui montre une variété de professions et d'emplois. Identifiez l'emploi ou la profession qui convient à chaque numéro. Puis écoutez pour vérifier votre réponse.

MODÈLE: Vous voyez: une pâtissière
Vous dites: C'est une pâtissière.
Vous entendez: C'est une pâtissière.

1. …	3. …	5. …	7. …	9. …	11. …
2. …	4. …	6. …	8. …	10. …	

B. C'est logique! Trouvez la fin (*ending*) logique de chaque phrase.

1. Je travaille quarante heures par semaine; f
2. Marie-Claire cherche sur Internet et dans les petites annonces du journal; _____
3. Céline a trouvé son poste à l'université; _____
4. Je veux être président d'une grande société un jour; _____
5. Béatrice Aubusson a employé son ordinateur pour trouver son emploi; _____
6. Maryse a trouvé son emploi dans le journal; _____
7. Je m'occupe des (*take care of*) publicités pour les produits de ma société; _____
8. Cet été, Elisabeth travaille dans une société pour préparer sa future carrière; _____
9. Jean étudie le marketing, le commerce et la gestion; _____
10. Jules travaille dans le département de sécurité de ce musée; _____
11. Marc travaille vingt heures par semaine; _____
12. Citroën n'est pas une petite affaire; _____

a. il veut travailler dans les affaires.
b. je fais du marketing.
c. elle veut trouver un nouveau poste.
d. il a un emploi à mi-temps.
e. elle a regardé les petites annonces.
f. j'ai un emploi à plein temps.
g. c'est une société.
h. maintenant, j'étudie la gestion.
i. c'est un agent de sécurité.
j. elle fait un stage.
k. elle a regardé sur le tableau d'affichage.
l. elle a cherché sur Internet.

C. Quel est son métier? Identifiez les emplois qui correspondent aux descriptions suivantes. Attention à l'emploi de l'article indéfini.

MODÈLES: M. Leroy vend des rôtis de bœuf et du poulet. Il est → boucher.
Mlle Binoche joue dans des films. C'est → une actrice.

1. M. Vavin s'occupe de l'immeuble où il habite. Il est _____________________.
2. Mme Dorval travaille au musée d'Orsay à Paris. Elle organise des expositions de l'art du XIXe siècle (*nineteenth century*). C'est _____________________.
3. Mme Charneau écrit (*writes*) des articles pour des magazines. Elle est _____________________.
4. Le travail de Ferdinand Lemoine est de comprendre et de parler le français, l'anglais et le japonais pour aider la communication. C'est _____________________.
5. Mlle Barion travaille dans le service de la comptabilité (*accounting*) chez Renault. C'est _____________________.
6. Alain Renard est responsable de la gestion d'un restaurant. Il est _____________________.
7. Béatrice Aubusson travaille dans un bureau où on développe les projets des nouveaux immeubles. Elle est _____________________.
8. Louis Dion et sa femme fabriquent des pots en céramique et les vendent dans un petit magasin. Ce sont _____________________.
9. Lise Costa travaille pour l'État. C'est _____________________.
10. Gérard Daumier est responsable de la gestion d'une société. Il est _____________________.

Nom ______________________ Date ____________ Cours ______________________

D. Les jobs et les professions. Répondez aux questions suivantes en faisant des phrases complètes.

1. Si vous avez déjà travaillé, quels moyens (*methods*) avez-vous utilisés pour trouver un emploi?
____
____

2. Nommez deux professions qui vous semblent intéressantes (*seem interesting to you*). Expliquez.
____
____
____

3. À quels métiers est-ce que vous ne vous intéressez pas? Expliquez. ______________
____
____
____

Les jours fériés et les fêtes

A. Le calendrier. Écoutez la date. Ensuite, dites la fête qui correspond. Puis écoutez pour vérifier votre réponse.

MODÈLE:		
	Vous entendez:	C'est le 25 décembre.
	Vous voyez:	C'est Noël. C'est Pâques.
	Vous dites:	C'est Noël.
	Vous entendez:	C'est Noël.

1. C'est la fête nationale. C'est la fête du Travail.
2. C'est le réveillon. C'est le nouvel an.
3. C'est Hanoukka. C'est le Ramadan.
4. C'est la fête nationale. C'est la Pâque.
5. C'est Pâques. C'est un anniversaire.
6. C'est la Pâque. C'est la Toussaint.

B. Identifiez. Lisez la description des préparations de fête. Identifiez la fête que ces personnes préparent.

Vocabulaire utile: un anniversaire de mariage, un anniversaire de naissance, la fête du Travail, la fête nationale, Hanoukka, Noël, le nouvel an, la Pâque, Pâques, le Ramadan, la Toussaint

MODÈLE:		
	Vous lisez:	Aujourd'hui, c'est le premier janvier. Hier soir, on a fêté le réveillon. Aujourd'hui, c'est plus calme, mais nous allons manger ensemble en famille.
	Vous écrivez:	C'est le nouvel an.

1. Ma femme et moi, nous sommes mariés aujourd'hui depuis (*for*) un an! Nous allons au restaurant pour dîner, et puis nous allons danser.
____

2. Nous sommes juifs. Nous avons une fête religieuse qui est en avril cette année. Pour cette fête, nous mangeons un pain sans levain (*unleavened*) et nous préparons un repas spécial.
____

Vocabulaire utile: un anniversaire de mariage, un anniversaire de naissance, la fête du Travail, la fête nationale, Hanoukka, Noël, le nouvel an, la Pâque, Pâques, le Ramadan, la Toussaint

3. Je suis musulman. Cette fête, c'est le mois numéro neuf du calendrier musulman. Nous ne mangeons pas pendant la journée (*during the day*), mais le soir, nous préparons des repas de fête.

   ____

4. Aujourd'hui, on fête les personnes qui travaillent! C'est le premier mai.

   ____

5. Aujourd'hui, mon fils Luc a trois ans. Nous avons un gâteau (*cake*) pour lui. On va s'amuser!

   ____

6. C'est le 14 juillet, «le jour de la Bastille».

   ____

7. C'est le 25 décembre, une fête chrétienne (*Christian*). Nous allons à la messe et nous offrons des cadeaux (*gifts*) à la famille.

   ____

8. Au mois de décembre, des familles juives se souviennent d'un miracle ancien. C'est une fête qui dure huit jours.

   ____

9. Un dimanche au printemps, les gens chrétiens vont à la messe (*mass*) ou à l'église (*church*) pour une fête joyeuse.

   ____

Les nombres ordinaux

A. Quel mois est... ? Pensez à l'ordre des mois. Répondez à la question que vous entendez en identifiant chaque mois avec un nombre ordinal. Puis écoutez pour vérifier votre réponse.

MODÈLE: Vous entendez: le mois d'avril?
Vous dites: Avril, c'est le quatrième mois.
Vous entendez: Avril, c'est le quatrième mois.

janvier	avril	juillet	octobre
février	mai	août	novembre
mars	juin	septembre	décembre

1. ... 2. ... 3. ... 4. ... 5. ...

B. C'est quel numéro? Répondez à la question que vous entendez avec la forme correcte du nombre ordinal. Puis écoutez pour vérifier votre réponse.

MODÈLE: Vous entendez: C'est quel anniversaire?
Vous lisez: C'est son 18e...
Vous dites: C'est son dix-huitième anniversaire.
Vous entendez: C'est son dix-huitième anniversaire.

1. C'est leur 39e...
2. C'est sa 45e...
3. C'est la 24e...
4. C'est la 1e...
5. C'est le 11e...

Nom ______________________ Date ______________ Cours ______________

C. Le calendrier de Michel Oberlé. Michel fait son planning pour le mois de décembre. Voici son calendrier. Répondez aux questions avec des phrases complètes.

LUNDI	MARDI	MERCREDI	JEUDI	VENDREDI	SAMEDI	DIMANCHE
1	2	3	4	5	6 *repas de Hanoukka chez Albert*	7
8 *anniversaire de mariage de maman et de papa*	9	10	11	12 *concert avec Julie*	13	14
15	16	17 *anniversaire de Paule*	18	19	20	21
22	23	24	25 *Noël chez maman et papa*	26	27	28
29	30	31 *réveillon chez Julie*				

1. Noël a lieu pendant (*during*) quelle semaine du mois?

   ____

2. Hanoukka a lieu (*takes place*) pendant quelle semaine du mois?

   ____

3. L'anniversaire de Paule, c'est quel mercredi du mois de décembre?

   ____

4. Quelle est la date du troisième samedi?

   ____

5. Quelle est la date du quatrième mardi?

   ____

6. Le réveillon a lieu pendant quelle semaine du mois de décembre?

   ____

7. L'anniversaire de mariage de la mère et du père de Michel tombe sur quel lundi du mois?

   ____

Visionnement 1

A. Que savez-vous? Mettez les événements dans l'ordre chronologique.

_____ Antoine meurt (*dies*).

_____ Antoine quitte Paris et va dans les Cévennes.

_____ Bruno et Camille dînent ensemble au restaurant.

_____ Camille montre une photo d'Antoine à Louise.

_____ Les troupes nazies envahissent (*invade*) Paris. La France est occupée.

_____ Mado naît (*is born*).

B. À propos des personnages

Première étape. Écoutez l'histoire d'Antoine Leclair et de son travail dans la Résistance.

1940. En quatre semaines, l'armée française perd la guerre contre[1] l'Allemagne nazie. Le 17 juin, le chef[2] du gouvernement français accepte les conditions des nazis et c'est l'Armistice. Certains Français sont heureux. La guerre, pour eux, est finie.[3] D'autres Français décident de former la Résistance. La guerre, pour eux, va continuer. Antoine Leclair, le mari de Louise et le grand-père de Camille, refuse l'Armistice. C'est un homme simple qui travaille avec ses mains: un ébéniste.[4] Il est catholique et démocrate, et il ne peut pas accepter les injustices des Allemands. Les nazis persécutent les Juifs,[5] les communistes, les homosexuels et tous les gens[6] «différents».

Alors, Antoine commence à travailler avec la Résistance. D'abord, il est à Paris et il aide son ami Samuel Lévy à partir aux États-Unis. En décembre 1940, Antoine quitte Paris. Louise n'a aucune[7] information sur le travail secret de son mari. Il lui envoie des lettres de différentes villes (Lyon, Marseille, Lille), mais il ne parle pas des activités de son groupe. Ces lettres sont si chères à Louise. La petite Mado comprend que sa maman adore son père et s'inquiète beaucoup pour lui.

1943. Pas de lettres pendant deux mois, et puis une petite lettre pour le quatrième anniversaire de Mado. Elle vient d'un village dans les Cévennes, Saint-Jean de Causse. Et après? Rien.[8] On a perdu la trace d'Antoine. Après la guerre, Louise apprend qu'il est mort[9] et qu'on l'accuse de trahison.[10] Elle est triste, mais elle pense à la petite Mado et elle continue sa vie…

[1]*against* [2]*leader* [3]est… *is over* [4]*woodworker* [5]*Jews* [6]*people* [7]n'a… *has no* [8]*Nothing* [9]apprend… *learns that he is dead* [10]*betrayal*

Deuxième étape. Écrivez une question pour chacune (*each*) des réponses données.

Vocabulaire utile: où, quand, qu'est-ce que, qui

MODÈLE: En 1940, les Français perdent la guerre *contre l'Allemagne.* →
Contre qui est-ce que les Français perdent la guerre en 1940?

1. En 1940, *les Français* perdent la guerre contre l'Allemagne.

____

2. *Le 17 juin 1940,* le chef du gouvernement français accepte les conditions des nazis.

____

3. Certains Français décident de former *la Résistance.*

____

4. Antoine est *le mari de Louise et le grand-père de Camille.*

____

5. *Antoine* commence à travailler avec la Résistance.

____

6. Antoine est *à Paris* quand il aide Samuel Lévy.

____

7. Samuel Lévy part *aux États-Unis.*

____

8. Antoine quitte Paris *en 1940.*

____

9. Antoine envoie *des lettres* à sa femme, Louise.

____

10. Antoine est *dans les Cévennes* à l'occasion du quatrième anniversaire de Mado.

____

11. On a perdu la trace *d'Antoine.*

____

12. Louise apprend *qu'Antoine est mort et qu'on l'accuse de trahison.*

____

C. Vous avez compris? Considérez l'histoire d'Antoine et décidez si les phrases que vous entendez sont vraies, fausses ou si c'est impossible à dire.

	VRAI	FAUX	IMPOSSIBLE À DIRE
1.	☐	☐	☐
2.	☐	☐	☐
3.	☐	☐	☐
4.	☐	☐	☐
5.	☐	☐	☐
6.	☐	☐	☐
7.	☐	☐	☐

Prononciation et orthographe

Les consonnes /p/, /t/ et /k/

The differences between the English sounds /p/, /t/, and /k/ and their French equivalents are subtle but important. They have to do with aspiration and release.

Aspiration

Place the palm of your hand in front of your mouth and say the English word *pop*. You will notice a puff of air accompanying the initial *p*. This puff is called aspiration. Now pronounce the word *spot*, again placing the palm of your hand in front of your mouth. Notice that the consonant *p* in this case is not aspirated. There is no puff of air. That is because in English, /p/, /t/, and /k/ are aspirated in initial position, but in second position in consonant clusters (such as *sp*) they are not.

In French, however, /p/, /t/, and /k/ are *never* aspirated in any position. For example, a /p/ has a sound rather between an English *b* and an English *p*. Listen to the following contrasts and repeat after the speaker. Remember not to aspirate the /p/, /t/, and /k/ in the French words.

ENGLISH	**p**ale	**t**able	**c**omb	es**p**lanade	s**t**age	s**c**ale
FRENCH	**p**âle	**t**able	**c**omme	es**p**lanade	s**t**age	es**c**ale

Release

Say the English word *pop* again, this time paying attention to the position of your lips and jaw when you have finished saying the word. You should notice that your lips remain closed. Your jaw does not move to "release" the consonant. That is because in word-final position in English, the sounds /p/, /t/, and /k/ are not fully released.

In French, on the other hand, when these sounds are in final position, they are *fully* released. Listen to the following contrasts and repeat after the speaker, remembering to release the final consonant.

ENGLISH	ra**p**	se**t**	sin**k**
FRENCH	ra**p**	ce**tt**e	cin**q**

Spellings of the sounds /p/, /t/, and /k/

The sound /p/ can be spelled as **p** or **pp**.

père /pɛʀ/ — je m'a**pp**elle /ʒəmapɛl/

The sound /t/ can be spelled as **t**, **tt**, or **th**.

repor**t**er /ʀəpɔʀtɛʀ/ — a**tt**endre /atɑ̃dʀ(ə)/ — **th**éâtre /teatʀ(ə)/

The sound /k/ can be spelled as **c** (except before **e**, **i**, **y**, or **h**) or as **k** or **qu**.*

commerce /kɔmɛʀs/ — **k**aya**k** /kajak/ — **qu**el**qu**es /kɛlkə/

Note*: The letter **c before **e**, **i**, and **y** is sounded as /s/: **ici**, **ce**. In cases when the /s/ sound is needed from a letter **c** before **a**, **o**, or **u**, a cedilla is added to the **c**: **français**, **ça va**, **nous commençons**, **il a reçu**.

Écoutez et répétez. Listen to the following sentences and repeat them, imitating the pronunciation of the speaker as closely as possible. The letters pronounced as the sounds /p/, /t/, and /k/ are highlighted.

1. —Nous nous **p**romenons **t**rop! —**T**u as mal aux **p**ieds?
2. Je suis une fanati**qu**e du s**p**ort: j'aime mieux jouer au football et faire du s**k**ate.
3. Voulez-vous **p**rendre de la **p**izza, du mou**t**on, une omele**tt**e ou un **p**oulet fri**t**es?
4. Il faut **p**ar**t**ir en vacances de **t**em**p**s en **t**em**p**s **p**our bien se re**p**oser.
5. Mon **p**ère est à l'hô**p**i**t**al parce **qu**'il s'est **c**assé l'é**p**aule **p**endant un match de **t**ennis.
6. Cha**qu**e matin, notre cuisinière **p**ré**p**are du chocolat, un **c**roissant et une **t**ar**t**ine.
7. Les **p**rofessions **qu**i m'intéressent sont: avo**c**a**t**e, ar**t**isane, femme **p**ein**t**re, **p**a**t**ronne d'un restaurant, conservatrice de musée, com**p**table et a**c**trice. C'est beau**c**oup!
8. On va **p**erdre la **t**ête avec **t**ous ces exem**p**les!

Structure 33

Le passé composé avec l'auxiliaire être

Narrating in the past

A. Dans le passé. Choisissez (*Choose*) le verbe qui convient à chaque phrase et conjuguez-le au passé composé.

Verbes: descendre, devenir, mourir, passer, rester, retourner

1. Étienne est malade. Hier soir, il ______________________ à la maison et il a dormi.
2. Nous sommes très tristes. Notre grand-mère ______________________ le week-end dernier à l'âge de 90 ans.
3. J'ai oublié mon livre de maths et pour cette raison, je ______________________ chez moi le chercher.
4. Vous ______________________ par la Californie en allant à (*on the way to*) Miami? C'est bizarre!
5. Tout d'un coup (*All of a sudden*), Mireille ______________________ toute rouge; elle avait très honte.

Verbes: aller, entrer, monter, rentrer, sortir, tomber

6. Tu me demandes où est Gérard. Il ______________________ chez lui il y a vingt minutes parce qu'il doit travailler.
7. Ma petite sœur et moi, nous ______________________ au cinquième étage (*to the fifth floor*) pour rendre visite à une amie.
8. Les assiettes ______________________ par terre (*on the floor*). Elles sont cassées!
9. L'année dernière, tu ______________________ en Italie pour tes vacances, n'est-ce pas?
10. Vous ______________________ avec deux hommes hier soir et vous allez au restaurant ce soir avec un autre? Vous vous amusez, n'est-ce pas?!

(*continued*)

Verbes: arriver, descendre, entrer, mourir, naître, partir

11. Joëlle et Thierry ______________________________ du train à Vichy.
12. Le train ______________________________ de Nice à 19 h hier soir et il ______________________________ à Amsterdam à 11 h ce matin.
13. Mes parents ______________________________ en 1921. Ils ont plus de (*more than*) 80 ans.
14. Je ______________________________ dans le bureau de mon patron.

B. L'accord du participe. Choisissez la forme correcte du participe passé pour compléter la phrase que vous entendez. Si les deux formes sont possibles, choisissez «les deux».

MODÈLE: Vous entendez: Tu es sorti(e) du cinéma après le film?
Vous voyez: sorti sortie les deux
Vous choisissez: sorti sortie (les deux)

1.	venu	venue	les deux	6.	entré	entrée	les deux
2.	allés	allées	les deux	7.	parti	partie	les deux
3.	mort	morte	les deux	8.	arrivée	arrivées	les deux
4.	montés	montées	les deux	9.	nés	nées	les deux
5.	revenu	revenue	les deux	10.	retournés	retournées	les deux

C. Le nouvel an. Christophe et ses amis ont fêté le réveillon et le nouvel an à La Nouvelle-Orléans cette année. Choisissez les verbes qui conviennent et mettez-les au passé composé. Attention à l'auxiliaire.

Verbes: aller, boire, descendre, organiser, prendre, voyager

Christophe et ses amis ______________________________[1] à La Nouvelle-Orléans pour fêter le réveillon et le nouvel an cette année. Christophe et Aïsha ______________________________[2] la voiture d'un ami. Anne et Jean ______________________________[3] en avion (*by plane*). Les quatre amis ______________________________[4] dans un hôtel près du Mississippi. Pedro, un ami de Christophe qui habite à La Nouvelle-Orléans, ______________________________[5] une fête pour le réveillon chez lui.

Verbes: acheter, arriver, danser, embrasser, monter, passer

Anne ______________________________[6] la première parce que Christophe, Aïsha et Jean ______________________________[7] au bar pour prendre un apéritif avant la fête. Christophe ______________________________[8] du champagne. Pedro adore la musique et tout le monde ______________________________[9] à la fête. À minuit, j'______________________________[10] tous mes amis. C'était (*It was*) un réveillon magnifique!

D. Et vous? Comment est-ce que vous avez fêté le dernier réveillon et le nouvel an? Écrivez un petit paragraphe où vous décrivez au passé composé ce que (*what*) vous avez fait. Choisissez au moins (*at least*) trois verbes avec **avoir** comme auxiliaire et trois verbes avec **être** comme auxiliaire.

____

____

____

____

____

____

Structure 34

Le passé composé des verbes pronominaux

Narrating in the past

A. Hier comme aujourd'hui. Julie a fait la même hier qu'aujourd'hui. Récrivez les phrases suivantes au passé composé pour parler de ce qu'elle a fait hier.

MODÈLE: Julie se réveille à 9 h aujourd'hui. →
Julie s'est réveillée à 9 h hier.

1. Julie se lève tout de suite aujourd'hui.

   ____

2. Julie et son amie se dépêchent pour arriver à l'université.

   ____

3. Julie et son chien (*dog*) Pete se promènent l'après-midi.

   ____

4. Julie et ses parents s'intéressent à un documentaire à la télévision.

   ____

5. Pete, le chien, s'endort à 23 h.

   ____

6. Julie se souvient de ses devoirs à minuit.

   ____

7. Alors elle se couche à 2 h.

   ____

B. Le passé. Complétez chaque phrase en mettant le verbe au passé composé. Faites l'accord du participe passé quand c'est nécéssaire.

MODÈLE: Robert et moi, nous _____ (se tromper) de numéro. →
Robert et moi, nous nous sommes trompés de numéro.

1. Je m'appelle David et je ______________________________ (se casser) la jambe.
2. Carlos et sa femme ______________________________ (se disputer).
3. Est-ce que tu ______________________________ (s'amuser), Christine?
4. Pascal et Thomas, en quoi est-ce que vous ______________________________ (s'habiller)?
5. Les petites filles ______________________________ (se brosser) les dents avant de se coucher.
6. Maman ______________________________ (se reposer) après sa longue journée.

C. Rien ne change! (*Nothing changes!*) Mettez au passé composé les phrases que vous entendez. Puis écoutez pour vérifier votre réponse.

MODÈLE: Vous entendez: Elle se promène avec ses amis.
Vous dites: Elle s'est promenée avec ses amis.
Vous entendez: Elle s'est promenée avec ses amis.

1. … 2. … 3. … 4. … 5. … 6. …

Regards sur la culture

Annonces matrimoniales

Des agences matrimoniales aident les gens à se rencontrer.[a] Est-ce que c'est une bonne façon[b] de rencontrer l'homme ou la femme de sa vie? Y a-t-il des personnes ici qui sont compatibles?

[a]à… *to meet each other* [b]*way*

Qui est compatible? Lisez les petites annonces à la page 229 et essayez de former trois couples compatibles. Expliquez vos raisons.

1. L'homme No. 16440 voudrait bien rencontrer la femme No. _____ parce que
____
____

2. L'homme No. 12995 voudrait bien rencontrer la femme No. _____ parce que
____
____

3. L'homme No. 17402 voudrait bien rencontrer la femme No. _____ parce que

____

____

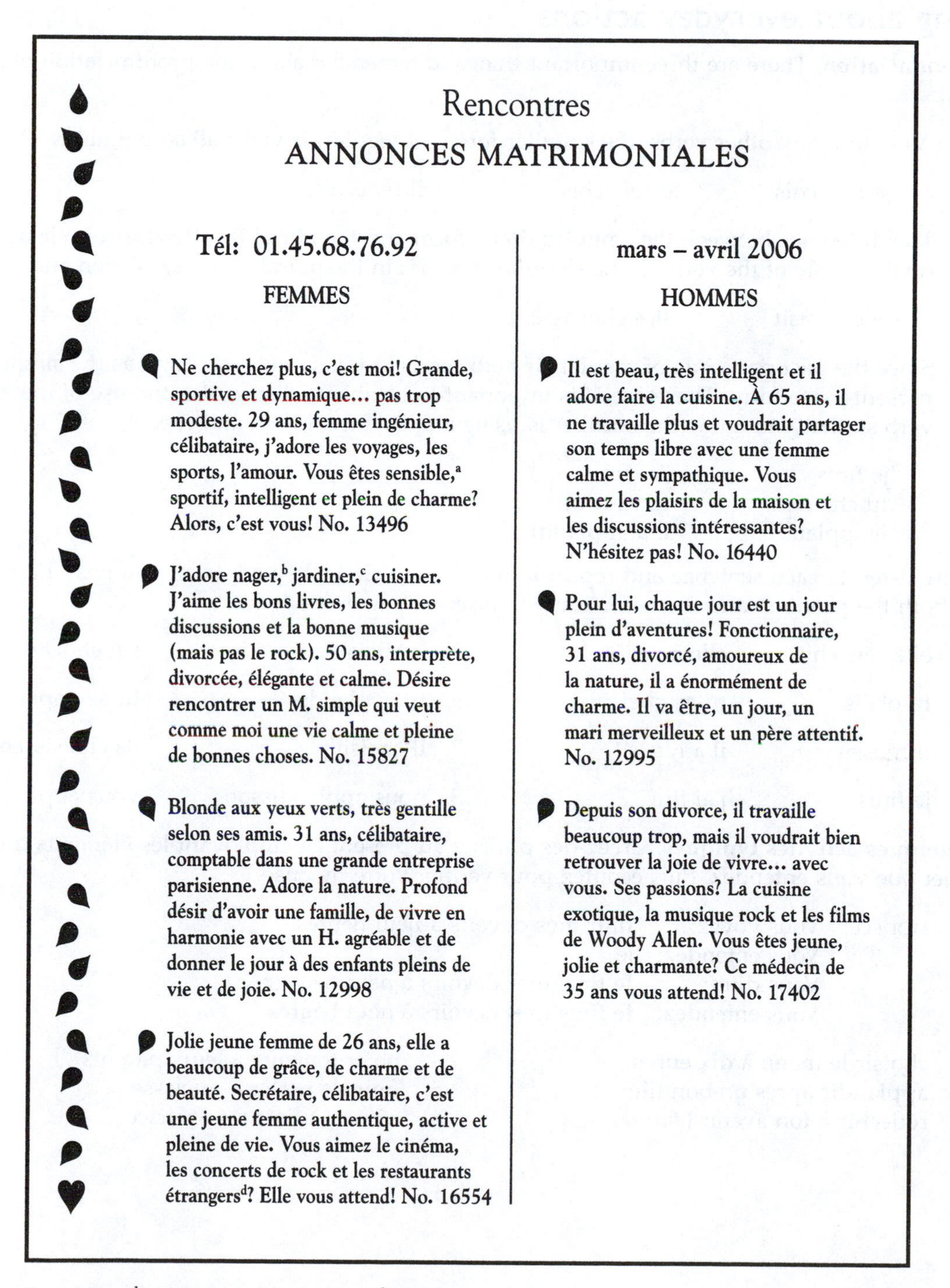

Rencontres

ANNONCES MATRIMONIALES

Tél: 01.45.68.76.92

mars – avril 2006

FEMMES

Ne cherchez plus, c'est moi! Grande, sportive et dynamique… pas trop modeste. 29 ans, femme ingénieur, célibataire, j'adore les voyages, les sports, l'amour. Vous êtes sensible,[a] sportif, intelligent et plein de charme? Alors, c'est vous! No. 13496

J'adore nager,[b] jardiner,[c] cuisiner. J'aime les bons livres, les bonnes discussions et la bonne musique (mais pas le rock). 50 ans, interprète, divorcée, élégante et calme. Désire rencontrer un M. simple qui veut comme moi une vie calme et pleine de bonnes choses. No. 15827

Blonde aux yeux verts, très gentille selon ses amis. 31 ans, célibataire, comptable dans une grande entreprise parisienne. Adore la nature. Profond désir d'avoir une famille, de vivre en harmonie avec un H. agréable et de donner le jour à des enfants pleins de vie et de joie. No. 12998

Jolie jeune femme de 26 ans, elle a beaucoup de grâce, de charme et de beauté. Secrétaire, célibataire, c'est une jeune femme authentique, active et pleine de vie. Vous aimez le cinéma, les concerts de rock et les restaurants étrangers[d]? Elle vous attend! No. 16554

HOMMES

Il est beau, très intelligent et il adore faire la cuisine. À 65 ans, il ne travaille plus et voudrait partager son temps libre avec une femme calme et sympathique. Vous aimez les plaisirs de la maison et les discussions intéressantes? N'hésitez pas! No. 16440

Pour lui, chaque jour est un jour plein d'aventures! Fonctionnaire, 31 ans, divorcé, amoureux de la nature, il a énormément de charme. Il va être, un jour, un mari merveilleux et un père attentif. No. 12995

Depuis son divorce, il travaille beaucoup trop, mais il voudrait bien retrouver la joie de vivre… avec vous. Ses passions? La cuisine exotique, la musique rock et les films de Woody Allen. Vous êtes jeune, jolie et charmante? Ce médecin de 35 ans vous attend! No. 17402

[a]*sensitive* [b]*swimming* [c]*gardening* [d]*foreign*

Structure 35

Les verbes réguliers en *-ir*

Talking about everyday actions

A. Prononciation. There are three important things to remember about the pronunciation of regular **-ir** verbs.

1. As with many other verbs, the singular forms of regular **-ir** verbs all sound alike.

   je réfléchis   tu réfléchis   il réfléchit

2. The difference between the singular **il/elle** form and the plural **ils/elles** form is clear from the final syllable of the verb. In the singular it is /i/; in the plural it is /is/. Listen and repeat.

   elle choisit   elles choisissent

3. Since the past participle of regular **-ir** verbs ends in **i**, it sounds the same as the singular present-tense form. Therefore, it is important to be able to distinguish the use of the auxiliary verb so that you know the speaker is using a past tense. Listen and repeat.

   je finis   j'ai fini
   tu choisis   tu as choisi
   il applaudit   il a applaudi

Now listen to each sentence and repeat it aloud. Then circle the verb form you hear. Pay attention to both the pronoun and the verb. You will hear each sentence twice.

1. elle réfléchit   elle a réfléchi
2. tu obéis   tu as obéi
3. il réussit   il a réussi
4. je finis   j'ai fini
5. je choisis   j'ai choisi
6. tu applaudis   tu as applaudi
7. il choisit   ils choisissent
8. nous applaudissons   vous applaudissez

B. Quelques activités typiques. Créez des phrases au présent en employant les éléments donnés et le sujet que vous entendez. Puis écoutez pour vérifier votre réponse.

MODÈLE: Vous voyez: finir mes devoirs à neuf heures
Vous entendez: je
Vous dites: Je finis mes devoirs à neuf heures.
Vous entendez: Je finis mes devoirs à neuf heures.

1. choisir le menu à dix euros?
2. applaudir après un bon film
3. réfléchir à ton avenir (*future*)?
4. obéir toujours à leurs parents
5. finir de parler à sa classe
6. réussir à finir cet exercice

C. Des actions de tous les jours. Complétez chaque phrase en utilisant l'impératif, le présent ou le passé composé d'un verbe de la liste.

Verbes: applaudir, choisir, finir, obéir, réfléchir, réussir

1. C'est un enfant sage (*well-behaved*). Il ______________________ toujours à ses parents et à sa maîtresse.
2. ______________________ bien aujourd'hui, parce que vous allez vivre (*live*) longtemps avec les répercussions de votre décision.
3. Vous ______________________ de travailler hier soir à minuit? Vous devez être fatigué!
4. Avec leurs deux bons emplois, ils ______________________ à acheter la maison de leurs rêves (*dreams*) l'année dernière.
5. Richard, ingénieur depuis vingt-cinq ans, ______________________ tout à coup (*suddenly*) à une nouvelle (*new*) profession.
6. Mon frère vient d'apprendre à jouer au bridge. Hier, nous avons joué et il ______________________ à toutes les règles (*rules*).
7. Le public a adoré ce film. On ______________________ à la fin!
8. D'habitude, nous ______________________ le plat du jour (*special of the day*) quand nous mangeons ici. C'est toujours délicieux!
9. Je ne vais pas t'attendre pour dîner. Tu ______________________ rarement de travailler avant neuf heures.
10. Un sandwich ou de la soupe? ______________________ vite (*quickly*) et je le prépare pour toi.
11. Bon travail! Très bien! Je t'______________________!
12. ______________________ à maman, et elle va nous donner des bonbons!

D. Le présent, le passé. Mettez la phrase que vous entendez au passé composé. Puis écoutez pour vérifier votre réponse.

MODÈLE: Vous entendez: Béatrice obéit à ses parents.
Vous dites: Béatrice a obéi à ses parents.
Vous entendez: Béatrice a obéi à ses parents.

MODÈLE: Vous entendez: Seth ne finit pas ses devoirs.
Vous dites: Seth n'a pas fini ses devoirs.
Vous entendez: Seth n'a pas fini ses devoirs.

1. … 3. … 5. … 7. … 9. …
2. … 4. … 6. … 8. … 10. …

E. La vie universitaire. D'abord, écrivez des questions du type «inversion» avec les éléments donnés. Mettez le verbe au passé composé si c'est indiqué. N'oubliez pas d'utiliser des prépositions quand c'est nécessaire. Ensuite, répondez aux questions.

MODÈLE: pourquoi / vous / choisir (p.c.) / venir / à cette université / ? →
Question: Pourquoi avez-vous choisi de venir à cette université?
Réponse: Parce que les professeurs sont fantastiques.

1. vous / beaucoup / réfléchir (p.c.) / cette décision / ?

   Question: ___

   Réponse: ___

2. pourquoi / vous / choisir (p.c.) / étudier / le français / ?

   Question: ___

   Réponse: ___

3. comment / vous / réussir / tous vos cours / ?

   Question: ___

   Réponse: ___

4. comment / vous / choisir / vos cours / ?

   Question: ___

   Réponse: ___

5. quel / choses / vous / réfléchir / quand / vous / passer / un examen / ?

   Question: ___

   Réponse: ___

6. quand / vous / finir / un examen important, / que / vous / désirer / faire / ?

   Question: ___

   Réponse: ___

7. la plupart (*most*) des étudiants / obéir / règles de l'université / ?

   Question: ___

   Réponse: ___

8. vos profs et vos parents / applaudir / quand / vous / réussir / vos cours / ?

   Question: ___

   Réponse: ___

9. vous / réfléchir / la vie après l'université / ?

   Question: ___

   Réponse: ___

Visionnement 2

Après le visionnement. Considérez l'information culturelle dans le film et dans l'Épisode 11. Ensuite, regardez les photos et lisez les extraits. Entourez d'un cercle l'explication culturelle pour chaque extrait.

Explications culturelles

A. Dans un couple français, les deux personnes gardent (*keep*) leur indépendance.
B. Les hommes et les femmes veulent se plaire (*please each other*) même s'il n'y a pas de relation romantique.
C. Dans un couple français, on se taquine (*tease each other*) souvent.
D. Les adolescents français sortent souvent en groupe. Ils ne sortent pas souvent en couple.

CAMILLE: [...] On va au restau? J'ai faim.
BRUNO: (*surpris et amusé*) Tu as faim? Je ne le crois pas! (*à tout le monde*) Eh! Eh oh! Appelez les photographes[a]! Là, vite, j'ai un scoop! Camille arrête son régime,[b] elle va faire un vrai repas! (*à Camille*) Ce n'est pas un scoop, ça?

[a]*photographers* [b]arrête... *is going off her diet*

1. A B C D

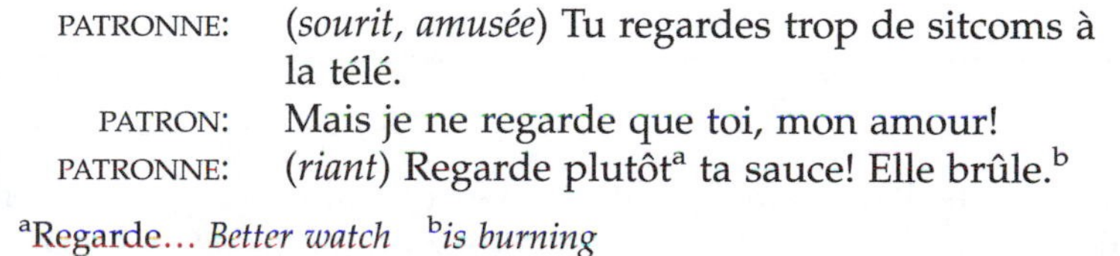

PATRONNE: (*sourit, amusée*) Tu regardes trop de sitcoms à la télé.
PATRON: Mais je ne regarde que toi, mon amour!
PATRONNE: (*riant*) Regarde plutôt[a] ta sauce! Elle brûle.[b]

[a]Regarde... *Better watch* [b]*is burning*

2. A B C D

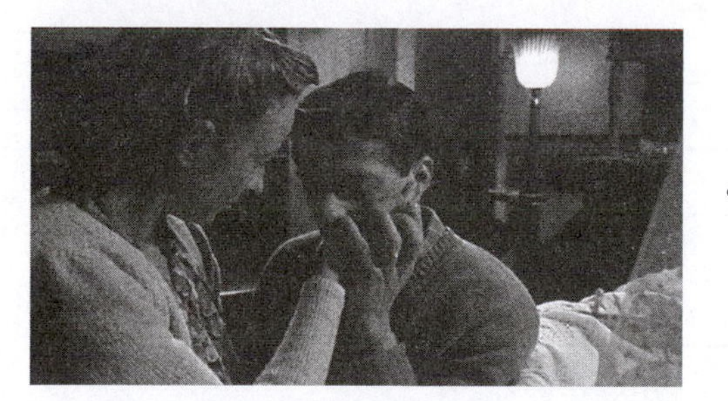

ANTOINE: ...Il y a toi et notre fille. Vous avez besoin de moi... et j'ai besoin de vous deux!
LOUISE: Tu dois faire ce qui est juste.°

°*right*

3. A B C D

À écrire

Une interview

Vous interviewez un chanteur ou une chanteuse célèbre (*famous*) à la télé.

Première étape. Préparez votre introduction, en notant certains faits (*facts*).

Identifiez cette célébrité (un homme ou une femme). ______________________

Comment est-il/elle physiquement? ______________________

Quelle est sa personnalité? ______________________

Il/Elle a à peu près (*about*) quel âge? ______________________

Pourquoi est-il/elle célèbre? (A-t-il/elle composé ou chanté une chanson célèbre? A-t-il/elle une voix originale? Fait-il/elle partie d'un groupe bien connu [*well known*]?...)

____

Deuxième étape. Prenez des notes sur les réponses probables de cette personne aux questions que vous allez poser. Par exemple: les raisons pour son choix de profession; une description de ses tournées (*tours*) récentes—où il/elle est allé(e); s'il / si elle aime la vie d'une célébrité...

Notes: ______________________

____

____

Troisième étape. Maintenant, écrivez un court paragraphe d'introduction, suivi de (*followed by*) votre interview en forme de dialogue. Posez au moins (*at least*) cinq questions.

MODÈLE: Bonjour, tout le monde. Aujourd'hui, j'interviewe le chanteur célèbre Sting. Âgé d'à peu près 50 ans, ce chanteur blond, connu pour son engagement politique, va nous parler de sa carrière (*career*).
Q: Sting, pourquoi avez-vous choisi cette carrière?
S: Eh bien,...

____

____

____

____

____

____

____

____

____

Quatrième étape. Maintenant, relisez votre interview et cherchez des fautes d'orthographe, de ponctuation, de grammaire (par exemple, les accords sujet-verbe et substantif-adjectif, l'usage des temps de verbes) et de vocabulaire. S'il y a des fautes, corrigez-les.

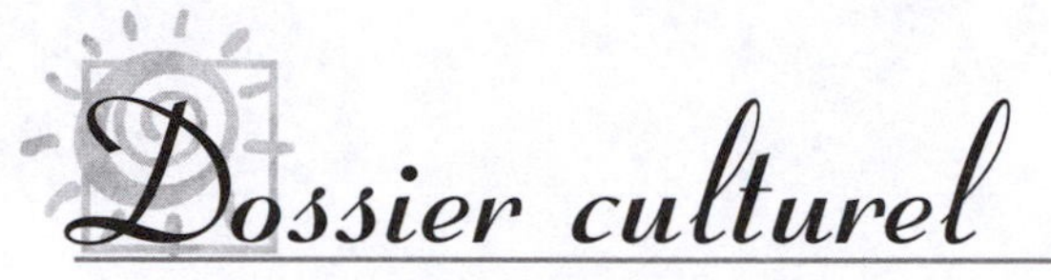

Dossier culturel

A. **Les arrondissements de Paris.** Utilisez des liens sur **www.mhhe.com/debuts2** ou des ressources imprimées pour faire quelques recherches sur les arrondissements de Paris. Expliquez (avec un plan [*map*] si possible) comment la ville est divisée (*divided*) en arrondissements. Ensuite, choisissez un arrondissement et énumérez les principaux monuments et attractions qui s'y trouvent (*that are found there*). Pour chacun (*each one*) d'entre eux, donnez quelques informations historiques.

B. **Biographie.** Dans votre manuel scolaire à la page 245, on vous a présenté quelques personnages français importants. Choisissez-en un (*Choose one of them*), puis écrivez une biographie. Parlez des événements importants de sa vie personnelle et professionnelle. Comment cette personne a-t-elle influencé la vie moderne dans son domaine (*field*) ou en général?

C. **L'histoire et le mythe.** Utilisez des liens sur **www.mhhe.com/debuts2** ou des ressources imprimées pour faire quelques recherches sur l'histoire du Québec ou de la Louisiane. Créez une affiche qui montre les événements les plus (*most*) importants et présentez-la à la classe.

Appendice: Answer Key

Chapitre préliminaire

VOCABULAIRE EN CONTEXTE

Les salutations **B.** 1. monsieur 2. mademoiselle 3. je m'appelle 4. Enchanté 5. Comment allez-vous aujourd'hui 6. Et vous 7. Très bien **C.** 1. monsieur 2. Ça va 3. ISABELLE: Comment vous appelez-vous OLIVIER: Enchanté 4. À demain 5. Très bien, merci, et vous **D.** *Answers will vary.* **Les nombres de 0 à 59** **B.** 1. 5, cinq 2. 4, quatre 3. 8, huit 4. 2, deux 5. 3, trois 6. 9, neuf 7. 10, dix 8. 6, six 9. 1, un 10. 7, sept 11. 10, dix 12. 20, vingt 13. 21, vingt et un 14. 32, trente-deux 15. 46, quarante-six **C.** zéro (0), onze (11), douze (12), treize (13), quatorze (14), quinze (15), seize (16), dix-sept (17), dix-huit (18), dix-neuf (19), vingt (20), trente-deux (32), quarante et un (41), cinquante-cinq (55), cinquante-neuf (59) **D.** 1. 25 2. 05 47 29 08 25 3. 31279 **Dans la salle de classe** **B.** 1. un stylo 2. une université 3. un dictionnaire 4. un laboratoire 5. un cahier 6. une étudiante 7. un homme **Les mots apparentés et les faux amis** **A.** 1. personnalité 2. armée 3. artistique 4. formel 5. profession 6. signal 7. caféine 8. commun **B.** 1. piano 2. discreet (discrete) 3. October 4. poem 5. authority 6. hotel 7. grammar 8. baby 9. omelet(te) 10. serious **C.** INDIVIDUAL ITEMS: CROISSANT: croissant or crescent roll (French pastry in the shape of a half-moon), MUESLI: muesli or cereal (mix of cereals with nuts, fruits and yogurt), PAIN AU CHOCOLAT: pastry with chocolate filling, TARTINE: toast with butter and jam, FRAISES: strawberries, JUS D'ORANGE: orange juice, PAMPLEMOUSSE: grapefruit, FROMAGE: cheese, LAIT: milk, YAOURT: yogurt, CAFÉ: coffee, CHOCOLAT CHAUD: hot chocolate, THÉ: tea, CATEGORIES: CÉRÉALES OU PAIN: cereal or bread, FRUITS: fruits, LAITAGES: milk products, BOISSONS CHAUDES: hot drinks

PRONONCIATION ET ORTHOGRAPHE

1. zéro (French) 2. professor (English) 3. dictionary (English) 4. table (French) 5. class (English) 6. laboratoire (French) 7. université (French) 8. calme (French) 9. address (English) 10. téléphone (French)

STRUCTURE 1

Qui est-ce? C'est… , Ce sont… **B.** 1. C'est 2. ce n'est pas 3. C'est 4. C'est 5. ce sont 6. ce ne sont pas 7. ce sont

STRUCTURE 2

***Qu'est-ce que c'est?*, les articles indéfinis et définis et les substantifs** **B.** 1. un 2. le 3. une 4. l' 5. la 6. des 7. un 8. le 9. l' 10. les **C.** Masculin: l'ami, le bloc-notes, le cahier, le cinéma, le film, le laboratoire, le livre, le personnage, le sac à dos; Féminin: l'actrice, l'amie, la calculatrice, la classe, la femme, la personne, la salle de classe, la table, l'université; Pluriels: les amis, les actrices, les blocs-notes, les amies, les cahiers, les calculatrices, les cinémas, les classes, les films, les femmes, les laboratoires, les personnes, les livres, les salles de classe, les tables, les personnages, les universités, les sacs à dos **D.** 1. La 2. La 3. un 4. le, des 5. la 6. un 7. le **E.** 1. C'est Mme Vautrin? 2. Qu'est-ce que c'est? 3. Qui est-ce? 4. C'est une carotte? 5. Qu'est-ce que c'est?

Chapitre 1

VOCABULAIRE EN CONTEXTE

L'alphabet français **B.** 1. acteur 2. douze 3. Bonjour 4. Mademoiselle 5. ça 6. bientôt 7. Qui 8. papa 9. Georges 10. Hélène 11. six, stylo 12. Hélène 13. Hélène 14. bientôt 15. ça **C.** 1. J 2. E 3. U 4. Z 5. S 6. Q 7. P 8. C 9. T 10. N QU'EST-CE QUE C'EST? C'EST UN JEU! **La rentrée** **B.** 1. salle 2. tableau 3. chaises 4. fenêtres 5. instituteur 6. horloge 7. cahiers, stylos 8. laboratoire 9. ordinateurs, élèves 10. porte **Les leçons, les études, les cours** **A.** 1. addition; les maths 2. plantes; les sciences naturelles 3. ordinateur; l'informatique 4. livre; la lecture 5. globe; la géographie 6. stylo; l'écriture **C.** 1. On étudie Jacques Cartier, l'homme qui a découvert le Canada, dans un cours d'histoire. 2. On étudie Napoléon, l'empereur des Français, dans un cours d'histoire. 3. On étudie les séries trigonométriques de Joseph Fourier dans un cours de mathématiques (maths). 4. On étudie la calligraphie dans un cours d'écriture. 5. On étudie l'Afrique, l'Asie et l'Amérique dans un cours de géographie. 6. On étudie *Le Petit Prince* dans un cours de français. 7. On étudie C++, JAVA et BASIC dans un cours d'informatique. 8. On étudie la photosynthèse dans un cours de sciences naturelles. 9. On étudie la culture et la grammaire françaises dans un cours de français. 10. On étudie la Deuxième Guerre mondiale dans un cours d'histoire.

VISIONNEMENT 1

A. 1. oui 2. non 3. oui 4. non 5. oui 6. Je ne sais pas. **B.** Step 3: 1. sérieuse 2. intelligente 3. Paris 4. reporter 5. Marseille 6. extraordinaire 7. triste **C.** 1. Rachid 2. Sonia, Rachid 3. Yasmine 4. Rachid 5. Sonia, Rachid, Yasmine 6. Sonia

STRUCTURE 3

Les pronoms sujets et le verbe *être* **B.** 1. 2+ personnes 2. une personne 3. impossible à dire 4. une personne 5. une personne 6. une personne 7. 2+ personnes **C.** 1. vous 2. tu 3. tu 4. vous 5. vous 6. tu *or* vous (*depending on your age*) 7. tu 8. vous 9. vous 10. tu **D.** 1. je suis 2. nous sommes 3. vous êtes 4. elle est 5. ils sont 6. tu es **E.** 1. Il est en classe. 2. Elle est élève. 3. On n'est pas dans la salle. 4. Je suis avec Stéphanie. 5. Vous êtes à l'université. 6. Elles sont avec M. Denis. 7. Nous sommes profs. 8. On est là. **F.** 1. suis 2. est 3. êtes 4. es 5. sommes 6. sont 7. est **G.** 1. Elle est dans la salle de classe. 2. Elle est devant le bureau. 3. Ils sont dans l'appartement. 4. Tu es avec un ami. 5. On est dans le studio. 6. Elle est à Paris. 7. Nous sommes en classe. 8. Ils sont à l'université. 9. Il est dans le sac à dos. 10. Elles sont là. 11. Je suis dans le laboratoire. 12. Il est à l'école. 13. Il est sur la table. 14. Tout le monde est à la fenêtre.

STRUCTURE 4

***Ne . . . pas* et d'autres négations** **C.** 1. Les enfants ne sont jamais calmes. 2. Je ne m'appelle pas Lucie. 3. Vous n'êtes plus à Dakar? 4. Marc et Brigitte ne sont pas contents. 5. Ce ne sont pas des étudiants. 6. Tu n'es jamais très sociable. 7. Carine n'est plus avec Solange. 8. La calculatrice n'est pas dans le bureau. 9. Tout le monde n'est pas encore en classe. **D.** *Possible answers*: 1. Mais non, tout le monde n'est pas content! 2. Mais non, le professeur de français n'est pas du tout fantastique! 3. Mais non, le cinéma n'est jamais fascinant! 4. Mais non, les élèves ne sont pas encore en classe! 5. Mais non, nous ne sommes pas amis! 6. Non, je ne suis pas du tout sociable!

REGARDS SUR LA CULTURE

Des livres scolaires 1. une école 2. une université 3. Une maîtresse 4. de 17 ans 5. de 16 ans 6. une université

STRUCTURE 5

L'intonation et *est-ce que...* **A.** 1. Ce n'est pas une question. 2. Ce n'est pas une question. 3. C'est une question. 4. C'est une question. 5. C'est une question. 6. Ce n'est pas une question. 7. C'est une question. 8. C'est une question. 9. Ce n'est pas une question. **B.** 1. Oui, ça va bien, merci. 2. Non, je suis mexicain. 3. Non, c'est un crayon. 4. Je suis étudiant aussi. 5. Oui, c'est Charles. **C.** 1. Est-ce que le cours d'anglais est à trois heures? 2. Est-ce que tu es / vous êtes à l'université? 3. Est-ce que le prof est stupide? 4. Est-ce qu'il y a des chaises dans la salle de classe? 5. Est-ce que c'est un ordinateur? 6. Est-ce que vous êtes Madame Valmour? **D.** *Answers will vary.*

VISIONNEMENT 2

A. 1. élèves 2. disciplinés 3. une école primaire 4. une maîtresse 5. sciences naturelles 6. traditionnelle **B.** 1. Il y a dix (onze) élèves. 2. Il y a huit garçons. 3. Il y a deux filles. 4. Il y a une institutrice. 5. Il y a six sacs à dos et cartables.

Chapitre 2

VOCABULAIRE EN CONTEXTE

Pour parler des personnes **A.** 1. parisien 2. bon 3. dynamique 4. difficile 5. intéressant 6. Comment 7. sans 8. Selon 9. super 10. Mais 11. ennuyeux 12. travail **B.** 1. grand 2. prêt 3. heureux 4. inquiet **D.** 1. LÉO: Je ne suis pas d'accord. JACQUELINE: Bien sûr que non! LÉO: C'est vrai. 2. LÉO: Je ne suis pas d'accord. LÉO: Pas vrai. LÉO: Je suis d'accord. **E.** 1. Michel est d'accord. 2. Michel n'est pas d'accord. 3. Michel est d'accord. 4. Michel n'est pas d'accord. 5. Michel n'est pas d'accord. **F.** *Answers will vary.* **Les locaux et les employés de Canal 7** 1. le plateau 2. le reporter 3. le producteur 4. la régie 5. l'écran

VISIONNEMENT 1

A. 1. boulanger 2. Canal 7 3. pain artisanal 4. béret 5. Montréal 6. médaillon **B.** Step 3: 1. P 2. P 3. PP 4. P 5. PP 6. PP **C.** 1. Both 2. Both 3. Camille 4. Camille 5. Camille 6. Bruno

STRUCTURE 6

Les adjectifs **A.** 1. grand 2. bonne 3. bons 4. grand 5. difficile **B.** 1. une femme 2. une femme 3. un homme 4. un homme ou une femme 5. un homme 6. une femme 7. un homme ou une femme **D.** 1. importante 2. français 3. sportive 4. fatiguées 5. petites 6. faciles 7. inquiet 8. chère **E.** 1. super 2. laide 3. délicieuses 4. formidables 5. vrais 6. canadiens **F.** *Answers will vary.*

REGARDS SUR LA CULTURE

Un boulanger à Montréal 1. Claire Roy 2. Jacques Baumier 3. Jacques Baumier, Claire Roy et Marie-Laure Tessier 4. Claire Roy et Marie-Laure Tessier 5. Jacques Baumier et Claire Roy

STRUCTURE 7

Les verbes réguliers en *-er* et la construction verbe + *infinitif* **A.** 1. une personne 2. 2+ personnes 3. impossible à dire 4. 2+ personnes 5. une personne 6. impossible à dire 7. 2+ personnes **C.** 1. cherche 2. aime 3. donnent 4. regardons 5. écoutez 6. habites 7. étudie 8. trouvent 9. adore 10. travaillent **E.** 1. Elles adorent gagner la course à trois pieds. 2. Il aime (adore) porter un tee-shirt et un jean. 3. Il déteste écouter le musicien de rock. **F.** *Answers will vary.*

STRUCTURE 8

La place des adjectifs
A. 1. follows the noun 2. precedes the noun 3. follows the noun 4. follows the noun 5. precedes the noun 6. precedes the noun **C.** 1. Mais non, j'adore les femmes canadiennes. 2. Mais non, je désire trouver un homme riche. 3. Mais non, j'adore les jolies femmes. 4. Mais non, je désire trouver une personne sérieuse. 5. Mais non, j'aime les bons athlètes dynamiques. 6. Mais non, j'aime mieux les grandes femmes sportives. **D.** 1. C'est une vieille école parisienne. 2. Léonore est dans une bonne classe active. 3. Les jolis petits enfants aiment étudier. 4. Ils regardent une grande plante préhistorique au Jardin des Plantes. 5. Le directeur de l'école est un homme dynamique et intéressant. 6. La secrétaire est une belle femme nerveuse. 7. Héloïse est une nouvelle institutrice sympa. 8. C'est une femme gentille et intelligente. **E.** *Answers will vary.*

VISIONNEMENT 2

1. e 2. d 3. b 4. a 5. c

Chapitre 3

VOCABULAIRE EN CONTEXTE

Les environs de Canal 7 **A.** 1. quartier 2. ici 3. une banlieue 4. dans la rue 5. derrière 6. près de 7. à côté du 8. cinéma 9. se trouve 10. Entre 11. bâtiments 12. en face de 13. Là 14. le supermarché 15. Un restaurant 16. une librairie 17. La poste 18. un hôtel **B.** 1. faux 2. faux 3. faux 4. vrai 5. vrai 6. faux 7. faux 8. vrai **C.** 1. C'est une bibliothèque. 2. C'est un bureau. 3. C'est une banlieue. 4. C'est un centre sportif. 5. C'est un bâtiment. 6. C'est un restaurant. 7. C'est un parking. 8. C'est un cinéma. 9. C'est un supermarché. **D.** *Possible answers*: 1. Un chat est sur l'ordinateur. 2. Un chat est devant la maîtresse. 3. Un chat est en face des élèves. 4. Un chat est près de la fenêtre. 5. Un chat est sous la chaise. 6. Un chat est sur le bureau. 7. Un chat est derrière le mur. 8. Un chat est entre les livres. **E.** *Answers will vary.* **Les nationalités, les origines régionales et les langues** **A.** 1. le Mexique 2. l'Angleterre 3. l'Algérie 4. la Chine 5. le Japon 6. les États-Unis 7. le Canada **B.** 1. on parle chinois 2. on parle arabe et français 3. on parle anglais 4. on parle allemand 5. on parle français 6. on parle japonais 7. on parle vietnamien **C.** 1. japonais 2. mexicaine 3. canadienne 4. espagnols 5. allemande 6. marocaines 7. chinois 8. américains **E.** 1. Canadiens 2. japonais 3. États-Unis, américain 4. *Possible answer*: Le Japon 5. Le français et l'anglais 6. le Maroc 7. *Possible answers*: L'Allemagne, l'Espagne, l'Italie 8. Le Mexique 9. Le Québec

VISIONNEMENT 1

A. 1. collègues, amis 2. collègues 3. collègues 4. famille 5. amis, collègues **B.** Step 3: 1. d 2. e, f 3. b 4. g 5. a 6. c, h **C.** 1. vrai 2. impossible à dire 3. vrai 4. impossible à dire 5. vrai 6. faux **E.** 1. toi 2. vous *or* toi *or* elles 3. Moi, Lui 4. eux 5. elle 6. vous 7. soi

PRONONCIATION ET ORTHOGRAPHE

A. 1. bac (French) 2. ax (English) 3. pâte (French) 4. seat (English) 5. rime (French) 6. clue (English) 7. où (French) 8. goût (French)

STRUCTURE 9

Le verbe *aller* et le futur proche **A.** 1. une personne 2. 2+ personnes 3. impossible à dire 4. une personne 5. 2+ personnes 6. une personne **C.** 1. vont à la bibliothèque 2. allons au cinéma 3. vont en Chine 4. vais au Maroc 5. allez au restaurant 6. va au bureau 7. vont à l'école 8. va chez lui 9. va à Paris **D.** 1. Elle ne va pas à la librairie. 2. Elle va à la poste. 3. Elle ne va pas au cinéma. 4. Elle va au jardin. 5. Elle ne va pas au bureau. 6. Elle ne va pas au centre sportif. 7. Elle va à la tour Eiffel. 8. Elle ne va pas au Japon. 9. Elle va au restaurant. **E.** 1. Non, on va dîner au restaurant demain. 2. Non, je vais parler au prof demain. 3. Non, ils (maman et papa) vont aller à la poste demain. 4. Non, nous allons être prêts demain. 5. Non, elle va donner un cours demain. 6. Non, ils vont être en classe demain. 7. Non, je vais étudier les maths demain. **F.** *Possible answers*: 1. Ils vont (toujours) parler français en cours classe. 2. Nous allons visiter le Canada et d'autres pays francophones. 3. Tu ne vas pas regarder la télé. (Tu vas aller souvent au centre sportif). 4. Elle ne va pas toujours travailler. (Elle va aller souvent au centre sportif). 5. Je vais habiter près du parc. 6. Il va étudier souvent. 7. Vous allez étudier la géographie. **G.** *Possible answers*: 1. Comment ça va? 2. Je vais parler français avec toi. 3. Est-ce que tu vas souvent au cinéma? 4. Est-ce que les étudiants vont souvent à la bibliothèque? 5. Est-ce que tu vas étudier la géographie? 6. Est-ce que tout va bien en cours de maths?

STRUCTURE 10

Les questions avec *n'est-ce pas? non? c'est ça? je suppose, d'accord? OK?* **C.** 1. Papa est prêt, n'est-ce pas? 2. Vous êtes espagnols, c'est ça? 3. Solange étudie à l'université, je suppose. 4. C'est un bon acteur, non? 5. Écoutons de la musique classique, d'accord? **D.** *Possible answers*: 1. L' Espace d'art contemporain est près du Pont des Catalans, n'est-ce pas? 2. Il y a une pharmacie de nuit à Toulouse, je suppose. 3. Le Jardin des Plantes est ã côté du Grand Rond, c'est ça? 4. Le Thẽâtre de la Cité est près du métro, non? 5. La bibliothèque municipale est près de la cathédrale Saint-Sernin, je suppose. **E.** 1. Tu es étudiant, n'est-ce pas? *Possible answer*: Oui, je suis étudiant. 2. C'est une bonne université, non? *Possible answer*: Oui, c'est une bonne université. 3. Est-ce que les cours sont difficiles ici? *Possible answer*: Non, les cours ne sont pas difficiles ici. 4. Tu étudies la biologie, c'est ça? *Possible answer*: Oui, j'étudie la biologie. 5. Tu vas devenir professeur de biologie, je suppose. *Possible answer*: Oui, je vais devenir professeur de biologie.

REGARDS SUR LA CULTURE

Les souriards: expressions non-verbales pour Internet! 1. :-) / :-x 2. :-D / :-I 3. :*D / :-> 4. :-) / :-x

STRUCTURE 11

Le verbe *venir* **A.** 1. 2+ personnes 2. une personne 3. impossible à dire 4. une personne 5. 2+ personnes 6. une personne **D.** 1. devenir riche et célèbre 2. devenez instituteur 3. devient très sportif 4. va devenir professeur d'anglais 5. deviennent très inquiets 6. devenons fascinés par la culture d'Espagne 7. devient difficile. **E.** 1. viens 2. revenir 3. devient 4. viennent 5. deviens 6. venez 7. viens 8. devient 9. venons 10. devient **F.** 1. L'acteur vient de regarder le texte.

2. La maîtresse vient de donner des crayons aux élèves. 3. Tu viens de revenir du supermarché. 4. Nous venons d'aller à la poste. 5. Les touristes américains viennent de visiter le Jardin des Plantes. 6. Les élèves viennent d'étudier l'histoire. 7. Vous venez de parler espagnol avec le prof. 8. Je viens de dîner avec mes grands-parents. **G.** 1. passé 2. présent 3. passé 4. futur 5. passé 6. passé 7. futur 8. passé 9. futur 10. passé

VISIONNEMENT 2

1. handshake 2. kiss on the cheek 3. handshake 4. handshake 5. kiss on the cheek 6. handshake 7. kiss on the cheek 8. handshake 9. handshake

Chapitre 4

VOCABULAIRE EN CONTEXTE

La famille de Bruno Gall (le côté paternel) **B.** 1. grand-père 2. femme 3. grands-parents 4. enfants 5. filles 6. garçon 7. marié 8. sœurs 9. célibataires 10. frère 11. fils 12. cousin 13. divorcé 14. enfants 15. garçon 16. libre **C.** 1. Maurice Plasse, Rosa Fernandes 2. Leïla Farès, Malek Farès 3. Jean-Marie Plasse 4. Mohammed Farès 5. Sophie (Plasse) Farès 6. *Possible answer*: Jean-Marie Plasse et Danielle (Montclair) Plasse 7. *Possible answer*: Roger Plasse **D.** *Possible answers*: 1. Badra est la tante de Leïla. 2. Sophie est la fille de Danielle. 3. Roger est le mari de Sophie. 4. Jean-Marie est le grand-père de Malek. 5. Habib est le père de Malek. 6. Leïla est la cousine de Maurice. 7. Fatima est la mère de Habib. **E.** *Answers will vary.* **Les nombres à partir de 60.** **A.** 1. 136.181, Clermont-Ferrand 2. 197.536, Rennes 3. 146.703, Dijon 4. 800.550 Marseille 5. 147.956, Brest 6. 210.336, Bordeaux 7. 2.152.423, Paris 8. 252.338, Strasbourg **C.** soixante et onze (71), quatre-vingts (80), quatre-vingt-un (81), quatre-vingt-quatre (84), quatre-vingt-onze (91), quatre-vingt-seize (96), quatre-vingt-dix-sept (97), cent un (101), cent deux (102), deux cents (200), deux cent un (201), mille un (1.001), deux mille (2.000), un million (1.000.000), quatre millions soixante-seize (4.000.076) **D.** 1. 1.491 2. 13,25 3. 1.080.606 4. 2.305,9 5. 2.002 6. 1984 7. 171,42 8. 50.660.000 9. 2.952,15 10. 176,12 **Les jours de la semaine, les mois de l'année et les dates** **A.** 1. août 2. dimanche 3. février 4. juillet 5. lundi 6. octobre **B.** 1. samedi 2. juin 3. mars 4. jeudi 5. lundi 6. octobre 7. mardi 8. juillet 9. septembre 10. mercredi **D.** 1. ans 2. Le week-end 3. date 4. année 5. aujourd'hui 6. lundi 7. mois 8. premier **E.** 1. Quelle est la date de ton anniversaire? 2. (Est-ce que) tu aimes voyager en juillet ou en août? 3. (Est-ce que) tu travailles le vendredi? 4. (Est-ce que) tu vas à la bibliothèque le week-end? 5. (Est-ce que) tu as cours lundi? 6. (Est-ce que) tu vas étudier aujourd'hui?

VISIONNEMENT 1

A. 1. vrai 2. faux 3. vrai 4. faux 5. vrai 6. faux 7. faux **B.** Step 3: 1. Non, Sonia travaille avec des enfants autistes à Marseille. 2. Non, les parents de Sonia habitent à Marseille. 3. Non, Sonia aime Marseille. 4. Oui, Sonia a froid à Paris 5. Non, Rachid et Sonia ne vont pas à l'université à Paris. 6. Non, pour le couple Bouhazid, la vie n'est pas facile. **C.** 1. à Marseille 2. à Paris 3. à Marseille 4. à Paris 5. à Marseille 6. à Paris

PRONONCIATION ET ORTHOGRAPHE

A. 1. aura (French) 2. cause (English) 3. dôme (French) 4. donne (French) 5. OK (French) 6. plateau (English) 7. port (English) 8. sot (French)

STRUCTURE 12

Les adjectifs possessifs; la possession avec *de* **A.** 1. votre 2. mon 3. leurs 4. sa 5. tes 6. leurs 7. nos 8. ses 9. ma 10. ton **C.** 1. leur 2. ma 3. ma 4. mes 5. mon 6. notre 7. nos 8. vos 9. ma 10. ses 11. sa 12. son 13. sa **D.** 1. C'est leur pays. 2. C'est son café. 3. Ce sont ses bâtiments. 4. Ce sont tes émissions. 5. C'est leur école. 6. C'est votre table. 7. Ce sont mes cours. 8. C'est son studio. 9. Ce sont vos livres. 10. C'est leur sandwich. 11. C'est notre sac à dos. 12. C'est ton école. **E.** 1. Les amis de mes parents habitent en Espagne. 2. Le fils des Stockdale habite au Canada. 3. L'ami de Marie-Hélène habite en Angleterre. 4. La fille de Winston habite à Maui. 5. Sa tante habite à Madrid. 6. Mon frère habite au Maroc 7. Leurs parents habitent en Allemagne. 8. Nos amis habitent à Rome. 9. Votre oncle habite à Abidjan. 10. Leur enfant habite au Mexique. 11. Son frère habite à Londres. 12. Sa belle-mère habite à Taiwan. 13. Leur cousin habite à Beyrouth. 14. Ton élève habite à Aix-en-Provence.

STRUCTURE 13

Le verbe *avoir; il y a* et *il n'y a pas de;* expressions avec *avoir* **A.** 1. une personne 2. 2+ personnes 3. une personne 4. 2+ personnes 5. impossible à dire 6. une personne **D.** 1. a honte 2. as faim 3. ai l'air 4. a froid 5. a besoin de **E.** 1. ai, ans 2. avons froid 3. ont faim 4. avez l'air 5. ai envie 6. a soif 7. a peur 8. avons chaud 9. a les yeux **F.** 1. Non, il n'y a pas d'enfants dans une discothèque. 2. Non, il n'y a pas de chaise dans un sac à dos. 3. Non, il n'y a pas de voitures dans un cinéma. 4. Non, il n'y a pas d'ordinateurs dans un jardin. 5. Oui, il y a des acteurs dans un film. 6. Non, il n'y a pas de livres dans un centre sportif. **G.** *Answers will vary.* **H.** 1. (Est-ce que) tu as envie d'étudier l'espagnol? 2. (Est-ce que) tu as besoin d'aller à la bibliothèque? 3. (Est-ce que) tu as besoin d'un dictionnaire? 4. (Est-ce que) tu as honte de parler espagnol avec moi? 5. (Est-ce que) tu as peur de ton professeur d'espagnol? 6. Quel âge as-tu? 7. Tu as l'air fatiguée. 8. (Est-ce que) ta camarade de chambre et toi, vous venez d'aller au cinéma?

STRUCTURE 14

Questions avec inversion et avec *où, quand, pourquoi, comment, combien de* **A.** 1. c'est ça? 2. Combien? 3. Pourquoi? 4. Comment? 5. Où? 6. d'accord? 7. Quand? **C.** 1. Avons-nous besoin de trouver un hôtel? 2. Combien d'enfants y a-t-il dans la famille Laguerre? 3. Pourquoi M. Mauve déteste-t-il les autres profs? 4. Mes amis viennent-ils dîner ici? 5. Quand vas-tu avoir 21 ans? 6. Comment allez-vous à l'université? 7. Où habite-t-elle, ta sœur? **D.** 1. pourquoi 2. Quand 3. Où 4. combien de 5. Est-ce que 6. comment **E.** 1. Est-ce que vous êtes mariée? 2. Où est-ce que les acteurs vont travailler? 3. Pourquoi est-ce que vous dînez? 4. Combien d'élèves est-ce qu'il y a dans votre (notre) école? 5. Est-ce que j'ai l'air fatigué aujourd'hui? 6. Où allez-vous (allons-nous) jeudi? 7. Pourquoi vas-tu (allez-vous) au centre sportif? 8. Combien de langues Élise parle-t-elle? 9. Quand parlent-ils à leurs petits-enfants? 10. Ta mère habite-t-elle loin de chez toi? **G.** *Answers will vary.*

VISIONNEMENT 2

1. Vous avez envie d'un hamburger? Vous avez faim? 2. Nous sommes heureuses. Nous sommes dans un parc. 3. J'ai froid. J'ai envie de voir ma fille. 4. Nous avons de très bonnes salades. Il y a du choix.

Chapitre 5

VOCABULAIRE EN CONTEXTE

La maison: les pièces et les meubles **B.** 1. F 2. V 3. F 4. F 5. V 6. F **C.** 1. salle à manger 2. four à micro-ondes 3. chaîne stéréo 4. salle de bains 5. rez-de-chaussée 6. portable 7. armoire 8. canapé 9. chambre 10. frigo 11. immeuble 12. appartement, maison **Le studio**

de Chloé Gall B. 1. une affiche 2. un téléphone 3. une guitare, un piano 4. un appareil photo 5. vélo 6. un répondeur 7. un lecteur de CD 8. meubles **Quelle heure est-il? B.** 1. 5 h 2. 12 h 30 3. 9 h 45 4. 20 h 10 5. 0 h 6. 10 h 30 7. 17 h 25 8. 0 h 15 9. 11 h 10. 28 h 55 **D.** 1. Il est deux heures cinq de l'après-midi. 2. Il est trois heures trente-cinq du matin. (Il est quatre heures moins vingt-cinq du matin.) 3. Il est quatre heures et quart de l'après-midi. 4. Il est neuf heures et demie du soir. 5. Il est six heures et demie du matin. 6. Il est cinq heures moins le quart du matin. 7. Il est huit heures et quart du soir. 8. Il est une heure de l'après-midi. 9. Il est midi et demi. **F.** 1. le temps 2. fois 3. heure 4. l'heure 5. fois 6. heure 7. le temps **G.** *Answers will vary.*

VISIONNEMENT 1

A. 1. non 2. oui 3. Je ne sais pas. 4. oui 5. non 6. oui 7. Je ne sais pas. 8. non **B.** Step 3: 4, 2, 1, 6, 3, 5 **C.** 1. Jacques 2. Camille 3. le mari de Mado 4. Mado 5. le père de Mado 6. le père de Mado 7. Mado

PRONONCIATION ET ORTHOGRAPHE

A. 1. /ɛ/ 2. /e/ 3. /ɛ/ 4. /e/ 5. /e/ 6. /ɛ/ 7. /e/ 8. /ɛ/ 9. /e/ 10. /ɛ/ 11. /ɛ/ 12. /ɛ/ 13. /ɛ/ 14. /ɛ/ 15. /ɛ/ 16. /ɛ/ 17. /e/ 18. /e/

STRUCTURE 15

Le verbe *faire*; des expressions avec *faire* A. 1. fait 2. fais 3. faisons 4. font 5. faites 6. fais **C.** 1. On fait une jolie promenade près de notre quartier. 2. Vous faites du sport au centre sportif. 3. Mon oncle et ma tante font un voyage en Algérie. 4. Je fais la fête avec mes amis. 5. Pourquoi fais-tu tes devoirs à minuit? 6. Nous ne faisons plus attention aux autres étudiants. **D.** HORIZONTALEMENT: 1. faisons 4. voyage 6. cuisine 7. lit 8. fête 11. ménage 12. courses 13. queue 14. promenade VERTICALEMENT: 1. font 2. sport 3. connaissance 5. attention 7. lessive 8. fais 9. devoirs 10. vaisselle **E.** 1. Nous faisons du shopping. 2. Je fais la lessive. 3. On fait les courses. 4. On fait la fête. 5. Vous faites le lit. 6. Ils font la queue. 7. Marc fait ses devoirs. **F.** *Answers will vary.*

STRUCTURE 16

L'adjectif interrogatif *quel* et l'adjectif démonstratif *ce* A. 1. Quelle fête? 2. Quel canapé? 3. Quel âge? 4. Quel étudiant? 5. Quels hommes? 6. Quels ordinateurs? 7. Quel quartier? 8. Quelles personnes? 9. Quelle fille? 10. Quelle heure? 11. Quelles femmes? 12. Quels meubles? **B.** 1. Tu n'as pas honte de cette salle de bains? 2. Pourquoi ce CD est-il sur cette armoire? (Pourquoi ces CD sont-ils sur cette armoire?) 3. Pourquoi habites-tu dans ce quartier? 4. Je n'aime pas ce canapé. 5. Est-ce que tu aimes cette petite cuisine? 6. Cet appartement a besoin de fenêtres, non? 7. Quand est-ce que tu vas faire ce lit? 8. Je ne vais pas regarder ces émissions stupides. **C.** 1. quel, Ce 2. quel, Ce 3. Quelle, cette, cette, ce 4. Quels, ces 5. quelle, cette 6. Quel, Cet **D.** 1. Quel cours vais-je aimer? 2. À quelle heure visitons-nous la faculté des sciences? 3. Quelles émissions les étudiants écoutent-ils? 4. Dans quelle rue la bibliothèque se trouve-t-elle? 5. Quels sont les cours favoris de Georges? 6. Quel ordinateur est sur le bureau? **E.** 1. Cet appartement se trouve-t-il dans un bon quartier? 2. Comment s'appelle ce quartier? 3. Quelles pièces ont besoin d'un tapis? 4. À quel étage fait-on la lessive? 5. Quels autres étudiants habitent dans l'immeuble?

REGARDS SUR LA CULTURE

Un appartement en région parisienne PIÈCES: A. la cuisine, non B. la salle de séjour, oui C. la salle à manger, oui D. la salle de bains, oui E. la chambre, non MEUBLES: 1. la cuisinière, non 2. un fauteuil, oui 3. le canapé, oui 4. le lavabo, oui 5. le lit, non

STRUCTURE 17

Le genre de certains substantifs et quelques pluriels spéciaux **B.** MASCULIN: le capitalisme, le château, le compliment, le département, le fascisme, le journalisme, le nationalisme, le ressentiment, le sentiment, le tableau, le visionnement FÉMININ: l'addition, la comédie, la fiction, l'intégration, la liberté, la mélodie, la mission, la nation, la révision, la tragédie, l'université, la vanité, la xénophobie **C.** 1. Voulez-vous acheter des cadeaux? 2. Ces fez viennent du Maroc. 3. Attention! Les bras de ces fauteuils sont fragiles. 4. Les prix ne sont pas exagérés. 5. Ces cristaux de quartz sont magnifiques, non? 6. Ce sont des tableaux des années vingt. 7. Les fils de l'artiste habitent à Paris. 8. Quels beaux travaux! 9. Pardon, madame. Ce ne sont pas des objets d'art. Ce sont les sacs à dos de mes neveux! **D.** 1. Mes grands-pères sont riches et intellectuels. 2. Mes neveux vont en Angleterre en août. 3. Les nez Montaigne sont grands mais jolis. 4. Mes petites-filles habitent près de Paris. 5. Les époux de mes sœurs travaillent dans le gouvernement. 6. Les beaux-pères de mes fils sont diplomates.

VISIONNEMENT 2

1. oui 2. oui 3. non 4. non 5. oui

Chapitre 6

VOCABULAIRE EN CONTEXTE

La mode **B.** MODE FEMME: chaussettes, chemisiers, jeans, jupes, manteaux, pulls, robes, sous-vêtements, tailleurs, vestes MODE HOMME: chaussettes, chemises, costumes, cravates, jeans, manteaux, pulls, sous-vêtements, vestes MODE ENFANT: chaussettes, jeans, manteaux, pulls, shorts, sous-vêtements, tee-shirts VÊTEMENTS DE SPORT: maillots de bain, shorts, sweats, tee-shirts, vestes, vêtements de ski CHAUSSURES: bottes, chaussures de tennis, sandales ACCESSOIRES: bracelets, ceintures, chapeaux, écharpes, foulards, lunettes de soleil **D.** *Answers will vary.* **Les couleurs** **A.** 1. Ces chaussettes sont vertes. 2. Cette ceinture est brune. 3. Cette robe est grise. 4. Ce tee-shirt est jaune. 5. Ces chaussures sont orange et noires. 6. Ce foulard est violet. 7. Ces lunettes sont marron. 8. Ces vêtements de tennis sont blancs. **B.** 1. blanche, noir 2. rouge (*or* blanc) 3. bleu, blanc, rouge 4. bleus, noirs, rouges 5. bleu, jaune (*or* orange) 6. noir 7. blanc 8. jaune 9. verts 10. rose **Dans un grand magasin** **B.** *Possible answers*: L' argent se trouve dans la caisse. La caisse se trouve au rez-de-chaussée. Les chemises d'hommes se trouvent dans le rayon mode hommes. Cette cliente paie en espèces. Ce foulard va bien avec cette jolie robe. Les jupes se trouvent dans le rayon mode femmes. On n'accepte pas les chèques. Ces vendeurs et vendeuses travaillent dans ce grand magasin. VISA et MasterCard sont des cartes de crédit.

VISIONNEMENT 1

A. 1. Bruno 2. Martine 3. Bruno 4. Rachid 5. Camille **B.** Step 3: 1. b 2. c 3. c 4. a 5. b 6. b 7. a **C.** 1. la vie professionnelle 2. la vie privée 3. la vie professionnelle 4. la vie professionnelle 5. la vie privée

PRONONCIATION ET ORTHOGRAPHE

A. 1. /œ/ 2. /ø/ 3. /œ/ 4. /œ/ 5. /œ/ 6. /œ/ 7. /ø/ 8. /ø/ 9. /ø/ 10. /œ/

STRUCTURE 18

Les verbes *pouvoir* et *vouloir* **A.** 1. voulez 2. peux 3. veux 4. pouvez 5. veulent 6. voulons 7. veut 8. peuvent 9. veux 10. peut **D.** 1. veux de l'argent. 2. voulons visiter la Grande

Muraille. 3. ne veulent pas faire la vaisselle. 4. veut une écharpe violette. 5. veulent donner leurs devoirs au prof. 6. veux regarder un film. 7. voulez faire du tennis. 8. veut payer. **E.** 1. Bruno ne veut pas porter un béret. 2. Bruno et Camille veulent parler du pain français avec M. Liégeois. 3. Bruno et Hélène veulent aller au café. 4. Sonia Bouhazid veut habiter à Marseille. 5. Rachid peut manger du porc mais il ne veut pas. 6. Mado ne peut pas faire le code de son appartement. 7. Mado demande à Rachid s'il veut dîner avec elles. 8. Rachid regrette mais il ne peut pas dîner avec elles ce soir. **F.** 1. veut 2. voulons, pouvons 3. veux 4. peuvent 5. peux 6. veulent 7. voudrais, pouvez **G.** 1. Je voudrais habiter dans un appartement plus propre. 2. Mes amis ne veulent plus venir chez moi. 3. Je ne peux jamais trouver mes chaussures. 4. Je veux bien faire la cuisine si tu veux bien faire ton lit. 5. Peux-tu faire la vaisselle ce soir?

STRUCTURE 19

Les verbes avec changement d'orthographe **A.** 1. achètent 2. appelez 3. tous les deux 4. commençons 5. envoies 6. espèrent 7. essaie 8. partagez **C.** 1. paies 2. répètent 3. espère 4. emploie 5. encourageons 6. commençons 7. appelle 8. achètent 9. envoies 10. préférez **D.** 1. commençons, achetons 2. préfèrent, appellent 3. achetez, payer 4. essaie, emploie 5. mangeons, partageons 6. lance 7. envoient 8. encourage 9. appelles 10. espères **E.** 1. préfère, partageons, essayons 2. voyage 3. paient 4. emploie 5. envoient 6. mangeons 7. appelle 8. encourageons, espèrent **F.** 1. VOUS: À quelle heure commencez-vous à travailler le mardi? MME LECLERC: *Possible answer*: Je commence à travailler à 8 h. 2. VOUS: Espérez-vous trouver un autre travail? MME LECLERC: *Possible answer*: Oui, j'espère trouver un autre travail. 3. VOUS: Vos clients paient-ils en espèces ou avec une carte de crédit? MME LECLERC: *Possible answer*: Mes clients paient souvent avec une carte de crédit. 4. VOUS: Où mangez-vous avec les autres vendeurs? MME LECLERC: *Possible answer*: Nous mangeons souvent dans un café près d'ici. 5. VOUS: Achetez-vous vos vêtements dans ce magasin? MME LECLERC: *Possible answer*: Oui, j'achète tous mes vêtements dans ce magasin.

REGARDS SUR LA CULTURE

La mode PAUL: le pantalon 24,39 €, la chemise 18,29 € TOTAL POUR PAUL: 42,68 € DANIEL: le pantalon 30,49 €, la chemise 24,39 € TOTAL POUR DANIEL: 54,88 € ANNICK: la robe chasuble 30,34 € TOTAL POUR ANNICK: 30,34 € ALINE: la robe à smocks brodés 41,16 € TOTAL POUR ALINE: 41,16 € TOTAL À PAYER AU MAGASIN VERTBAUDET: 169,06 €

STRUCTURE 20

Les pronoms interrogatifs **A.** 1. aux profs 2. l'écharpe 3. elle chante 4. cet homme 5. avec son fils 6. les chèques 7. de la photo **B.** 1. Qu' 2. Qui 3. Qui 4. De quoi 5. Que 6. Qui 7. Que 8. Qui **C.** 1. Où 2. Qui 3. Qu' 4. À qui 5. De qui 6. Qu' 7. Qu' 8. De quoi 9. Qui 10. Qu' **D.** 1. Qu'est-ce que vous regardez? (Que regardez-vous?) 2. À qui téléphonez-vous? (À qui est-ce que vous téléphonez?) 3. Qui est adorable? 4. De quoi parlez-vous? (De quoi est-ce que vous parlez?) 5. Qui fait la cuisine? (Qui est-ce qui fait la cuisine?) 6. Que portez-vous? (Qu'est-ce que vous portez?) 7. Où préférez-vous être? (Où est-ce que vous préférez être?) 8. De qui est-ce que vous faites la connaissance? (De qui faites-vous la connaissance?) **E.** 1. SA QUESTION: Qui est Mado? VOTRE RÉPONSE: Mado est la maman de Camille. 2. SA QUESTION: Qu'est-ce que Rachid mange au restaurant de Canal 7? (Que mange Rachid au restaurant de Canal 7?) VOTRE RÉPONSE: Rachid mange un hamburger. 3. SA QUESTION: Que veut Sonia? (Qu'est-ce que Sonia veut?) VOTRE RÉPONSE: Sonia veut habiter (*revenir*) à Marseille. 4. SA QUESTION: Avec qui Yasmine rentre-t-elle à la maison après l'école? (Avec qui est-ce que Yasmine rentre à la maison après l'école?) VOTRE RÉPONSE: Yasmine rentre à la maison avec sa maman. 5. SA QUESTION: Qui aimes-tu dans le film? (Qui est-ce que tu aimes dans le film?) VOTRE RÉPONSE: *Possible answer*: J'aime Camille dans le film.

VISIONNEMENT 2

1. Pourquoi Bruno porte-t-il un costume? (Pourquoi est-ce que Bruno porte un costume?) 2. Que porte Camille aujourd'hui? (Qu'est-ce que Camille porte aujourd'hui?) 3. Qui ne porte pas de costume? (Qui est-ce qui ne porte pas de costume?) 4. Qu'y a-t-il sur le plateau pendant l'émission sur la mode? (Qu'est-ce qu'il y a sur le plateau pendant l'émission sur la mode?) 5. De quoi Camille et Bruno parlent-ils pendant cette émission? (De quoi est-ce que Camille et Bruno parlent pendant cette émission?)

Chapitre 7

VOCABULAIRE EN CONTEXTE

Au marché Mouffetard **B.** *Réponses possibles* 1. des haricots verts, des légumes, du maïs, de la mayonnaise, des petits pois, des tomates 2. des carottes, un oignon, des tomates (du vin rouge) 3. des cerises, du citron, une pomme, du raisin 4. des légumes, un oignon, des tomates **C.** 1. vins 2. boucher, supermarché 3. raisin 4. tomate 5. marchande 6. viande 7. légumes 8. fruit 9. aliments 10. haricots verts, maïs 11. marché **Les environs de la rue Mouffetard** **B.** 1. crème, sucre 2. fruits de mer 3. pâtissier 4. saucisses 5. plate 6. saumon 7. tarte 8. boucherie 9. boulangerie 10. fromage, crémerie 11. confiture 12. poulet 13. chaque 14. beurre 15. raisins **C.** *Réponses possibles*: 1. Pour faire une tarte, le pâtissier a besoin de beurre et de sucre. Il va à la crémerie et à l'épicerie. 2. Pour faire une soupe de poisson, Papa a besoin de poisson (de saumon, de thon). Il va à la poissonnerie. 3. Pour faire un sandwich, tu as besoin de beurre, de fromage, de jambon, de mayonnaise et de pain (de tomates, de poulet, de thon). Tu vas à la boulangerie, à l'épicerie et à la charcuterie. 4. Pour faire un bœuf bourguignon, M. et Mme Forestier ont besoin de bœuf, de carottes et de tomates. Ils vont à la boucherie et au marché. 5. Pour faire un rôti aux légumes, mes amis ont besoin de boeuf (au de porc), de pommes de terre et de carottes. Ils vont à la boucherie et au marché. 6. Pour faire une salade de fruits de mer, j'ai besoin de crevettes (de fruits de mer) et de mayonnaise. Je vais à la poissonnerie et à l'épicerie. 7. Pour faire une pizza, vous avez besoin de fromage et de tomates. Vous allez à la crémerie et au marché.

VISIONNEMENT 1

A. 5, 1, 4, 2, 3, 6 **B.** Troisième étape: 1. vrai 2. impossible à dire 3. faux 4. faux 5. impossible à dire 6. impossible à dire

PRONONCIATION ET ORTHOGRAPHE

A. 1. rouge (French) 2. encourage (French) 3. four (English) 4. cousine (French) 5. pour (French) 6. noose (English) 7. buffet (English) 8. super (French) 9. costume (English) 10. lecture (French) 11. rue (French) 12. amuse (English)

STRUCTURE 21

L'article partitif et les expressions de quantité **C.** 1. Il y a beaucoup de pâtisseries sur la table. 2. Il ne veut pas manger trop de sucre. 3. Voulez-vous un peu d'eau minérale? 4. Ils ont peu de confiture dans le frigo. 5. La marchande de fruits a une douzaine de citrons. 6. Nous achetons un demi-kilo de saumon. 7. Est-ce que tu as assez d'éclairs pour ce soir? 8. Voulez-vous un morceau de pain? 9. Je voudrais une boîte de thon, s'il vous plaît. **D.** 1. des 2. du 3. le 4. de la 5. de 6. le 7. les 8. une 9. de 10. des 11. de 12. du 13. le 14. de **E.** *Réponses possibles*: 1. Je déteste le porc. Je ne mange jamais de porc. 2. J'aime bien le thon. Je mange parfois du thon dans une salade. Je voudrais un morceau (une boîte) de thon pour ma salade, s'il vous plaît. 3. J'adore la confiture de fraises. Je mange souvent de la confiture avec du pain. Je voudrais beaucoup de confiture sur mon pain, s'il vous plaît. 4. J'adore les pâtisseries. Je mange parfois des pâtisseries chez le pâtissier. Je voudrais une douzaine d'éclairs au chocolat, s'il vous plaît. 5. J'aime bien les petits pois. Je mange souvent des petits pois avec de la viande. Je voudrais un kilo (une boîte) de petits pois, s'il vous plaît. 6. Je déteste le fromage. Je n'achète jamais de fromage. **F.** 1. Nous commençons à la boulangerie où nous trouvons du pain français. 2. Marceline n'aime pas le poisson. 3. Elle préfère la viande. 4. Alors, nous achetons des saucisses et deux kilos de bœuf. 5. Marceline va chez le pâtissier et achète une bonne tarte au citron. 6. J'adore les desserts et je mange souvent trop de choses sucrées. 7. Nous ne mangeons jamais de fromage après le dîner. 8. Alors, nous n'avons pas besoin d'aller à la crémerie. 9. J'achète une bouteille de vin rouge. 10. J'espère que nous avons assez d'eau minérale.

STRUCTURE 22

Le complément d'objet direct **A.** 1. à Pascal 2. à René et à Guy 3. à toi et à moi 4. à moi 5. à toi 6. à elle 7. à Élise 8. à maman et à papa **C.** 1. leur 2. lui 3. m' 4. leur 5. nous 6. te 7. Vous 8. lui **D.** 1. D'abord, je vais leur téléphoner. 2. Je lui demande de préparer un gâteau au chocolat pour papy. 3. Mes frères espèrent lui acheter une veste en cuir. 4. Nous ne voulons pas leur demander de venir en avance. 5. Je lui montre le poisson que papy préfère. 6. Nous n'allons pas lui parler avant la fête. 7. J'espère que la surprise va lui faire plaisir. **E.** 1. Vas-tu me téléphoner ce soir? (Est-ce que tu vas me téléphoner ce soir?) 2. À qui viens-tu de parler? (À qui est-ce que tu viens de parler?) 3. Vas-tu lui donner ton numéro de téléphone? (Est-ce que tu vas lui donner ton numéro de téléphone?) 4. Tes amis sont-ils à la maison? (Est-ce que tes amis sont à la maison?) 5. Tu leur téléphones trop souvent et tu ne me téléphones pas assez. 6. Pourquoi ne m'achètes-tu pas de cadeaux? (Pourquoi est-ce que tu ne m'achètes pas de cadeaux?) 7. Pourquoi l'épicier te fait-il toujours un sourire? (Pourquoi est-ce que l'épicier te fait toujours un sourire?) 8. Je vais lui demander pourquoi.

REGARDS SUR LA CULTURE

Pour faire les courses en France *Réponses possibles*: 1. J'achète 6 litres d'eau minérale naturelle pétillante Salvetat. Ça fait 2€48 pour l'eau minérale. 2. J'achète un kilo de crevettes entières cuites réfrigérées. Ça fait 12€19 le kilo. 3. J'achète un kilo de tomates et une boîte de haricots verts extra-fins. Ça fait 1€52 le kilo pour les tomates et 2€56 pour les haricots verts. 4. J'achète des petits pains et du jambon de Bayonne. Ça fait 1€83 pour les petits pains et 4€57 pour deux sachets de jambon. 5. Nous achetons une bouteille d'Anjou rouge. Ça fait 3€81 la bouteille. 28€96

STRUCTURE 23

Les verbes *prendre, mettre, boire* **A.** 1. boivent 2. met 3. mets 4. prennent 5. bois 6. prend 7. mettez 8. boit 9. prends 10. mettent 11. buvons 12. prenez **D.** 1. permet 2. promettent 3. mets 4. mettons 5. mettre 6. promettez 7. mets 8. promet **E.** 1. comprend 2. promets 3. permet 4. prends 5. boivent 6. apprend **F.** *Réponses possibles*: 1. Non, je ne comprends pas toujours quand le prof de français parle. 2. Je mets beaucoup de temps à faire mes devoirs le week-end. 3. Je prends souvent des fruits de mer dans un restaurant élégant. 4. Quand j'ai vraiment soif, je bois de l'eau minérale. 5. Quand je fais du sport, je mets un short et des chaussures de tennis. 6. Je ne permets pas à mes amis de téléphoner après minuit. (Je ne leur permets pas de me téléphoner après minuit.) 7. J'essaie de boire beaucoup d'eau. 8. Je prends des décisions facilement. 9. Mes devoirs de mathématiques me prennent beaucoup de temps. 10. J'apprends (à jouer de) la guitare.

VISIONNEMENT 2

1. f 2. c 3. e 4. a 5. b 6. d

Chapitre 8

VOCABULAIRE EN CONTEXTE

A. 1. de l'eau minérale 2. plate 3. gazeuse 4. déjeunez 5. un poulet frites 6. plats chauds 7. salades 8. sandwichs 9. saucisson 10. léger 11. du pain 12. après 13. comme 14. choses sucrées **B.** 1. du vin 2. fromage, œufs, sel, poivre 3. un fruit, de la glace 4. soupe 5. le hamburger, les frites (un hamburger, des frites) 6. une tartine 7. la pizza 8. du riz 9. la salade **C.** 1. charcuterie 2. boissons, lait, jus d'orange 3. fast-food, coca 4. entrées, œuf dur mayonnaise 5. desserts, mousse au chocolat 6. petit déjeuner, déjeuner, dîner **D.** *Réponses possibles*: 1. Je prépare des spaghettis à la sauce tomate. En entrée, nous mangeons une salade et des légumes. Nous buvons de l'eau minérale. 2. Je prends de la charcuterie ou bien une salade de tomates. 3. Nous prenons du saumon, avec des pommes de terre et une salade verte. Nous buvons du vin blanc. Comme dessert, nous mangeons une mousse au chocolat. 4. Nous mangeons des œufs durs mayonnaise, du poulet froid et de la salade de tomates. Nous buvons de l'eau minérale et du coca. 5. Je mange des frites et un hamburger. Je ne prends pas d'entrée. Je bois du lait ou de l'eau minérale. 6. Je prends un croissant et un petit pain. Je bois du jus d'orange et du café au lait. 7. Je leur donne de la charcuterie, du pain et un morceau de tarte. Nous buvons du café noir. **À table B.** a. 5, b. 4, c. 3, d. 2, e. 6, f. 1

VISIONNEMENT 1

A. 1. la mère 2. des amis 3. son père 4. une photo 5. ses grands-parents 6. le dîner 7. son grand-père 8. sa fille **B.** Troisième étape: 1. Camille 2. Camille 3. Camille 4. Mado 5. les deux 6. Camille 7. Camille **C.** 1. impossible à dire 2. vrai 3. faux 4. vrai 5. faux 6. vrai

PRONONCIATION ET ORTHOGRAPHE

A. 1. vain (nasale) 2. homme (orale) 3. fine (orale) 4. an (nasale) **B.** 1. sympa! 2. viens, enfants 3. Jardin, Plantes, leçon, sciences. 4. chance 5. un, grand, non?

STRUCTURE 24

Les verbes réguliers en *-re* **A.** 1. une personne 2. 2+ personnes 3. impossible à dire 4. 2+ personnes 5. une personne 6. 2+ personnes 7. 2+ personnes **C.** 1. descends 2. Vendez, répond 3. entend 4. perds, attendent 5. rend **D.** 1. Blanche Neige attend son prince. 2. Un boulanger vend du pain. 3. Nous répondons au professeur. 4. Les passagers descendent du bus. 5. Une personne distraite perd ses clés. 6. Le Petit Chaperon rouge rend visite à sa grand-mère. 7. Un touriste visite les monuments. **E.** *Réponses possibles*: 1. Je perds du poids quand je fais du sport. 2. On vend des croissants à la boulangerie. 3. Le soleil et le beau temps me rendent heureux / heureuse. 4. On vend des jupes et des robes. 5. Je perds patience quand je fais la queue. 6. Je rends visite à ma grand-mère.

STRUCTURE 25

L'impératif **A.** 1. Tu prends un verre 2. Tu viens dîner 3. On dîne ensemble 4. Tu m'achètes du champagne 5. vous signez un autographe 6. Tu refermes la porte 1. Prends un verre. 2. Viens dîner. 3. Dînons ensemble. 4. Achète du champagne. 5. Signez un autographe. 6. Referme la porte. **B.** 1. e 2. b 3. f 4. g 5. d 6. h 7. a **C.** 1. Mange comme un adulte! 2. Ne perdez pas la tête! 3. Ne lui achetez pas beaucoup de chocolat! 4. Écoute toujours ton père! 5. Réponds gentiment à ton père! Réponds-lui gentiment! 6. Ne bois pas de coca! 7. Soyez strict avec votre fils! 8. Ayez de la patience! **D.** 1. Allons dîner au restaurant. 2. Sois sage. 3. Ne perdons pas la tête. 4. Aie un peu de patience. 5. Faisons une fête. 6. Ne soyez pas fâché(e)s l'un(e) avec l'autre.

7. Revenons à l'université pour une réunion dans vingt-cinq ans. 8. Ne me téléphone pas à minuit. **E.** *Réponses possibles*: 1. Soyez patient(e) avec lui. Ne perdez pas trop de temps. 2. Demandez-leur de ne pas vous téléphoner après 10 heures. Ne répondez pas au téléphone à minuit. 3. Cherchez des amis à l'extérieur de l'école. N'essayez pas d'être populaire. 4. Ne soyez pas trop strict avec votre régime. Buvez du lait de soja. 5. Allez chez le médecin. N'achetez plus de cigarettes. 6. Parlez-lui de ce problème. Ne divorcez pas avant de demander de l'aide.

REGARDS SUR LA CULTURE

Mettre la table *Réponses possibles*: 1. Quand les Français mettent le couvert pour les invités, ils mettent la serviette dans l'assiette, ils ajoutent une fourchette à poisson, un couteau à poisson, un beurrier et un verre à vin blanc, et les verres sont placés à la droite de l'assiette. 2. Pour manger de la soupe, on utilise une cuillère. 3. Dans le beurrier, on met le beurre. 4. On met deux verres à vin pour le dîner de fête parce qu'on sert souvent du champagne ou du vin blanc avec l'entrée, et du vin rouge avec le plat principal. 5. On met une fourchette et un couteau particuliers pour le poisson.

STRUCTURE 26

Quelques verbes comme *sortir* **A.** 1. une personne 2. une personne 3. 2+ personnes 4. une personne 5. une personne 6. 2+ personnes **B.** 1. sort 2. dort 3. Partons 4. quittons 5. dormons 6. sent **C.** 1. dort 2. sert 3. sort 4. mentent 5. part **D.** 1. Nos enfants dorment souvent jusqu'à midi. 2. Oh là là, les enfants! Vous dormez trop! 3. Les élèves partent pour l'école à dix heures du matin. 4. Ils mentent quand ils sont en retard. 5. Frédéric, mens-tu parce que tu as honte? 6. Mon mari et moi, nous ne sortons pas ce soir. 7. Nous partons demain à Bruxelles et nous avons besoin de dormir. 8. Vous partez déjà? 9. Tu sens le café? 10. Il sent bon, n'est-ce pas? 11. Pardon, mademoiselle. Servez-vous des sandwichs dans ce café? 12. Le serveur sort de la cuisine avec deux tasses de café. **E.** 1. Sortons ce soir! 2. Sors un stylo! 3. Dormez bien! 4. Sers les œufs! 5. Mentons au professeur! 6. Ne quitte pas ton mari! 7. Sens les roses! 8. Partez lundi! **F.** 1. partent 2. quitter 3. sors 4. pars 5. quitte 6. Sortons **G.** *Réponses diverses.*

VISIONNEMENT 2

Réponses possibles: 1. C'est Camille qui parle en ce moment. Elle montre avec son doigt la photo de son grand-père. 2. Les deux femmes sont plutôt fâchées. Mado est inquiète pour sa mère. Camille est peut-être fatiguée. 3. Je devine que ces deux femmes sont fâchées par leurs gestes et leurs expressions. 4. Camille veut dire que sa mère n'est pas raisonnable et qu'elle prend la situation trop au sérieux. Elle ne pense pas que sa mère est vraiment folle. 5. Une discussion est souvent animée en France. Elle n'indique pas que les personnes sont très fâchées. Les Français aiment les discussions très animées.

Chapitre 9

VOCABULAIRE EN CONTEXTE

Les parties du corps **C.** 1. Les yeux 2. Les cheveux 3. les muscles 4. le pied 5. le ventre 6. les dents 7. le cerveau **D.** 1. la bouche 2. les oreilles 3. les jambes 4. les yeux 5. le cœur **E.** *Réponses diverses.* **La santé** **A.** 1. nez qui coule 2. mouchoirs en papier 3. comprimés 4. grippe 5. hôpital 6. infirmière 7. médecin 8. ordonnance 9. médicament **C.** *Réponses diverses.*

VISIONNEMENT 1

A. 1. Martine 2. Hélène 3. Sonia 4. Louise 5. Hélène 6. Mado 7. Louise **B.** Troisième étape: 1. deux 2. l'amitié 3. Montréal 4. communication interculturelle 5. à Radio Canada 6. partout

7. Bruno 8. partager son pays avec le monde **C.** 1. vrai 2. faux 3. faux 4. impossible à dire 5. vrai 6. faux

PRONONCIATION ET ORTHOGRAPHE

La voyelle *e instable* 1. Jɇ te dis «bonjour» quand tu es près dɇ moi. 2. Quand il fait froid, on sɇ trouve devant lɇ feu. 3. Est-cɇ que tu veux travailler maintɇnant ou dans l'avɇnir? 4. Jɇ te dis, je nɇ suis plus une enfant. 5. Dans notrɇ appartement, la tablɇ est dɇvant la chɇminée. 6. Je nɇ me souviens plus de tous les pɇtits détails du reportage de Cathɇrine. 7. D'habitude, jɇ me lève à six heures et jɇ me couche vers minuit. 8. Je mɇ suis fâchée! Ma robe bleue est perdue. 9. Ne mɇ parlɇ pas sur ce ton! 10. Nous rɇgardons lɇ film *Le Chɇmin du rɇtour*.

STRUCTURE 27

Le complément d'objet direct **A.** 1. vous 2. m' 3. me, le, te 4. me 5. moi **C.** 1. Nous l'adorons. 2. Elle l'aime. 3. L'enfant les déteste. (Il les déteste.) 4. Elle le porte. 5. Tu les achètes. 6. Vous l'attendez? **D.** 1. Mais non! Ils n'aiment pas l'étudier. 2. Mais si! Ils vont la regarder. 3. Mais non! Il ne déteste pas les préparer. 4. Mais non! Je ne vais pas t'inviter à manger au restaurant. 5. Mais si! Je vais t'attendre pour manger. **E.** 1. Ne les mettez pas sur les genoux. 2. Ne l'écoutez pas. 3. Attendez-nous. 4. Jules! Ne le prends pas. 5. Jules! Bois-le. 6. Ne le regardons pas de nouveau. 7. Maryse! Ne le cherche pas. 8. Quittez-le! **F.** *Réponse possible:* Chère grand-mère, Merci pour la calculatrice! Elle est très utile. Je l'aime beaucoup! Je l'ai toujours avec moi. Ma camarade de chambre, Simone, étudie la musique et elle chante très bien. Je l'adore et j'aime l'écouter. Nous avons beaucoup d'amis. Nous les invitons souvent à dîner chez nous. Parfois, Simone fait la cuisine et parfois, je la fais. Nos amis sont sympas. Ils étudient à l'université. Paule et Michel font toujours leurs devoirs mais Georges et Maryse ne les font jamais. Moi, je les fais chaque jour. Gros bisous, Chantal.

REGARDS SUR LA CULTURE

Les dangers du soleil 1. On doit éviter le soleil entre 12 heures et 16 heures. 2. On doit porter des lunettes de soleil. 3. On doit porter des tee-shirts et des chapeaux ou des casquettes. 4. L'indice minimum de protection pour une bonne crème-écran est 15. 5. Pour éviter de se déshydrater, il faut boire souvent.

STRUCTURE 28

Les verbes pronominaux **B.** 1. se couche, se lève 2. s'entend 3. t'appelles 4. se promène 5. te brosses 6. se souvient 7. nous amusons 8. se casse 9. vous habillez 10. te trompes 11. m'inquiète 12. se passe 13. nous téléphonons 14. te rappelles 15. te dépêches **C.** 1. Ne te maquille pas en classe! 2. Ne vous disputez pas à table au dîner! 3. Lave-toi les mains! 4. Rase-toi le samedi! 5. Regardez le film et ne vous embrassez pas! 6. Dépêche-toi le matin! 7. Ne vous fâchez pas! 8. Rappelez-vous l'anniversaire de Béatrice! 9. Parlez-vous l'un à l'autre! **D.** *Réponses possibles:* 1. Il va se coucher. 2. Elle va se dépêcher. 3. Ils vont se marier. 4. Ils ne vont pas se parler. **F., G.** ***Réponses diverses.***

STRUCTURE 29

Le verbe *devoir* **A.** 1. dois 2. doit 3. devons 4. devez 5. doivent 6. dois **C.** 1. dois 2. doivent 3. dois 4. doivent 5. doit 6. devons 7. devez **E.** 1. Tu nous dois un service. 2. Simone nous doit de l'argent. 3. Vous me devez beaucoup. 4. Je dois mon succès à mes parents. 5. Étienne doit quelques livres à la bibliothèque. 6. Nous lui devons du respect.

VISIONNEMENT 2

1. c 2. g 3. f 4. d 5. e 6. b 7. a

Chapitre 10

VOCABULAIRE EN CONTEXTE

Les distractions en ville **B.** 1. Michel fait du roller. 2. Tu joues du violon. 3. Les Green Bay Packers jouent au football américain. 4. Nous ne jouons pas au billard. 5. Vous faites de la musculation. 6. Je fais de la course à pied. 7. Francis Cabrel ne joue pas du piano. 8. Mon ami et moi, nous faisons du tennis. 9. Tes amis et toi, vous ne faites pas de musique. **C.** 1. urbaine (en ville) 2. assistent à, boxe 3. la nuit 4. le cirque 5. villes 6. jeux 7. une exposition 8. le bowling 9. du footing, du skate 10. Les distractions, boîtes de nuit **D.** *Réponses diverses.* **Le temps et les saisons** **B.** 1. Quel temps fait-il 2. saison 3. météo 4. températures 5. temps **C., D.** *Réponses diverses.*

VISIONNEMENT 1

A. 1. b 2. c 3. b 4. b 5. a 6. c 7. a **B.** Troisième étape: 1. S 2. S 3. S 4. PP 5. S 6. S 7. P 8. S 9. S 10. S 11. PP 12. S 13. I **C.** 1. Bruno 2. Bruno 3. les deux 4. Bruno 5. Bruno 6. Camille 7. Bruno 8. aucun des deux **D.** 1. Elle ne vient que le mardi. 2. Michel ne pense qu'à ses problèmes. 3. Je ne parle de cela qu'avec toi. 4. Il ne fait que deux degrés ce matin. 5. Tu ne manges que des crevettes? 6. Il ne neige que dans la montagne. 7. Nous n'avons qu'une heure pour faire du jogging. 8. Le temps n'est nuageux que quand il fait froid.

STRUCTURE 30

Le passé composé (I) **B.** 1. avons invité, avons montré, a servi, a fait (a servi), a mangé 2. ai travaillé, ai lavé, ai téléphoné, ai rendu visite, avons regardé 3. ai perdu, ai cherché, ai regardé, ai trouvé, ai pensé, a pris 4. a eu, ont organisé, ai porté, avons dîné, a dansé, a été

STRUCTURE 31

Le passé composé (II) **A.** 1. Danielle Ploie a mis la table chez elle. Elle n'a pas mangé de fast-food. 2. Frédéric Bousquet a acheté une voiture. Il n'a pas attendu le bus. 3. Mme et M. Cèze ont pris un verre chez eux. Ils n'ont pas dîné au restaurant. 4. Cédric Picard a voyagé. Il n'a pas étudié. 5. Michel Florentin a joué du piano. Il n'a pas fait de sport. 6. Georges et Marie Dufour ont regardé la télévision. Ils n'ont pas fait de shopping. **B.** 1. Hier soir, nous lui avons envoyé des chocolats. 2. Samedi passé, elle ne leur a pas acheté le dîner. 3. Ce matin, tu m'as répondu «non». 4. Je ne t'ai jamais montré les photos? 5. Vous nous avez rendu visite en avril. 6. Ils ne vous ont pas raconté cette histoire? **C.** 1. bu 2. étudiée 3. faits 4. faite 5. mises 6. pris 7. quittée 8. racontée **D.** 1. avons bue 2. a mises 3. ai téléphoné 4. a portée 5. ai donné 6. a trouvée 7. ai acheté 8. ai dit **E.** 1. Tes parents ont acheté une voiture hier? 2. Est-ce que tu as étudié le français au lycée? 3. As-tu fait un voyage avec tes amis en été? 4. Est-ce que ta famille a appelé ce week-end? 5. As-tu pris le petit déjeuner ce matin? 6. Tes amis ont dû beaucoup étudier au lycée? 7. Est-ce que tes amis et toi, vous avez dansé hier soir? 8. As-tu compris la leçon en classe ce matin? **F.** *Réponses possibles*: 1. J'ai acheté un vêtement il y a trois jours. 2. J'ai appris à dire «bonjour» en français il y a un an. 3. J'ai fait une promenade il y a une semaine. 4. J'ai mangé au restaurant il y a un mois. 5. J'ai quitté la maison il y a trois ans. 6. J'ai téléphoné à un ami il y a deux heures. 7. J'ai eu mal à la tête il y a quatre jours. 8. J'ai mis la table chez mes parents il y a trois ans. **G.** *Réponses diverses.*

REGARDS SUR LA CULTURE

Manger vite mais bien *Réponses diverses.*

STRUCTURE 32

Les verbes *voir, croire* et *recevoir* **A.** 1. vois 2. croyons 3. voyez 4. reçois 5. voient 6. reçoit 7. recevons 8. voit 9. reçoivent 10. crois 11. croit 12. croient / croit **D.** 1. reçoit, a reçu 2. reçoit, a reçu 3. reçoivent, ont reçu 4. reçois **E.** 1. reçoit 2. vois (revois) 3. croyez 4. voit 5. recevez 6. voyons 7. croient 8. reçois 9. croit **F.** 1. J'ai revu mes amis du lycée. 2. Vous n'avez pas cru l'histoire vraie de votre ami. 3. Nos amis ont reçu une boîte de chocolats. 4. Nous avons vu un bon film chinois. 5. Tu as reçu une voiture de tes parents. 6. Mme Carmel n'a pas vu ses petits-enfants. 7. Toi et moi, nous n'avons pas cru l'article dans le journal. **G.** *Réponses diverses.*

VISIONNEMENT 2

1. d, g 2. e, l 3. c, h 4. f, k 5. a, j 6. b, i

Chapitre 11

VOCABULAIRE EN CONTEXTE

Les métiers et les professions **B.** 1. f 2. c 3. k 4. h 5. l 6. e 7. b 8. j 9. a 10. i 11. d 12. g **C.** 1. gardien d'immeuble 2. une conservatrice (de musée) 3. femme écrivain 4. un interprète 5. une comptable 6. patron d'un restaurant 7. architecte 8. des artisans 9. une fonctionnaire 10. cadre **D.** *Réponses diverses.* **Les jours fériés et les fêtes** **B.** 1. C'est un anniversaire de mariage. 2. C'est la Pâque. 3. C'est le Ramadan. 4. C'est la fête du Travail. 5. C'est un anniversaire de naissance. 6. C'est la fête nationale. 7. C'est Noël. 8. C'est Hanoukka. 9. C'est Pâques. **Les nombres ordinaux** **C.** 1. Noël a lieu pendant la quatrième semaine du mois. 2. Hanoukka a lieu pendant la première semaine du mois. 3. L'anniversaire de Paule est le troisième mercredi du mois de décembre. 4. Le troisième samedi est le 20 (vingt). 5. Le quatrième mardi est le 23 (vingt-trois). 6. Le réveillon a lieu pendant la cinquième semaine du mois de décembre. 7. L'anniversaire de mariage de la mère et du père de Michel tombe sur le deuxième lundi du mois.

VISIONNEMENT 1

A. 4, 3, 6, 5, 2, 1 **B.** 1. Qui perd la guerre contre l'Allemagne en 1940? 2. Quand est-ce que le chef du gouvernement français accepte les conditions des nazis? 3. Qu'est-ce que certains Français décident de former? 4. Qui est Antoine? 5. Qui commence à travailler avec la Résistance? 6. Où est Antoine quand il aide Samuel Lévy? 7. Où part Samuel Lévy? 8. Quand Antoine quitte-t-il Paris? (Quand est-ce qu'Antoine quitte Paris?) 9. Qu'est-ce qu'Antoine envoie à sa femme? 10. Où est Antoine à l'occasion du quatrième anniversaire de Mado? 11. De qui a-t-on perdu la trace? (De qui est-ce qu'on a perdu la trace?) 12. Qu'est-ce que Louise apprend? **C.** 1. faux 2. faux 3. vrai 4. impossible à dire 5. faux 6. vrai 7. faux

STRUCTURE 33

Le passé composé avec l'auxiliaire *être* **A.** 1. est resté 2. est morte 3. suis retourné(e) 4. êtes passé(e)(s) 5. est devenue 6. est rentré 7. sommes monté(e)s 8. sont tombées 9. es allé(e) 10. êtes sortie 11. sont descendus 12. est parti, est arrivé 13. sont nés 14. suis entré(e) **B.** 1. venue 2. allés 3. morte 4. montées 5. revenu 6. entré 7. parti 8. arrivées 9. nés 10. les deux **C.** 1. sont allés 2. ont pris 3. ont voyagé 4. sont descendus 5. a organisé 6. est arrivée 7. sont passés 8. a acheté 9. a dansé 10. j'ai embrassé **D.** *Réponses diverses.*

STRUCTURE 34

Le passé composé des verbes pronominaux **A.** 1. Julie s'est levée tout de suite hier. 2. Julie et son amie se sont dépêchées pour arriver à l'université. 3. Julie et son chien se sont promenés l'après-midi. 4. Julie et ses parents se sont intéressés à un documentaire à la télévision. 5. Pete, le chien, s'est endormi à 23 h. 6. Julie s'est souvenue de ses devoirs à minuit. 7. Alors, elle s'est couchée à 2 h. **B.** 1. je me suis cassé 2. se sont disputés 3. t'es amusée 4. vous êtes habillés 5. se sont brossé 6. s'est reposée

REGARDS SUR LA CULTURE

Annonces matrimoniales *Réponses possibles*: 1. ...la femme No. 15827 parce qu'elle aime faire la cuisine (comme lui) et parce qu'elle désire une vie calme avec de bonnes discussions. 2. ...la femme No. 12998 parce qu'elle adore la nature et qu'elle veut avoir une famille. 3. ...la femme No. 16554 parce qu'elle est pleine de vie et qu'elle aime les concerts de rock et les restaurants étrangers.

STRUCTURE 35

Les verbes réguliers en *-ir* **A.** 1. elle a réfléchi 2. tu obéis 3. il réussit 4. je finis 5. j'ai choisi 6. tu as applaudi 7. ils choisissent 8. nous applaudissons **C.** 1. obéit 2. Réfléchissez 3. avez fini 4. ont réussi 5. réfléchit 6. a obéi 7. a applaudi 8. choisissons 9. finis 10. Choisis 11. applaudis 12. Obéis (Obéissons) **E.** 1. QUESTION: Avez-vous beaucoup réfléchi à cette décision? RÉPONSE: *Réponse possible*: J'ai beaucoup réfléchi à cette décision. 2. QUESTION: Pourquoi avez-vous choisi d'étudier le français? RÉPONSE: *Réponse possible*: J'ai choisi d'étudier le français parce que j'aime bien les langues étrangères et que je voudrais voyager en France. 3. QUESTION: Comment réussissez-vous à tous vos cours? RÉPONSE: *Réponse possible*: Je réussis parce que j'étudie et parce que je participe en classe. 4. QUESTION: Comment choisissez-vous vos cours? RÉPONSE: *Réponse possible*: Je choisis mes cours avec les conseils de mes amis et de mes professeurs. 5. QUESTION: À quelles choses réfléchissez-vous quand vous faites un examen? RÉPONSE: *Réponse possible*: Je réfléchis aux questions de l'examen. 6. QUESTION: Quand vous finissez un examen important, que désirez-vous faire? RÉPONSE: *Réponse possible*: Quand je finis un examen, je désire sortir avec mes amis et me reposer. 7. QUESTION: La plupart des étudiants obéissent-ils aux règles de l'université? RÉPONSE: *Réponse possible*: Oui, la plupart des étudiants obéissent aux règles, mais certains ne le font pas. 8. QUESTION: Vos profs et vos parents applaudissent-ils quand vous réussissez à vos cours? RÉPONSE: *Réponse possible*: Oui, mes parents applaudissent quand je réussis à mes cours. 9. QUESTION: Réfléchissez-vous à la vie après l'université? RÉPONSE: *Réponse possible*: Non, je ne réfléchis pas à la vie après l'université.

VISIONNEMENT 2

1. C 2. C 3. A